教育部人文社会科学研究规划基金项目资助（14YJA7

中国商业银行信贷结构的政策动因、产出效应及优化机制研究

袁庆禄　著

中国财经出版传媒集团

经济科学出版社
Economic Science Press

图书在版编目（CIP）数据

中国商业银行信贷结构的政策动因、产出效应及优化
机制研究/袁庆禄著. —北京：经济科学出版社，2017.6
ISBN 978 - 7 - 5141 - 8142 - 5

Ⅰ.①中… Ⅱ.①袁… Ⅲ.①商业银行 - 贷款结构 -
研究 - 中国 Ⅳ.①F832. 33

中国版本图书馆 CIP 数据核字（2017）第 143388 号

责任编辑：王东岗
责任校对：隗立娜
版式设计：齐　杰
责任印制：邱　天

中国商业银行信贷结构的政策动因、产出效应及优化机制研究
袁庆禄　著
经济科学出版社出版、发行　新华书店经销
社址：北京市海淀区阜成路甲 28 号　邮编：100142
总编部电话：010 - 88191217　发行部电话：010 - 88191522
网址：www. esp. com. cn
电子邮件：esp@ esp. com. cn
天猫网店：经济科学出版社旗舰店
网址：http: //jjkxcbs. tmall. com
北京季蜂印刷有限公司印装
710 × 1000　16 开　14. 25 印张　260000 字
2017 年 6 月第 1 版　2017 年 6 月第 1 次印刷
ISBN 978 - 7 - 5141 - 8142 - 5　定价：39. 00 元
（图书出现印装问题，本社负责调换。电话：010 - 88191510）
（版权所有　侵权必究　举报电话：010 - 88191586
电子邮箱：dbts@ esp. com. cn）

序

　　2008 年爆发的国际金融危机中止了世界经济持续 30 多年的黄金增长期，迄今其影响仍未消失。与世界各国形成鲜明对照的是，后危机时代的中国依然能够保持中高速的经济增长。自 2012 年起，中国经济增长逐渐转入新常态的发展轨道，经济结构转型已成必然趋势。政府推行结构性改革，希望通过调整各种既有的经济结构，达到稳定和促进宏观经济增长的目的，中国银行业则在其中扮演着重要的资金融通角色。对于当前银行业的主要力量——商业银行，其信贷结构的变化相比信贷规模的增减，开始引起各界更多的关注。一般经济理论认为，信贷规模扩张能够提升银行利润水平，并通过不同渠道推动经济增长，那么在利率市场化、银行资本监管以及"营改增"政策实施的背景下，通过优化银行信贷结构，是不是能够实现继续推动经济增长的目的？信贷规模扩张的同时，往往导致银行不良贷款率的上升，扩大信贷风险，那么信贷结构的优化会对不良贷款率产生怎样的影响？这些新鲜的问题目前并没有一个统一的认识。

　　本书选择从微观角度出发，研究国内商业银行信贷结构的演变特征及其带来的现实影响，同时将银行面临的利率市场化改革、资本监管和"营改增"视为宏观经济政策变量，构建一个以银行信贷结构为核心变量的系统分析框架。书中的研究结果表明，随着利率市场化改革不断推进，净利差缩小降低了银行的盈利能力，"营改增"政策的实施又使银行在短期内雪上加霜。与此同时，较高的资

1

本充足要求，逼迫银行降低加权资产的风险程度。但是，当前国内多数银行仍然偏向于采取扩大信贷规模的传统盈利模式，这与"供给侧结构性改革"的经济发展思路不相谋合，而优化银行信贷结构、改善经营效率成为一条可试可行的新的经营思路。本书的部分结论值得关注：目前，中国商业银行贷款占比最大的行业是属于第二产业的制造业，其次是第三产业中的房地产业，其中制造业的不良贷款率相对较高，房地产业不良贷款率相对较低，而制造业的融资利率往往高于房地产业。在经济政策的影响下，商业银行出于自身考虑，会将一部分信贷资金，主动或者被动地在第二产业和第三产业的部分行业间进行短期或者长期的转移性调整，以保持和改善银行自身的经营效率。

由于看待经济问题的视角有所不同，研究方法存在差异，经济分析难免会有争议。袁庆禄的新书为我们思考如何优化中国银行业的信贷结构，保持商业银行风险与收益的动态平衡，改善银行的经营效率，提供了不少新的思路，对当前热点经济政策问题的分析也有一些不同于流行观点之处。很高兴应作者的邀请，为本书作序，希望这本书的内容有助于促进对银行信贷结构等微观问题的研究，为后续相关的宏观问题研究打下基础。

杜婕

吉林大学经济学院

二〇一七年五月

前　言

　　商业银行作为资金融通的中介机构，对经济市场中的微观企业、中观行业以至整个宏观经济的发展都起到重要的推动作用。当前中国的经济增长已经面临"人口红利"衰减约束。经历"刘易斯拐点"以后，中国经济进入生产要素成本周期性上升的阶段，传统经济发展模式受到严重冲击，经济结构转型已成必然，这对中国各个行业中的经济实体的发展均产生深刻的影响，中国银行业的信贷结构也面临着调整与优化。为了提高商业银行优化信贷结构的积极性，中国政府出台了一系列的货币政策、资本监管政策和财税政策，但政策的执行是否有效目前仍存在较大争议。本书基于货币政策理论、资本监管理论、税收政策理论、风险管理理论，从微观金融视角，研究国内银行信贷结构的演变特征及其带来的现实影响，将银行面临的财税政策、货币政策和资本监管政策视为外部环境变量，构建一个以银行信贷结构为核心研究变量的系统分析框架，为如何优化银行信贷结构，有效提高银行产出效应提出政策建议。本书的主要内容包括：

　　第1章，绪论。

　　第2章，中国商业银行信贷结构及其演变。首先界定信贷结构及信贷结构优化的概念，然后阐述有关信贷供给的三个主要理论，并分别从信贷规模和信贷结构的政策成因和产出效应展开文献梳理；接着从行业角度对中国商业银行信贷结构划分演变阶段；最后总结中国商业银行信贷结构的演变特征。

第3章，利率市场化政策对银行绩效的影响。首先阐述中国存贷款利率市场化政策的演化历程，揭示中国商业银行存贷款利率的特征；接着利用 PSM-DID 模型实证分析利率市场化政策对银行绩效的影响，最后利用净利差水平作为关键变量来衡量商业银行对利率市场化改革的承受能力。

第4章，资本监管政策对银行绩效的影响。首先分阶段阐述中国商业银行资本监管政策发展的历程，然后描述中国商业银行资本监管水平的特征；接着采用情景分析方法分析资本监管政策对银行绩效的影响，最后选用资本充足率作为关键变量测度商业银行对资本监管政策的承受能力。

第5章，"营改增"政策对银行绩效的影响。首先分阶段阐述中国商业银行税收政策发展的历程，然后描述中国商业银行税负水平的表现特征；接着采用情景分析方法分析税收政策对银行绩效的影响，最后选用税收支付率作为关键变量测度商业银行对税收政策的承受能力。

第6章，银行信贷结构的政策成因。本章主要包括两节内容：首先是对 PVAR 模型的简要介绍，接着是选择变量进行统计性描述，最后对 SIR、TPR、CAR、NIM 四个变量实施 PVAR 估计。

第7章，银行信贷结构的偏产出效应。本章主要包括两节内容：首先是对动态面板模型的简要介绍，选择变量进行统计性描述；然后分别构建盈利水平和风险水平的动态面板模型，估计银行信贷结构的偏产出效应。

第8章，银行信贷结构的综合产出效应。本章主要包括四节内容：首先是介绍银行效率的 SFA 和 DEA 这两种基本测度方法；然后对 CCR、BBC、超效率 DEA、SSBM-DEA 以及三阶段 DEA 模型等扩展 DEA 模型的优、劣点进行梳理；接着利用 SSBM 的三阶段 DEA 模型，测度和分析我国商业银行的技术效率、纯技术效率和规模效率；最后构建关于银行效率的动态面板模型，揭示第二产业占比变动对商业银行产生的综合效应。

第 9 章，结论与建议。

本书主要创新之处：

1. 运用双重差分和倾向得分匹配相结合的方法衡量利率市场化改革给银行业绩的影响，可以合理避免经济政策研究中容易出现的内生性问题，该方法在微观金融学领域的研究少见。

2. 将超效率 SBM 模型与传统的三阶段 DEA 模型结合起来，构建改进型的三阶段 DEA 模型，可以有效解决传统三阶段 DEA 模型中存在的投入松弛的截断问题，还可以解决传统模型中关于径向和角度的选择差异问题，提高效率测量的准确度和可比度。

3. 将信贷结构为关注点，对其变化的前因和后果作系统性的研究并不多见。构造研究信贷结构的偏产出效应和综合产出效应的动态面板模型，同样可以避免内生性问题。而且，课题设计的产出指标不仅保留盈利类期望指标，还引入不良贷款率类非期望指标，使测度结果更贴近现实。当前，关于此类的定量研究并不是太多。

袁庆禄

二〇一七年六月

目录

第1章

绪论

1.1 研究背景

商业银行作为资金融通的中介机构,对经济市场中的微观企业、中观行业以至整个宏观经济的发展都起到重要的推动作用。历史上渐次爆发的金融危机足以表明,关注银行业发展的稳定性和可持续性在任何一个国家或地区的经济发展过程中弥足重要。政府施行经济政策,期望能够对商业银行的经营行为产生影响,有效提高银行业的经营效率和竞争能力、实现银行业的良性发展等一系列问题,一直受到政府部门、学术界和金融业界的密切关注和广泛讨论。

当前中国的经济增长已经面临"人口红利"衰减约束。经历"刘易斯拐点"以后,中国经济进入生产要素成本周期性上升的阶段,传统经济发展模式受到严重冲击,经济结构转型已成必然,这对中国各个行业中的经济实体的发展均产生深刻的影响。自党的十六届三中全会提出"转变经济发展方式,实现国民经济又好又快发展",中国银行业发展的内涵不断得到深化。党的十八大中明确提到"完善金融监管,推进金融创新,提高银行、证券、保险等行业竞争力,维护金融稳定。"党的十八届三中全会进一步强调:"鼓励金融创新,丰富金融市场层次和产品。"这些提法对中国银行业发展提供了制度上的精神指导和支持,使银行业务创新发展的内涵更为丰富和深化,中国银行业的信贷结构也面临着调整与优化。

经济发展中的产业结构由低级到高级的不断发展变化。产业结构在长期的演变发展中促使了经济总量的增长，这一作用体现在实现社会总供给与总需求之间的平衡并且具有长期性和动态性。在市场饱和的阻力与技术进步潜力枯竭的局面之下，需要把已经成熟的老产业通过新技术来进行改造，使新兴产业能在此基础上促进经济的发展。在我国目前经济运行中，银行信贷已逐步取代财政投入成为产业资金构成的主导力量。当前中国产业信贷结构中，非农业比重大幅上升，第二产业比重畸高，银行业金融机构信贷的不当投放导致信贷拥挤和信贷歧视等错配现象普遍存在，产业经济和区域经济的增长严重失衡，行业收入差距急剧扩大，经济发展的不协调现象凸显。

林毅夫和姜烨（2006）曾指出，银行业体制的弊端间接致使了投资过度集中，商业银行由于受政府影响，将大量信贷投放于地方盲目上马以及重复建设的项目，挤占信贷额度，是造成产业结构失衡的一个原因。刘西顺（2006）认为，过度投资和扭曲分配是产能过剩的直接原因，信贷歧视诱发的企业共生系统会进一步放大这种效果。何风隽（2010）认为，在经济转轨时期，国有企业仍存在着预算软约束问题，作为贷款者的银行在行政垄断下，面对国企无限扩展的需求只能按既定指标对贷款进行筛选和发放，信贷投放上偏爱钢铁、水泥、煤化工、多晶硅、平板玻璃和风电制造等行业，造成这些行业产能的严重过剩。"十二五"时期是深化改革开放、加快转变经济发展方式的攻坚时期，也是战略性新兴产业加速发展的"关键时期"；同时，党的十八大进一步提出"优化产业结构、促进区域协调发展"，这对商业银行的信贷管理提出了新的要求，银行信贷结构调整已成必然。

商业银行面临的经营环境远较其他类型企业复杂，其自身发展的稳定性和可持续性问题在经济发展中显得尤为突出。改革开放以来，中国银行资产持续增长，市场化程度逐渐提高，为促进宏观经济的快速发展做出重大贡献。不过，过去中国银行业的发展更多依靠的是大设机构、频繁增员，走外延式粗放型扩张的路子，片面扩大资产规模，却忽视了信贷结构的优化管理。不合理的信贷投向结构，同样严重影响到银行业的可持续发展能力。我国金融部门改革的步伐一直滞后于经济改革，国内商业银行也一直缺乏技术创新和创新金融产品的动力，近年来在互联网金融的冲击下表现得尤其明显。随着国内金融领域的开放程度不断提高，外资银行不断涌入中国市场，国内银行面临的市场竞争压力越来越大，加上政府和行业的监管力度越来越严，如何提高银行的公司治理水平，加强信贷管理水平已经成为微观金融研究的热点问题，受到政府部门、学术界和金融业界的密切关注。

为了提高商业银行优化信贷结构的积极性和主动性，中国政府出台了一系列的货币政策、资本监管政策和财税政策，但政策的执行是否有效目前仍存在较大争议。首先，一般认为，货币政策的传导机制包括货币渠道和信用渠道，其中信用渠道主要表现为银行贷款渠道和资产负债表渠道两种形式。国内学者对我国货币政策的信贷渠道传导机制的存在性是基本认可的（蒋瑛琨等，2005），但是其有效性问题存在着不同观点，有学者如谢平（2002）、高铁梅等（2002）、孙小丽（2008）等提出我国的货币政策主要是通过货币渠道传导的，信贷渠道的作用并不明显。在实际的宏观调控过程中，商业银行的信贷行为往往和中央银行的政策目的出现偏离（李扬和彭兴韵，2005；周万阜，2008；杜荣耀和胡海鸥，2011）。其次，基于传统的风险与收益对等的理论，只要能够将风险控制在一定的容忍度内，银行更倾向于接受风险高的项目，以获取更高的回报率。历次金融危机的爆发，几乎均与银行风险最终失控息息相关，如何有效控制商业银行风险水平一直是金融风险管理研究中的重要问题（Acharya，2009）。中国银监会不断提高资本监管要求，借以促使商业银行转变经营发展理念，主动调配信贷结构，降低信贷风险水平。但有研究表明，银行并没有因为资本监管趋紧而采取避险措施，反而激发了其冒险动机，资本监管政策的有效性一度受到质疑（王胜邦和陈颖，2009；吴俊等，2011）。

财税政策作为经济政策的重要组成部分，是否对银行信贷结构产生影响也是一个值得研究的新问题。自1994年税制改革以来，我国银行税收制度经历了多次调整，迄今形成了以营业税和所得税为主体的复合税制结构体系。当前普遍观点认为我国银行业税负水平偏高，直接影响到银行业的健康发展。那么，我国银行业税负水平的真实情况究竟怎样？国内商业银行对当前税收政策是否具有足够的承受能力，承受能力的边界是否可以测知？特别是随着我国"营改增"试点的渐次推进，商业银行的信贷结构也会随之发生应变式调整，进而影响到银行的风险水平和盈利水平。在货币政策和资本监管政策的有效性函待验证的背景下，是否能够借助"营改增"政策的实施，引导银行开展信贷结构的优化过程，从而实现降低银行信贷风险水平，促使银行持续稳定发展的目标，成为本课题探讨和解决的主要问题，而这对银行税制改革的稳步推进将具有重要的参考意义和应用价值。

银行业作为中国经济的核心产业，其发展水平的安全性、持续性和高效性对中国经济发展起着关键作用。从长远角度来看，银行业发展水平的提高最终取决于其经营效率的提高。已有的研究成果表明，仅仅依靠简单的信贷规模扩张，已经无法从根本上有效提高银行的经营效率。

与发达国家相比，当前的中国银行业发展仍然存在不少问题。从过去甚至一直到现在，中国银行业的发展更多地仍是依靠大设机构、频繁增员，走外延式粗放型扩张的路子，这与中国经济日益强调的"通过经济转型促进经济发展"要求已不相适应。税收支付制度作为中国银行业经营的重要外部制度环境，对银行业的健康发展至关重要。在经济转型的大环境中，国内银行必须审时度势，转变经营发展策略，摒弃传统依靠单纯扩张的粗放发展模式，援引注重业务创新和技术效率的内涵发展模式，切实提高自身的发展水平。那么，对政府而言，如何进一步调整和完善金融税收政策，为我国银行业参与国际竞争创造良好的政策环境；对银行而言，如何优化业务结构，既能化解税负压力，又能重塑业务创新的发展理念，保证和提高银行安全、持续、高效的内涵式发展水平，增强银行的核心竞争力，成为本书探讨的中心问题。在实际问题研究当中，为了克服规模、结构、绩效等单一传统指标的局限，越来越多的学者已经将经营效率作为衡量银行业和银行个体发展水平的优选指标。因此，如何客观测度和评价中国银行业的经营效率？经营效率的关键因素有哪些？银行税收政策通过怎样的传导机制对银行业务组合行为产生影响，又怎样地影响经营效率？银行如何在保证承担财政税收义务的前提下，采取合理有效的业务转型措施，有效提升经营效率，以实现持续保持银行业竞争优势的战略目标？本书从效率的角度出发，将银行经营效率（包括技术效率及其两个分解因子：纯技术效率和规模效率）作为研究的核心变量，构建银行经营效率的测度、成因及其提升机制的系统框架，估计银行对税负的承受能力，揭示银行税收负担对经营效率产生的影响，并就在"营改增"的背景下如何提高银行发展水平提出政策建议。上述研究既有一定的创新意义，也有重要的理论意义和现实的指导意义。

1.2　研究目标

基于货币政策理论、资本监管理论、税收政策理论、风险管理理论，从微观金融视角，研究国内银行信贷结构的演变特征及其带来的现实影响，将银行面临的财税政策、货币政策和资本监管政策视为外部环境变量，构建一个以银行信贷结构为核心研究变量的系统分析框架：

第一个目标是构建 PSM - DID 模型，衡量利率市场化政策、资本监管政策和"营改增"政策对银行绩效产生的影响。利用情景分析法，衡量资本监管政策和"营改增"政策对银行绩效产生的影响。

第二个目标是分别建立关于银行存贷利差水平、资本充足率及税负支付率等政策形成变量的双边随机边界模型，评估货币当局、资本监管当局和财税当局与商业银行之间的影响能力差别以及形成的最终影响结果，评价商业银行对政策的承受能力。

第三个目标是构建关于信贷结构的动态面板模型，分析银行的存贷利差水平、资本充足率及税负支付率对信贷结构产生的第一级传导效应。

第四个目标是构建超效率 SBM 下的三阶段 DEA 模型，测算和比较不同角度衡量下银行的综合产出及其变动特征。

第五个目标是将信贷结构视为关键的中介变量，并将信贷规模视为调节的中介变量，度量信贷结构在政策变量对银行绩效、风险及综合效率的第二级传导中所起到的作用。

1.3　研究思路

本书以国内银行信贷结构的演变特征及失衡现象为研究起点，沿着"利率市场化政策、资本充足监管政策及'营改增'政策对商业银行绩效的影响及银行承受能力判断"→"银行信贷结构的政策成因分析"→"信贷结构的产出效应估计"的研究路径，构建出一个以信贷结构为核心变量的研究框架，最后为如何优化银行信贷结构，有效提高银行产出效应提出政策建议（见图 1 - 1）。

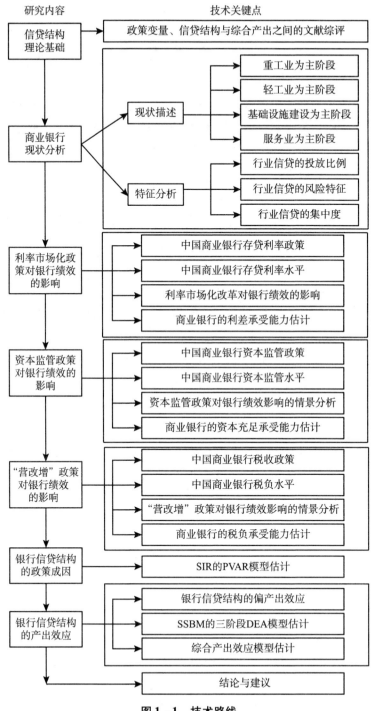

图 1-1　技术路线

1.4 研究方法

（1）实地调研方法。联系金融管理部门、财税部门以及代表性商业银行机构，组织开展实地调研活动，收集第一手数据资料，与行业专家进行深度访谈和学术交流，探讨影响当前中国信贷结构的内部因素和外部因素。

（2）统计观察方法。运用统计性描述的方法对调研数据进行整理和分析，揭示在实地调研过程中发现的新的影响因素与银行信贷结构之间可能存在的关系。

（3）非线性计量方法。构建双边随机边界模型、动态面板门限模型及改进的三阶段 DEA 模型，对信贷结构的影响因素及其产出效应展开验证式研究。

（4）系统工程方法。运用双重差分和倾向得分匹配相结合的反事实方法，估计经济政策的影响。

1.5 特色与创新

（1）运用双重差分和倾向得分匹配相结合的方法衡量利率市场化改革给银行业绩的影响，可以合理避免经济政策研究中容易出现的内生性问题，该方法在微观金融学领域的研究少见。

（2）将超效率 SBM 模型与传统的三阶段 DEA 模型结合起来，构建改进型的三阶段 DEA 模型，可以有效解决传统三阶段 DEA 模型中存在的投入松弛的截断问题，还可以解决传统模型中关于径向和角度的选择差异问题，提高效率测量的准确度和可比度。

（3）将信贷结构为关注点，对其变化的前因和后果作系统性的研究并不多见。构造研究信贷结构的偏产出效应和综合产出效应的动态面板模型，同样可以避免内生性问题。而且，课题设计的产出指标不仅保留盈利类期望指标，还引入不良贷款率类非期望指标，使测度结果更贴近现实。当前，关于此类的定量研究并不是太多。

第2章

中国商业银行信贷结构及其演变

本章主要包括五节内容：首先界定信贷结构及信贷结构优化的概念；然后阐述有关信贷供给的三个主要理论，并分别从信贷规模和信贷结构的政策成因和产出效应展开文献梳理；然后从行业角度对中国商业银行信贷结构划分演变阶段；最后总结中国商业银行 2007～2014 年间信贷结构的演变特征。本章数据主要来自银监会年报。

2.1 信贷结构的概念

2.1.1 信贷结构

学者对信贷结构的含义有不同的解释。戈德史密斯（Goldsmith，1969）从资源配置方式的角度把信贷结构分为两大类：第一类是集权型经济的信贷结构，第二类是其他经济的信贷结构，第二类又分为市场经济条件下的信贷结构和计划参与市场的信贷结构两小类。孙必标（1991）对信贷结构的定义是：信贷资金在不同的经济领域、不同的地区或行业、以不同的方式运动的数量分布状况，它反映的是信贷资金投向和投量的配置关系。信贷资金投向在各行业、各类企业的数量分布状况，是产业结构价值构成的重要组成部分。魏国雄（2003）将信贷结构定义为信贷资产总量的分布构成，是信贷总量变动的结构基础和支撑。信贷结构表现出的形态就是信贷资产总量中的客户组成、贷款品种、行业分布、投放区域、贷款期限、信用等级及担保形式等构成方式。商业银行信贷行为一旦发生，不论是对客户的信贷进入还是退出，信贷总量的增加还是减少，都会反映为信贷结构的调整，都会引起信贷结构内在关系的变化。因此，商业银行信贷结构调整的实质就是银行贷款进入与退出、取与舍的问题（魏国雄，2006）。姚景超（2005）认为，信贷结构是不同产业中信贷资金的投入结构。周胜强（2013）进一步阐释了信贷结构的定义，信贷结构是指不同产业中信贷资金的投入结构，即信贷资金投向和投量的配置关系，信贷结构是信贷投放效果的结构性表述，是产业结构在信贷资金配置上的反映。刘树成（2005）认为，商业银行的信贷结构是指信贷总量可以根据不同的指标划分成不同的种类，如短期贷款与中长期贷款之间的比例结构，各地区、各行业之间贷款的比例结构，不同经济成分的企业之间贷款的比例结构，大、中、小型企业之间贷款的比例结构、消费信贷与各项贷款之间的比例结构等。

综合来看，学者们对信贷结构内涵的认识基本上是趋同的，但是对其外延的看法存在差异。本书认为，第一，信贷结构指的是不同维度下银行信贷投放总量的比例构成。从经济结构维度来看，信贷结构可以分为城镇信贷和农村信贷。从产业或者行业维度来看，信贷结构可以分为第一产业信贷、第二产业信贷和第三产业信贷，甚至更细地可分为各种子行业信贷。从区域维度来看，可以分为华北地区、东北地区、东部地区、西南地区和南部地区的信贷。从客户维度来看，可以分为公司信贷（企业信贷）和个人信贷（零售信贷）。从期限维度来看，可以分为短期信贷和长期信贷。从企业所有制形式来看，可以分为国有企业信贷和非国有企业信贷。从企业规模维度来看，可以分为大型企业信贷、中小企业信贷和微型企业信贷等。

第二，相对于信贷总量，信贷结构是在信贷规模外部量性的基础上更注重内部比例的质性。信贷总量相等的两家银行，并不代表它们的信贷结构相同，此时更需比较的往往是二者信贷结构方面的差异。

第三，运用比较方法衡量信贷结构的截面和时变特征。如果从截面维度出发，可以将同一时点的不同银行的信贷结构进行计算和比较，称为静态的信贷结构。从时间维度出发，对同一银行的不同时期的信贷结构进行计算和比较，称为动态的信贷结构。如果将截面数据和时间数据综合起来，形成面板数据，还可以得到更为丰富的信息。

第四，信贷结构的调整和优化存在时滞。由于信贷结构本身存在时间上的惯性，对信贷结构进行调整就存在一定的时滞效应。因此，信贷结构调整一定是渐进性的和长期性的，在实际研究中要考虑这一因素。

第五，实际上，信贷规模和信贷结构是一个问题的两个方面，两者密切联系，不可分割。信贷结构和信贷规模的变动是同时进行的，信贷规模扩张与收缩必然伴随着信贷结构的调整，信贷结构的调整也不可能保持规模不变。只不过以前学术研究多注重数量上的增减，也就是规模的变动。而现阶段的信贷投放不仅仅关注数量的增减，更为关注的是信贷结构的变化，因此最好不要沿袭以往从单一的角度去看待二者的关系及其产生的影响。

最后说明，由于研究视角和研究目的不同，本书关注于商业银行的行业信贷结构，研究包括其构成比例、动态变化、影响因素和产出效应等方面，而其他品种的信贷结构问题，受篇幅限制，本书并不涉及。

2.1.2 信贷结构优化

信贷结构优化就是商业银行主动调整自身的信贷结构，使信贷资源实现合理配置所采取的一系列行为。通过信贷结构的调整和优化，能够在不同行业、不同产业、不同地区、不同期限和不同客户之间合理地配置信贷资源，一方面，能够提升银行的盈利能力，还能够提高银行在风险控制方面的能力，有效地降低信贷风险；另一方面，可以通过促进产业结构升级，协调区域经济，有效推动经济发展，实现社会公平。当政府认为银行的信贷结构存在问题而且银行并没有能力实现自我优化的时候，政府可以通过制定和变动经济政策来引导商业银行的信贷结构调整行为。

信贷结构优化是会受诸多因素的影响，例如经济、政治和法律等客观因素和银行规模、治理结构等自身特征因素，也会产生很多单边和综合的产出效应。本书研究集中于从微观的角度衡量主要经济政策对银行信贷结构的影响，并分析信贷结构变动对银行的业绩和风险所产生的单边效应和综合效应。

2.2 信贷供给的主要理论

由于西方发达国家走的是一条以资本市场促进结构调整的间接调控道路，

理论研究上没有关于信贷结构促进产业结构升级的内容。处在经济转型时期的发展中国家，在产业结构调整任务迫切、市场机制还很不完善、间接融资占主导地位的经济条件下，并没有把促进结构调整的职能完全交给市场，也不存在一个相对成型的信贷结构优化理论。因此，本章收集和整理了有关信贷供给的部分理论，其中既包括信贷规模，也有信贷结构的相关内容。

信贷市场同一般的商品市场相比最大的区别是借贷作为一种商品交易。信贷投放在货币经济学中一个属于既古老又年轻的研究领域。亚当·斯密和凯恩斯早曾对信贷投放现象进行过描述，这是有关信贷投放最早观点的论述。

20世纪50年代，经济学家从银行对不同资产的不同偏好以及市场本身竞争不完全等角度分析信贷供给的成因，以及信贷供给与经济增长、收入分配等之间的宏观研究；60～70年代中期，对信贷供给的理论解释中开始关注风险以及其他因素；70年代中期之后，不完全信息理论被广泛用于研究信贷供给；80年代以来，合约理论也被引入信贷供给理论。可以看出，西方信贷供给理论的演进过程从一个侧面反映了这一时期经济学发展的趋势。

2.2.1　信贷配给理论

20世纪50年代后的六十多年间，经济学家开始从银行对不同资产的不同偏好、市场竞争不完全、风险因素、信息不对称等角度分析信贷市场的供求变化规律。从市场均衡性角度出发，银行信贷理论可分为均衡信贷理论和非均衡信贷理论。

（1）均衡信贷理论。古典经济学和新古典经济学的信贷理论认为，市场经济下，银行信贷规模由信贷市场的供给与需求决定。在经济上升周期，投资需求旺盛，对银行信贷的需求增加，银行信贷规模随之扩大。在经济下行期，投资需求减少，银行信贷需求减少，银行信贷规模随之减小。市场机制是能够通过价格（利率）作用自发实现资金供求均衡，没有必要使用经济政策调节信贷规模总量。长期看来，没有政府干预将使信贷资源的利用率趋于最大，并带来一个产生帕累托最优的社会福利资源配置结构。凯恩斯（Keynes，1930）在关于信贷市场瞬间出清的假设时，描述了在市场经济背景下，银行确实存在着非市场的信贷行为，即以非价格手段、独立地配给信贷资金的现象，为银行信贷研究提供了最初的思想渊源。鲁萨（Roos，1951）提出信贷可得性学说，指出信贷失衡现象是由外界政府、政策等因素影响而造成的长期非均衡现象，货币政策是通过信贷可得性而不是利率发生作用。当可贷资金下降时，贷款利率的上升具有粘性，由此产生了信贷配给。而贷款利率的粘性是由于某些制度上的制约而造成的，例如政府规定的利率上限、制度约束的贷款人最小资产流动性要求等。因此，一般将信贷可得性学说对信贷配给的分析看作是制度和描述性的，并认为非均衡信贷配现象可以通过金融自由化来消除。然而，这并不能解释20世纪70年代以来的各国金融自由化实践，信贷配给现象非但没有因各种信贷管制措施的取消而消除，反而更加显著地影响着信贷市场供求状况的事实。扎菲和莫迪利亚尼（Jaffee and Modegliani，1969）发现，即使是在完全竞争状态、政府不施加干预的情况下，信贷市场仍然出现信贷供给小于信贷需求的现象。他们认为，这种现象的出现在于信贷市场与商品市场和劳动力市场存在天然的不同。在商品市场中，当商品出现供给不足时，就会产生配给情况。但在信贷市场中，即使信贷资金充裕时，市场上存在逆向选择（风险低的借款人不愿意接受高利率）和道德风险（信贷资金到手后借款人将借款娜作他用或不愿意归还），贷款者处于自身经营、防范市场风险等方面出发，对信贷资金的使用对象和信贷规模都会进行选择，仍有可能对借款者实施信贷配给。因此，均衡信贷配给是银行商业银行基于利润最大化目标而进行自我选择的结果，它不受外界因素所干扰，而是产生于信贷市场内部受利率价格等因素影响的一种资金配给现象，即贷款者对利润的期望值会随着利率的升高而升高，但当利率超过信贷市场均衡值时，贷款者理性的信贷供给将会将少，产生信贷配给。因此，信贷配给可能引发信贷不足，也可能引发信贷发放过度。随着经济理论与政策实践的发展，经济学家逐步认识到理性的贷款人自愿将贷款利率持续地维持在低于市场出清水平上，信贷配给是一种基于贷款者理性行为的长期均衡现象。借助20世纪70年代以来信息经济学在微观金融理论中的不断发展，以斯蒂格利茨和韦斯（Stiglitz and Weiss）发表于1981年的经典文献《不完全信息市场中的信贷配给》为代表，信贷配给问题逐渐纳入信息经济学中进行研究，形成目前信贷市场上的均衡信贷配给理论（equilibrium rationing theory）。

（2）非均衡信贷理论。新古典主义为基础的信贷配给理论属于非均衡信贷理论，该理论主要强调了制度对信贷配给的作用，假定制度是内生的，认为在金融发展过程中制度因素对银行的信贷配给行为产生重大影响。自此，国外开始注意对非均衡信贷配给的研究，认为信贷配给是源自借、贷双方在金融市场的利率管制、银行准入限制、市场未达到充分竞争等方面的制度约束。由于在信贷市场中，各国政府均对信贷市场均存在不同程度的干预，发展中国家政府干预较为突出，因此信贷配给非均衡理论更容易被各界所接纳。麦凯恩和肖恩借助金融抑制理论和金融深化理论对信贷配给进行研究，结果表明发展中国家由于政府对信贷市场干预性强的特点，利率长于低于信贷市场供需均衡点，因而市场对信贷资金存在需求过度的情况，故而贷款者必须实施信贷配给，将信贷资金向政府支持、享有政策优惠的借款者进行倾斜。同时由于政府的长期干预，导致信贷市场缺乏自主选择权，进而阻碍了金融领域的可持续发展。

因此可以说，信贷配给理论是政府实施经济政策调整信贷规模和结构的理论基础，而信息不对称理论在非均衡信贷配给理论的提出起到关键的解释作用，为研究经济政策下的信贷传导及其产出效应提供了理论支撑。

2.2.2　信息不对称理论

经济学家们逐步建立了均衡信贷配给理论，有限论证了不对称信息（Asymmetric Information）条件下均衡信贷配给存在的合理性。斯蒂格利茨和韦斯（1981）则认为，即使在完备的市场经济体制下，信息不对称也会导致市场机制失灵，社会利益与自身效益冲突会引起金融机构的逆向选择，所以仍然需要政府有选择地干预金融活动以纠正市场偏差。

20 世纪 70 年代，阿克洛夫、斯彭斯和斯蒂格利茨（Akerlof、Spence and Stiglitz）分别从商品交易、劳动力和金融市场三个不同领域展开研究，共同提出了信息不对称理论。信息不对称理论是在市场经济活动中，各类人员对有关信息的了解是有差异的；掌握信息比较充分的一方，往往处于较优势地位，扮演强势角色，而信息短缺或者失真的另一方，则处于劣势地位，充当弱势群体。传统观点认为，信息不对称分为事前的逆向选择（adverse selection）和事后的道德风险（moral hazard）。

信贷市场同样存在着信息不对称现象。信贷投放中的信息不对称，是指借、贷双方不同当事人不能拥有一致对等的信息。不管是商业银行角度的信贷结构，还是市场角度的信贷结构，它们的形成过程均存在程度不一的信息不对称问题。在信贷双方中，客户是信息优势方，银行是信息劣势方。银行无法充分掌握真实的经营和财务状况，难以合理确定其风险，只能根据客户所提供的有限信息及历史经验来设定贷款条件，确定的贷款利率是社会风险程度的平均值，并作为利率定价的依据。借款人对自己的信用水平、偿债能力、经营状况和财务状况非常了解。高风险的借款者积极寻求银行贷款时，往往会刻意隐瞒自身的不利信息，尽量提供部分有利信息，甚至倾向提供一些虚假信息，从而尽力取得稀缺的贷款，而部分低风险的借款者会因为利率高而不得不放弃贷款。由于信息成本的存在，银行只能接受信息不对称的客观事实，而长期承担实际高风险使银行或者上调平均贷款利率水平以弥补风险成本，或者退出信贷市场，产生"惜贷"和"慎贷"现象，从而导致了商业银行的信贷结构失衡。

另外，贷款发放以后，由于银行缺乏必要的监管和控制手段，无法完全了解客户的资金投向、风险和收益等真实信息，贷后监督的缺失导致信息不对称现象的持续存在，又会给信贷市场带来的种种道德风险。道德风险的存在降低了贷款归还的可能性，加大了贷款风险，提高了银行的不良贷款率，导致银行后续放贷意愿降低，进一步造成信贷资源闲置，银行的信贷结构产生失衡。从长远来看，信贷结构失衡导致信贷双方形成同输，这种的影响降低了信贷市场的配置效率，损伤了信贷市场的活力，不利于宏观经济的健康发展。

2.2.3 贷款组合理论

商业银行就是经营风险的机构，以经营风险为其盈利的根本手段。在银行的信贷经营中收益和风险的关系紧密，风险收益理论成为信贷结构调整的最基本理论。风险收益理论认为，虽然银行信贷业务充满了风险，但风险是未来结果的不确定性和可能性，也是预期收益的不确定性。因此，风险不仅是损失的概率分布，也可以说风险是收益的概率分布。依据风险与收益相匹配的原则，强化对损失可能性和盈利可能性的平衡管理，避免过度防范风险而忽视业务的发展，同时采用经济资本配置、经风险调整的业绩评估等现代信用风险度量模型和现代风险管理方法，衡量单个及组合信贷的风险，实现风险控制下的收益最大化。

美国经济学家马科维茨（Markowitz，1952）在《资产组合选择：投资有效分散》中首次提出投资组合理论以及均值—方差模型，用均值和方差分别来刻画收益和风险因素，得出投资组合可以有效降低风险的结论。投资组合理论用在金融业的信贷资产组合，形成了贷款组合理论，进一步充实了信贷结构理论。贷款组合理论认为，由于投放对象的异质性，商业银行将有限的信贷资产投放到不同行业、不同地区的企业和个人，就会形成不同的信贷风险。只有充分考虑信贷风险，合理分配信贷资源，才能有效降低市场风险和信贷风险，寻求信贷资产组合的风险和收益最优均衡。欧美国家的大型商业银行已经将主要包括信用计量（Credit Metrics）模型、信用风险＋（Credit Risk＋）模型和麦肯锡的信用组合观点（Credit Portfolio View）模型等贷款组合模型应用于信贷管理中，提高了银行贷款决策的精度，实现信贷结构的合理化，国内商业银行正在积极研究上述模型在中国的适用性。

2.3　信贷供给文献述评

商业银行是一个从事吸收存款和发放贷款的中介机构，其贷款投放规模一直是学者和专家从资金供给侧研究的重点关注问题。近年来，受国际金融危机后遗症和国内调结构、稳增长的经济环境影响，银行信贷结构问题受到学术界重视，相关研究逐步展开，研究成果开始变多。本节首先从信贷规模的政策成因和产出效应两个角度进行文献述评，然后过渡到信贷结构的政策成因和产出效应。其中的政策主要是指经济政策，一般包括货币政策、资本监管政策、财政政策、信贷政策、汇率政策、产业政策和管制政策等。篇幅所限，本书只论及货币政策、资本监管政策和财政政策。

2.3.1　信贷规模的政策成因研究

2.3.1.1　货币政策对银行信贷规模的影响研究

本书的货币政策传导，指的是中央银行运用货币政策工具影响中介指标，进而最终实现既定政策目标的传导途径与作用机理，包括从货币政策的执行到经济结果产生的整个过程。随着相关研究的不断深入，货币政策传导所涉及的宏观经济学的经典内容，逐渐扩展到微观经济学的相关内容（刘伟和张辉，2012）。凯恩斯学派和货币主义学派认为，金融资产只有货币和债券两种形式，政府通过货币供应量的变动改变公众对货币与债券的持有和配置，使得不同金融资产的价格发生变化，进而间接影响投资水平和产出。伯南克和布林德（Bernanke and Blinder，1988）首次推出信贷渠道的观点，认为贷款和债券并不是完全替代品。伯南克和格特勒（Bernanke and Gertler，1989，1995）进一步提出银行信贷传导理论的资产负债表效应，建立了包含货币、债券和银行贷款三种金融资产的模型。他们认为货币政策可以通过影响借款人的授信能力达到放大货币政策影响力的作用，其传导途径为：货币供应量增加导致利率下降，股票价格上升，净现金流提高，从而改善企业资产状况，提高公司资产负债表质量，减少逆向选择和道德风险，进而使得银行贷款量上升，企业投资增加，最终导致经济增长，银行信贷传导货币政策的功能因而被发现，金融机构在其中发挥着特殊的作用。不过一些学者对银行信贷渠道的存在提出质疑，他们认为，银行可以很容易的发行不需交纳准备金的负债，存在银行信贷渠道的可能性能很小（Romer，1990）。霍伊维尔（Heuvel，2000）认为，货币政策可以通过影响银行的信贷发挥作用，必要条件是发行不需缴纳准备金的银行负债市场不是无摩擦的，否则银行可以很容易筹到无须缴纳准备金或缴纳很少准备金的负债来弥补缴纳准备金导致的存款减少，银行就不会因为法定准备金的约束而放弃获取利润的贷款机会。

卡什亚普和威尔科克斯（Kashyap and Wilcox，1993）、奥里纳和布什（Oliner and Busch，1996）、卡什亚普和斯坦（Kashyap and Stein，2000）运用了实证方法反复检验了货币政策信贷渠道的存在性。菲奥雷拉·德菲奥里（Fiorella De Fiore，2009）认为信息不对称和违约风险致使银行在提供信贷时选择收取高于无风险率的贷款利率，边际成本不仅随着产出缺口而增加并且随着信贷扩张和名义利率的变化而变化，信贷渠道受多种因素的制约。米什金（Mishkin，2010）认为，当央行通过提高存款准备金率或者利率，卖出有价证券等手段，来降低银行储备，又当银行贷款与银行证券和企业非银行资金之间满足不存在完全替代条件时，银行的信贷资金就会减少，总需求和总产出就会下降。国内的李斌（2001）从货币传导渠道与政策目标关系入手，论证了现阶段信贷总量举足轻重的作用。宋立（2002）、索彦峰和陈继明（2007）、戴金平等（2007）还有田祥宇和闫丽瑞（2012）等也检验了我国信贷渠道的有效性。王国松（2004）论证了我国处于通货紧缩期间，当传统货币传导受阻时，信贷渠道成为拉动经济增长和稳定汇率起到有力的金融支持。王振山和王志强（2000）、周英章和蒋振声（2002）、蒋瑛琨等（2005）、朱庆（2005）、江群和曾令华（2008）均认同信贷渠道在我国货币政策传导机制中占据了主导地位。张庆君、张荔（2009）通过分析我国1986~2007年银行信贷调整对经济增长的影响，提出在资本市场低迷的情况下，发挥银行信贷的融资功能显得尤为重要。

不过还有一些学者，如撒克（Thakor，1996）研究得出扩张的货币政策既可能增加信贷也可能减少信贷的结论。而胡米特等（Hume et al.，2009）的理论和实证研究表明，20世纪90年代以来多次全球信贷高峰既没有带来强劲的经济增长，也没有导致物价水平的上升。国内的陈飞等（2002）认为，货币渠道比信贷渠道对于产出具有更大的作用。孙明华（2004）认为，我国的货币政策主要是通过货币渠道对实体经济产生影响。

在信息不对称理论和交易成本理论的基础上，学者们开始进一步考虑信贷中介在信贷规模中发挥一定作用，部分研究转从微观经济角度致力揭开货币政策传导机制链条上的"中介黑箱"（Bemanke and Blinder，1988）。商业银行作为货币政策信贷渠道上的传导主体，其信贷资金单向流至实体企业的微观过程是否顺畅就变得至为关键。一方面，从市场环境来看，斯蒂格利茨和米斯（1981）认为，由于信息不对称的存在，即使在市场有信贷需求的时候，商业银行也会鉴于自身风险而不愿意提高利率以出清市场，信贷规模会受到一定限制。黛蒙德（Diamond，1984）认为，不同经济背景下银行的信贷行为反应程度不同，导致信贷规模不同。由于信息的不对称程度在经济萧条期较高，在经济繁荣期较低，商业银行倾向于在经济景气时增加信贷规模，在经济衰退时收缩信贷规模。拉詹（Rajan，1994）对20世纪90年代新英格兰的银行危机研究表明，银行存在有限理性，在经济扩张期会出现群体性多贷、经济衰退期出现群体性拒贷的现象。另外，从商业银行的异质性角度来看，有学者通过对美国和国内的相关实证研究发现不同类型的银行表现出的传导能力有着很大的差异，他们基本上认可资产规模较小、流动性较低与资本充足率较差的银行货币政策敏感性较高（Kashyap and Stein，2000；Kishan and Opiel，2000；董积生，2006；Haldane，2009；Michalak，2011；徐明东和陈学彬，2011；李涛和刘明宇，2012）。另有研究表明，由于欧洲不同国家银行体系的差异，不同国家的资产负债表特征作用存在较大差异（Ehrman et al.，2001；Ferri et al.，2001；Altunbas et al.，2002）。相比于银行资产负债表的特征，银行治理机制比如股权结构特征差异所带来的融资约束差异在发展中国家表现得更为明显，使各类银行贷款渠道在货币政策传导中的作用出现不同（Andries and Billion，2010；Bhaumik et al.，2011；潘敏和张依茹，2013）。格特勒和卡拉迪（Gertler and Karadi，2011）认为，商业银行存、贷利率间存在楔形效应，存贷利差的逆周期性亦会放大初始货币、技术等冲击对产出的影响。

国内学者对于宏观货币政策的异质性或非总量不对称性也有一定的研究，不过目前还主要集中于宏观区域或产业，很少涉及微观企业的融资选择。如宋旺和钟正生（2006）基于最优货币区理论，证实我国货币政策调控存在区域效应。闫红波和王国林（2009）证实货币政策存在产业间非对称性。另外，国内学者对于企业融资结构的研究多集中于公司金融领域。如李峥和孙永祥（2002）从委托—代理关系、公司控制权转移等治理角度分析最优融资安排。袁卫秋等（2005）侧重从上市公司债务期限角度研究。蒋琰和陆正飞（2009）从管理层薪酬、控制权竞争角度研究最优股权融资安排。这些研究较少考虑宏观货币政策对微观企业的异质性影响。

2.3.1.2 资本监管政策对银行信贷规模的影响研究

由于银行业在经济系统中的特殊作用，该行业的监管通常比其他行业的监管更严。自1988年《巴塞尔协议》实施以来，资本监管的每一次制度变革对银行信贷规模形成的影响，都成为理论研究与监管实践关注和争论的热点，形成了大量学术成果，但是学术观点并不统一。莫迪利亚尼和米勒（Modigliani and Miller，1958）最初认为，在资本市场完美的条件下，银行的资本水平对贷款没有任何影响，因为银行能够在资本市场筹措资金以满足贷款资金的需求，这时银行资本没有任何作用。更多的研究认为，由于市场存在缺陷，资本监管政策通过资本充足率的分子效应对银行信贷产生影响，资本充足监管确实能够促使商业银行降低贷款扩张速度。迈尔斯和麦拉夫（Myers and Majluf，1984）提到由于信息不对称和"柠檬问题"的影响，银行为了满足资本充足率要求，不得不调整自身的资产结构，增加风险较小的资产的和以贷款为主的风险较大的资产的比重。伯南克和劳恩（Bernanke and Lown，1991）、豪伯里克和沃切尔（Haubrich and Wachtel，1993）、皮克和罗森格伦（Peek and Rosengren，1995）指出，在资本充足性约束下银行会降低风险贷款，随着资本充足性约束的加强，银行的风险承担将会降低，严格的资本监管阻碍了银行信贷的供给，从而降低生产性投资，对经济运行产生较大的负面影响。伯克南和劳恩（1991）、皮克和罗森格伦（1995）以及汉考克等（Hancock et al.，1995）均指出美国银行资本监管在 20 世纪 80 年代末到 90 年代初出现过信贷紧缩效应。霍姆斯特龙和蒂罗尔（Holmstrom and Tirole，1997）、黛蒙德和拉詹（2000）认为，较高的资本充足率要求增加了资本成本，这将限制银行的回报，降低银行的财务杠杆，促使银行选择风险更高的资产组合来弥补回报降低的损失，从而使银行的信贷规模相对下降。布鲁姆和赫维格（Blum amd Hellwig，1995）的研究表明银行资本和贷款之间的关系可能放大宏观经济周期，在经济衰退时缩减贷款，而在经济复苏时扩大贷款。齐山和欧配拉（Kishan and Opiela，2000）、基乌里（Chiuri，2001）、甘巴科尔塔和米斯特里（Gambacorta and Mistrulli，2003）的实证研究发现，贷款的低增长与资本约束有关，资本约束导致的信贷紧缩一定程度上加重了经济的衰退程度。也有学者持不同观点，科恩和桑特梅罗（Koehn and Santomero，1980）、金和桑特梅罗（Kim and Santomero，1988）研究就表明，银行在资本充足性约束下反倒会倾向于增加贷款。迪特里克（Dietrich，1983）、基利和弗朗（Keeley and Furlong，1990）则认为资本充足性约束不会影响银行的信贷变化。拉詹（2000）认为，资本准备在短期内会明显造成信贷紧缩，然而在长期的影响非常微弱，这使得银行行为加强了风险倾向。

基乌里等（Chiuri et al.，2002）认为，资本充足率监管实施导致的信贷紧缩现象，在新兴国家的表现比在 G10 国家的表现更为明显。国内学者刘斌（2005）的实证研究表明，资本约束对不同银行贷款的影响程度不同，特别是对于资本相对不足的商业银行，资本约束对贷款的影响程度较大。黄宪等（2005）研究了资本充足率监管下的银行风险偏好与信贷选择行为，结果表明资本充足率会使得银行在贷款选择中降低风险偏好，同时也会导致银行的信贷紧缩，结果会导致银行大幅降低对中小企业的贷款。张宗益等（2008）解释为，国内银行通过降低信贷资产的规模或增幅来提高自身的资本充足率水平。王擎和吴玮（2011）认为，在资本强约束的背景下，商业银行信贷规模增速减缓，对银行业绩产生重大影响。张勇和黄旭平（2011）关注商业银行自身角度，认为银行资产规模小，资本充足率和流动性比率就高，面临较高的外部融资成本，银行贷款下降幅度较大。不过，赵锡军和王胜邦（2007）、陈颖（2009）、傅亚平和陈宇晓（2012）却发现，由于我国商业银行主要通过增加监管资本来提高资本充足率，严格的资本约束并未导致严重的信贷紧缩。总的来看，目前国内关于资本约束对银行信贷行为影响的研究还不是特别丰富，有待进一步研究。

2.3.1.3 财税政策对银行信贷规模的影响研究

我国分配货币资源的主要途径有税收财政和银行信贷两个渠道，银行信贷逐渐由最初的财政附庸发展成为当前财政的替代产品，其市场融资的功能得到恢复和体现（童士清，2008）。不过雷（Ray，1998）和高希等（Ghosh et al.，2000）强调，即使在发展中国家银行业充分开放的情况下，如果信贷市场发展不充分，政府债务增长也会使得获得信贷的难度增加，即加剧信贷配给程度。在中国资本市场上，一种"正常"的情形是即使借款者愿意支付比通行利率还高的利率仍然不能获得贷款，原因是投资活动遭到信贷配给的约束，通行的利率并没有如实的反映信贷资金的价格。银行意识到这一点，所以也只愿意将贷款借给那些拥有较多可抵押资产的"安全"借款者。纳斯特帕德（Naastepad，2002）建立了多期实体经济加金融的可计算一般均衡模型研究印度财政政策的宏观经济效果，发现财政政策可以导致信贷配给；当存在信贷配给时，财政支出增长对私人投资造成挤出效应，财政政策是无效的；当不存在信贷配给时，财政政策是有效的。艾纽尔等（Agnor et al.，2005）指出任何投向的政府支出（不仅是基础设施建设），只要是在国内融资，就会拉升利率或加重信贷配给程度。布莱克和罗森（Black and Rosen，2011）认为，财政政策影响信贷总规模，并且会导致信贷资金在不同规模的企业之间的重新分配。阿吉翁等（Aghion et al.，2011）通过对 15 个 OECD 国家 1980～2005 年的面板数据研究后发现：市场上信贷配给状况越严重，逆经济走向而行的财政政策实施后对产出和生产力的拉动效果越好。国内学者邓志国和吴建新（2011）提出，财政政策在经济发展中具有再分配功能，对经济结构调整较为有效，它不仅可以通过税收、投资和公共支出等对经济结构进行直接调控，而且可以通过引导社会资金尤其是银行信贷资金投放对经济结构进行间接调控。从微观层面，李文宏（2005）的研究表明，在利率管制条件下，营业税的开征会影响商业银行最优贷款发放量，对银行信贷行为具有扭曲作用；而所得税对最优存贷款量没有影响。孙红等（2011）认为，递延所得税信息会对银行的信贷决策产生影响；但是，递延所得税信息在银行信贷决策的不同阶段其作用是不一样的，在贷款审批阶段，银行主要关注递延所得税信息中所包含的风险和负债因素；而在同意贷款的情况下，银行更关注递延所得税信息所反映的资产质量状况。

2.3.2 信贷规模的产出效应研究

国外研究成果主要集中在两个方面：一是从理论层面解释银行信贷过度扩张对资产价格和宏观经济的作用。费希尔（Fisher，1933）认为，部门过度负债会引发自我强化的"债务—通货紧缩"过程。明斯基（Minsky，1982）将融资细分为抵补性融资、投机性融资和庞氏融资，并认为信贷繁荣时期投机性融资和庞氏融资占比逐步上升，这往往为企业拖欠债务、资产价格下跌埋下了隐患。艾伦和盖尔（Allen and Gale，2000）提出了基于信贷扩张的资产价格泡沫模型，认为杠杆资金情形下投资者的风险转移行为是导致资产价格泡沫的原因。斯蒂格利茨（Stiglitz，1985）指出信贷市场和资本市场均可以通过对储蓄投资率变动的影响对投资产生影响，进而在经济增长上起作用，带动产业结构的变化。二是关注金融摩擦对宏观经济运行的作用机制研究。清泷信宏（Kiyotaki，1998）基于考虑信贷约束摩擦的模型分析表明，存在约束的信贷体系是有力的传导机制，该传导机制通过担保价值、借款企业净价值和信贷约束，会使轻微的暂时性经济冲击被放大并变得可持续。部分学者在随机动态一般均衡模型中引入信贷市场不完全因素，模拟分析了金融摩擦对系统内经济变量的影响（BGG，1999；Mendoza，2010）。BGG（1999）认为，信贷约束机制对银行信贷和实体经济的波动具有放大作用，表现出金融加速器效应。门多萨（Mendoza，2010）指出，当经济杠杆足够高并达到约束后，会引起担保资产价格和信贷数量下滑，产生通货紧缩效应。

国内学者的研究结果也不统一。万寿桥、李小胜（2004）利用中国 1985 ~ 2001 年度数据进行实证分析，发现间接融资与经济增长呈现出弱正相关关系和不显著的负相关关系。罗文波、张祖国（2010）的研究表明银行信贷与经济增长存在负相关关系。范学俊（2006）使用我国 1992 ~ 2004 年的季度经济数据进行的分析发现，银行信贷规模占 GDP 比重和股票市值占 GDP 比重的增加对经济增长具有明显的促进作用。

也有学者关注信贷政策的资产价格传导机制有效性研究。张晓玫等（2014）的研究表明，资产价格泡沫为信贷增长影响经济波动的传导渠道之一。在货币冲击下，金融加速器效应对资产价格、经济产出等变量波动具有放大作用（崔光灿，2006），但是当经济处于较高杠杆水平时，该传导机制的有效性会减弱（胡志鹏，2014）。另一种主要为通过拓展和完善 RBC 模型，对考虑金融摩擦时银行信贷对经济所产生的影响进行研究。杜清源和龚六堂（2005）将信贷约束机制纳入 RBC 模型，通过数值模拟表明金融加速器效应会加大信贷波动对宏观经济的影响。许伟和陈斌开（2009）采用一个包含银行部门的 DSGE 模型，讨论银行信贷和中国经济波动的关系，结果表明信贷冲击解释了大部分短期消费、信贷以及真实货币余额的波动，对产出、投资的波动均有一定解释力。陈晓光和张宇麟（2010）进一步考虑了异质性的信贷约束，也发现信贷约束是经济波动的传导机制之一。

部分学者还对信贷规模关于产业结构和城镇化之间的关系进行了探索性研究。格利和斯莱阿（Gurley and Sliaw，1994）指出银行信贷可以有效地促进经济增长中的资源配置和产业结构调整。刘梅生（2009）研究了银行信贷对产业结构的影响，得出的结论是银行信贷规模与第一产业呈负相关关系，而与第二产业则表现出正相关。周方召等（2013）使用 1994～2008 年中国省级层面的面板数据，发现银行信贷规模对产业结构优化率具有显著的正向影响，但其对以研发经费衡量的产业结构质量升级的影响并不显著。姚宇和章晶芝（2014）利用 LMDI 乘法分解，对信贷规模在不同类型城镇化间的配置结构和效率对城镇经济增长的驱动力进行分解，分析结论为：增加信贷的规模有利于城镇经济增长，防止经济体制的逆市场化倾向和大力促进城镇市场化改革是提升信贷效率和推动城镇经济发展的关键，适当地引导信贷由一线超大城市向二线、三线特大和大城市转移以有利于我国城镇经济的整体发展。苏建军、徐璋勇（2014）构建银行信贷、产业结构升级与经济增长的多方程模型，利用 1993～2010 年中国省际面板数据，采用面板协整和向量误差修正模型系统考察了三者之间的关系。虽然不同学者支持的观点不一，但可以肯定的是，不论持何种态度结论如何，银行信贷对产业结构的调整作用都不容忽视。

2.3.3　信贷结构的政策成因研究

2.3.3.1　货币政策对银行信贷结构的影响研究

在货币政策研究中，银行信贷规模起了重要的传导作用，一直被包括中国的许多国家视为中介目标，而关注信贷结构或者将两者关联起来的研究近年来也是刚刚开始。

有观点认为，研究货币政策对行业发展的异质性效应，为制定有利于经济结构调整的货币政策具有重大意义，而这种异质性效应正是通过银行的信贷结构变化呈现出来的。斯蒂格利茨和韦斯（1981）的信贷配给理论阐明，在信息不对称条件下，企业道德风险和逆向选择普遍存在，银行信贷结构失衡具备了产生的可能性。伯南克和格特勒（1995）利用 VAR 模型对货币政策行业异质性效应作了开创性研究，表明货币政策行业异质性效应确实存在。随后甘利和萨蒙（Ganley and Salmon，1997）同样采用 VAR 模型考察了货币政策冲击对英国 24 部门产出的分类影响，得出基本一致的结论。拉达茨和里格班（Raddatz and Rigobon，2003）进一步研究认为，不同行业对利率的敏感度不同是造成货币政策在不同行业间产生差异性影响的主要因素。格特·佩斯曼和斯梅茨（Gert Peersman and Smets，2005）对欧洲 7 个国家的 11 个行业进行了实证研究，发现货币政策效果在不同产业之间存在着显著的差异，利率渠道和信贷渠道能够在一定程度上解释货币政策的非对称效应。乔治坡罗斯和哈贾齐（Georgopoulos and Hejazi，2009）指出行业财务特征是导致货币政策行业异质性效应的主要因素。国内学者徐涛（2007）通过构建理论模型分析认为，导致我国货币政策行业异质性效应的主要因素是不同行业投资对利率弹性存在差异。叶蓁（2010）基于我国上市公司面板数据的研究结果提出行业企业贷款率、债权比和规模差异是导致我国货币政策出现行业异质性效应的重要因素。曹永琴（2011）从信贷渠道、资产负债表渠道和价格渠道分析了货币政策行业非对称性效应形成机制，发现货币政策波动对行业运营资本比重大、信贷资金依赖强、行业企业平均规模小的冲击更大。

盖尔和赫维格（Gale and Hellwig，1985）、威廉姆森（Williamson，1987）、王宏仁（Hung-Jen Wang，2000）转而从商业银行的角度，分别从激励相容的

债务合同、银行监督成本以及破产成本等因素出发，证明了信贷结构失调的存在性。加上不良资产负担、保守的信贷原则以及趋利的经济本质，诸多原因促使银行选择信贷集中，而信贷集中极易促成信贷结构失衡（Boyreau，2003；易行健和张德常，2007）。林毅夫和孙希芳（2005）、何国华和肖兰华（2008）对中国信贷结构问题做了类似的规范分析。麦金农和肖（McKinnon and Shaw，1973）、巴曙松等（2005）、陈雨露等（2010）发现，地方政府干预使信贷资源向地方政府主导型项目倾斜；金融机构存在对非国有企业的信贷歧视，而引入外部金融监管机制，可以在一定程度上减轻信贷结构失衡程度（饶品贵和姜国华，2013）。于是，研究视角开始聚焦于银行信贷错配的政策成因。阿塔娜索娃和威尔森（Atanasova and Wilson，2003）、萨法伊和卡梅伦（Safaei and Cameron，2003）、博格亚斯等（Bougheas et al.，2006）、甘杰（Jie Gan，2007）以及哈恩等（Haan et al.，2007）等的实证研究均表明，大部分国家在货币紧缩时期，银行信贷结构发生了变化，其中规模较小、抵押价值损失较大的企业在获得信贷方面更易受到限制；相比之下，消费者个人较企业受到的信贷约束更为明显。国内学者冉茂盛等（2004）实证分析表明，在货币扩张冲击下，我国银行信贷的期限结构也会发生变化。索彦峰和范从来（2007）、王剑和刘玄（2005）、于维洋和常坤（2010）、林江鹏和熊启跃（2011）、刘涛雄和王伟（2013）同样证实货币政策能够影响到银行的资产组合行为。朱博文（2016）有针对性地研究了货币政策紧缩对银行房地产贷款的影响，倾向认为，银行在货币政策紧缩时期多收紧房地产贷款。

2.3.3.2 资本监管政策对银行信贷结构的影响研究

信贷的行业结构是银行信贷行为的一个典型特征，也是监管约束下银行风险偏好的具体体现。由于每个行业的风险水平不同，银行信贷的行业选择实际上是对风险的主动承担。《巴塞尔资本协议》对商业银行的监管要求形成了资本约束，将通过影响商业银行的风险偏好而影响其资产配置，从而影响中小企业融资。汉考克和威尔考克斯（Hancock and Wilcox，1998）基于美国案例的研究发现，资本监管会给高度依赖银行信贷的产业或企业带来信贷紧缩效应，进而抑制其经济活动。有学者指出，由于投资者对银行经营和未来盈利信息未能充分了解，银行通过市场融资进行资本管理满足资本充足监管要求将会面临较大困难，促使商业银行侧重执行分母策略，调整信贷资产结构以降低风险水平（Rochet，1992；Repullo，2004；Francis and Osborne，2012）。科恩和桑特梅罗（1980）、金和桑特梅罗（1988）的研究却表明，银行在面临资本约束的情况下可能会倾向于提高资产的风险水平以补偿资本约束带来的效用损失，从而增加利率水平较高的中小企业贷款。也有学者认为面对最低资本金要求，追求利润的动机促使商业银行通过资产证券化等金融创新手段将风险资产转移至表外，银行风险承担没有降低却提高了资本充足率，即通过所谓的监管资本套利人为起到粉饰资本充足率的目的，因此资本监管约束对银行风险偏好没有影响（Furlong and Keely，1989；Jones，2000；Hovakimian and Kane，2001；Rime，2001），资本约束的增加并不会提高银行发放中小企业贷款的比例。国内学者张宗益等（2008）、黄宪和吴克保（2009）、彭继增和吴玮（2014）则认为，国内银行一方面通过降低信贷资产的规模或增幅来提高自身的资本充足率水平，另一方面通过结构性调整信贷组合，增加对低风险贷款的占比，减少高风险贷款的占比，降低自身的风险偏好。但也有研究结论认为，银行并未因资本监管政策采取避险措施（王胜邦和陈颖，2009）。

从商业银行的资本异质性角度来看，不同资本特质的银行对资本监管会做出不同反应。刘斌（2005）对资本充足性约束和商业银行贷款发放偏好之间的关系进行了研究，结果表明资本充足性约束对资本未达标的银行的影响较大，随着资本约束的增强，导致对中小企业的贷款比例降低。瞿光宇和陈剑（2011）认为，我国资产规模较大的商业银行更有可能进行监管资本套利。刘轶等（2013）的研究发现，在资本约束条件下，不同资本特质银行在信贷的行业选择存在显著差异：柔性资本特质银行与多选择资本特质银行都会显著扩张高风险行业的信贷，其中多选择资本特质银行在高风险行业的信贷扩张又更为激进；刚性资本特质银行则趋向于缩减各行业信贷规模。白洋（2010）、王雅炯（2013）分别建立商业银行风险偏好模型和模仿者动态模型，开展进化博弈分析。实证检验结果表明，当高风险资产的预期收益率高于低风险资产时，资本监管将降低商业银行风险偏好，考虑到大银行和中小银行风险期望和风险管控能力的差距以及中小企业融资满足率现状，最终可能形成大银行专注大企业贷款、中小银行专注中小企业贷款的市场结构。

2.3.3.3　财税政策对银行信贷结构的影响研究

当前关于财税政策与银行信贷规模的关系问题研究较多，但是有关财税政策对信贷结构的动力机制研究较少。综合来看，学者们认为财税政策对信贷结构的调整发挥作用也存在两个传导渠道：一是财政政策可以通过财政资金的收支变化来调节社会资金的供给和需求，引导银行重新配置信贷资产，进一步优化信贷结构，进而调控宏观经济的各个方面，实现其再分配的功能（DMO，2010，2011）。邓志国和吴建新（2011）利用投入产出模型，实证分析财政政策引导银行信贷投放结构的调整，得到了与理论分析较为一致的结果，说明了财政政策在实施过程中对商业银行信贷结构具有较强的引导作用。二是政府还可以调整银行税制来影响银行信贷结构。一方面，通过调节银行的税收负担水平，影响银行信贷的风险结构：银行税负越重，内部积累越少，盈利能力越低，迫于股东要求的压力，银行经营者会倾向于投资高风险资产，使信贷的风险结构发生改变。另一方面，通过税收优惠政策，对银行信贷的行业结构产生影响。

2.3.4 信贷结构的产出效应研究

2.3.4.1 信贷结构的宏观产出效应。

第一，信贷资金的投入具有结构效应。安杰洛斯等（Angelos et al.，2011）利用 29 个国家的 28 个产业 1990～2001 年的数据，用面板协整框架的方法，研究了银行信贷和金融结构与产业结构的关系。结果显示银行信贷在长期与代表新技术方向的产业结构显著相关。在我国金融体系中居主导地位的商业银行对产业结构升级调整的影响最大，它通过信贷活动实现资金在部门和产业间的转移，是资金流动的主要渠道，信贷资金构成了产业结构升级调整的长期资金支持。余心一（1989）通过对我国信贷政策与产业结构调整关系的实证研究，指出调整信贷是调整产业结构的最有效手段之一。马正兵（2004，2005）应用典型相关分析方法对中国经济增长中的产业结构与信贷的产业部门分配间的关系进行了实证研究，发现改革开放前信贷的产业投向与产业结构基本一致，信贷结构安排基本符合产业结构演变的要求；改革开放后，由于金融主体自主经营能力增强，在金融资源的分配中产生了市场行为的要求，但同时市场化取向的改革是在政府主导下进行的，又弱化了金融市场中微观主体的作用，为此，在产业结构层面出现了信贷双重配给，导致信贷结构与产业结构出现一定程度的背离。江曙霞和黄君慈（2007）通过建立金融 CGE 模型，研究银行信贷及其产业投向的变动对于厦门市经济发展与结构变迁的影响，结果表明无论信贷规模如何变动，第一产业产出均呈下降趋势，而信贷规模大幅增长对第二、第三产业的产值增长有明显拉动作用。徐荣梅（2009）指出针对中国产业升级、结构调整，商业银行应积极调整信贷结构，培育新的业务增长点，适应产业结构调整。尤其对商业银行集团客户信用风险识别和控制要加强，分析了集团客户信用风险的基本面特征和财务报表特征、关联交易情况和信用风险保证能力。邓奇志（2011）则认为第一和第二产业的信贷与产业增加值之间存在长期稳定关系，但是这种关系不能推及到第三产业，因此第一和第二产业的信贷投入对相应产业的结构调整影响更为显著。黄伟（2010）指出信贷退出是保证产业结构优化调整，促进产业结构转换的直接推动力。

第二，也有学者研究了信贷规模对环境的影响，严成樑等（2016）认为，信贷规模对我国二氧化碳强度的影响存在倒"U"型关系，信贷资金分配的市场化对我国二氧化碳强度有负向影响。

2.3.4.2　信贷结构的微观产出效应

信贷结构的微观产出效应主要有两个方面：一是信贷结构对银行绩效的影响。在政策约束下，银行期望通过优化信贷结构这一途径，实现持续保证银行收入水平和盈利能力的目标。科拉里和扎德科伊（Kolari and Zardkoohi，1987）曾设计出"双产品业务范围绩效模型"，将美国约 600 家银行按各类信贷业务所占比例情况分为农村类、城市类、批发类和零售类银行，分析结果证实了经营多种组合业务能够提高银行绩效。科拉里和扎德科伊（1987）、徐新华（2012）的研究认为，贷款行业结构、区域结构、产品类型结构和存贷款期限结构决定了商业银行的收入水平和收入空间。二是信贷结构的风险效应，主要指的是银行的信贷风险，尤其是不良贷款风险和信贷集中度风险两个指标。吉塞克和韦伯（Giesecke and Weber，2004）指出，贷款集中投向关联行业或相关企业时，一旦某一行业出现问题，就会在行业间产生传染效应，并可能引发系统性风险。高迪等（Gordy et al.，2006）、迪尔姆等（Diillm et al.，2007）、乌贝蒂（Uberti，2010）等做了类似的研究，得出了相同的结论。巴塞尔委员会（2005）指出，商业住房贷款的地域集中，在很大程度上是美国英格兰州和德克萨斯州大规模产生银行危机的重要原因，而德克萨斯州和俄克拉荷马州的贷款向能源行业集中也具有一定的风险。李子白等（2004）、巴曙松等（2010）通过研究也发现贷款集中是我国银行风险集中的关键诱因，王海霞（2009）则运用实证方法验证了这一结论。

综合来看，上述既有的研究基本上遵循着先宏观后微观、先规模后结构的研究线路，人们总是先从宏观的层面认识到现象，而微观层面往往是深入研究的方向，最终就是宏观和微观的相互印证和结合。关于银行信贷问题，目前的研究仍然存在有待拓展和深化的部分。一是有关货币政策和资本监管政策对银行信贷结构的影响机制研究并不多，涉及财政政策尤其是税收政策对银行信贷结构的影响机制研究更为稀缺。当前更多研究仅仅表现出对银行业绩的产出期望，普遍忽视了非期望性质的信贷风险。二是信贷结构的产出效应不仅仅是单一目标效应，应该是包含期望产出和非期望产出的综合目标效应。三是现有文献多限于研究信贷结构与政策因素或产出效应之间关系的某一环节，对银行信贷结构的前后向关联性和系统性关注度不够，将货币政策、资本监管政策和财税政策系统地考虑对信贷结构的影响研究不多，对经济变量之间的作用机制可验证性不强，实际参考价值不高。四是国内现有的研究文献多采用宏观数据，缺乏与微观数据有效结合，导致说服力不强。

本书将从行业信贷的角度，对商业银行信贷结构受利率市场化政策改革、资本监管政策改革及"营改增"政策改革的影响及其对银行经营产生的效应等方面的问题展开研究。

2.4 中国商业银行信贷结构的演变阶段

2.4.1 以重工业为主的信贷结构阶段（1949～1977 年）

自新中国成立到改革开放之初，在苏联经济发展路径的影响下，我国实行计划经济体制，为了保生产、扩规模，确定了以优先重工业的产业结构政策。1956 年党的八大报告中指出："必须发展社会主义的工业，首先是重工业，使我们的国家由落后的农业国变为先进的工业国""继续进行以重工业为中心的工业建设，推进国民经济的技术改造，建立我国社会主义工业化的巩固基础"

"国民经济的技术改造，必须首先集中在重工业特别是机器制造工业和冶金工业方面""我国的工业化事业是以发展重工业的生产，即生产资料工业的生产为基础的。为了有计划地发展国民经济，我们在今后必须继续贯彻执行优先发展重工业的政策"。1973 年党的十大报告中指出："我国的工业、农业、交通运输业、财政贸易情况良好"，依然将工业排在第一的位置。

与计划经济体制相适应，国家在此期间一直采取高度集中的中央银行垂直管理体制即"大一统"银行体制，金融机构只有唯一的一家中国人民银行。中国人民银行不仅扮演央行的管理者角色管理货币供给，还要履行商业银行的职能掌握和分配全国的信贷资金。"大一统"银行体制时期实行"统存统贷"的信贷资金管理体制，地方银行吸收的存款统一交由中国人民银行总行集中使用，贷款总量、投向由中国人民银行总行调控和统筹安排，分支行只能根据上级行下达的贷款指标和指定的贷款投向发放贷款。中国人民银行对金融资源集中控制，通过行政指导、实施控制政策和差别利率政策等手段，在信贷总量控制的前提下来支持重工业的优先发展。在此期间，中国的信贷结构和产业结构保持着惊人的一致。这种"长期资金归财政、短期资金归银行""无偿资金归财政、有偿资金归银行""定额资金归财政、超定额资金归银行"的极富计划特色的资金管理体制，一直延续至 1977 年。

重工业的快速发展，推进了我国工业化进程，但也形成了各个产业以及工业内部尤其是轻重工业之间的结构性矛盾，国家综合实力虽然得以催长，但是消费类和服务类商品持续短缺，人民生活水平长期以来无法改善。

2.4.2　以轻工业为主的信贷结构阶段 (1978 ~ 1986 年)

1977 年以前，我国经济发展主要依靠重工业的支持，同时注意到重工业与其他产业包括轻工业的协调发展问题。党的八大报告中曾经提到："在资金、原料、市场所允许的范围内，适当地注意发展轻工业，对于建设重工业不但无害，而且有利"。

1977 年以后，国家开始重视产业结构的不协调问题，解决的重点首先落在轻重工业的结构性矛盾问题上。1977 年党的十一大报告中指出：要"以农业为基础、工业为主导，实现农业、轻工业、重工业和其他经济事业的协调发展，全面跃进。工业要搞好轻工业，同时大力加快基础工业的发展"。1978 年党的十一届三中全会进一步确定了农业的基础地位，提出联产承包责任制激发农民生产积极性，并明确提出"城乡人民的生活必须在生产发展的基础上逐步改善"。随着农业状况的改善，党和政府开始调整工业的内部结构，重点解决轻重工业之间的比例失调问题，轻工业得到了迅速发展。党和政府开始注意到市场在中国经济中的杠杆作用，并首次出现了信贷一词，1982 年党的十二大报告中提到："自觉利用价值规律，运用价格、税收、信贷等经济杠杆引导企业实现国家计划的要求，给企业以不同程度的机动权""巩固地保持财政基本平衡、信贷基本平衡和物价基本稳定"。

在此期间，我国的金融机构也做了相应的改革。1979 年，中国农业银行恢复，中国银行成为外汇专业银行，国家外汇管理局设立。此后中国人民保险公司重新建立，各地相继组建了城市信用合作社，出现了金融机构多元化和金融业务多样化的局面。从 1984 年 1 月起，中国人民银行开始专门行使宏观调控职能，金融信贷支持政策由计划控制逐步向市场调节转变，以此促进经济结构的调整和优化。

自改革开放以来，经济增长的重心逐渐由重工业偏向轻工业，轻重工业结构性矛盾有所缓解，人民的日常生活水平迅速提高。由于中国人民银行对金融机构信贷总量和信贷投放实施贷款规模管理，这一时期的信贷结构调整仍然具有较强的行政干预色彩，农业和轻工业等部门获得了较多的信贷支持，基础设施及基础产业严重脱离了经济发展的节奏。

2.4.3 以基建为主的信贷结构阶段（1987~2006 年）

1987 年党的十三大报告中首次出现有关产业和产业结构的词语表达："保持社会总需求和总供给基本平衡，合理调整和改造产业结构""在大力发展消费品工业的同时，充分重视基础工业和基础设施，加快发展以电力为中心的能源工业，以钢铁、有色金属、化工原料为重点的原材料工业，以综合运输体系和信息传播体系为主轴的交通业和通信业；努力振兴机械、电子工业，为现代化建设提供越来越多的先进技术装备；以积极推行住宅商品化为契机，大力发展建筑业，使它逐步成为国民经济的一大支柱"，同时要"重视发展第三产业，努力实现第一、第二、第三产业协调发展"。1992 年党的十四大报告中指出："调整和优化产业结构，高度重视农业，加快发展基础工业、基础设施和第三产业""振兴机械电子、石油化工、汽车制造和建筑业,使它们成为国民经济的支柱产业""固定资产投资的重点应当放在加强基础设施、基础产业"。1997 年以后,国家开始强调科技进步在经济发展中的作用。1997 党的十五大报告中指出:"依靠科技进步,促进产业结构优化""继续加强基础设施和基础工业,加大调整、改造加工工业的力度"。2002 党的十六大报告中提到:"坚持以信息化带动工业化,以工业化促进信息化""形成以高新技术产业为先导、基础产业和制造业为支撑、服务业全面发展的产业格局""必须发挥科学技术作为第一生产力的重要作用"。

1998 年,中国人民银行取消了贷款规模限额控制,信贷规模管理改为资产负债比例管理,金融宏观调控逐步实现由直接调控向间接调控转变。1998 年以来,中国人民银行发布《关于开展个人消费信贷的指导意见》《个人住房贷款管理办法》《关于做好当前农村信贷工作的指导意见》等一系列信贷政策,将资金向能源、通信、交通和房地产等行业引导,向农村领域、国有企业改革和中小企业等方向引导。但是仍然出现工业行业信贷过于集中、工业行业内部结构不合理、民营企业和中小企业贷款渠道狭窄等问题。2003 年中国银监会成立,专门行使银行监管的职能。中国人民银行和银监会一方面分别通过实施货币政策和信贷政策、制定银行业务监管政策,对银行信贷结构施加影响;另一方面通过窗口指导,引导金融机构按照国家产业政策发放贷款。随后,贷款开始向基础设施建设、房地产业和部分垄断性行业集中,向大型企业以及企业集团集中。

2.4.4　以服务业为主的信贷结构阶段 (2007 年至今)

对于第三产业,早在 1987 年党的十三大报告中就曾提出"重视发展第三产业"的要求,党的十四大报告中进一步提出要"加快发展第三产业",党的十五大报告中提到"鼓励和引导第三产业加快发展",党的十六大报告中具体提出"积极发展文化事业和文化产业"。

2007 年党的十七大报告明确提出:"推动文化产业成为国民经济支柱性产业""加快发展服务业,促进经济增长向依靠第一、第二、第三产业协同带动转变""大力发展生产性服务业和生活性服务业,积极发展旅游业",开始将服务业提高到支柱产业的地位。2012 年党的十八大报告进一步强调:"推动服务业特别是现代服务业发展壮大，合理布局建设基础设施和基础产业，形成节约资源和保护环境的产业结构"①。

2007 年以来，为适应经济转型的需要，中国人民银行先后出台了《关于进一步加强信贷结构调整促进国民经济平稳较快发展的指导意见》《关于金融支持服务业加快发展的若干意见》《关于金融支持文化产业振兴和发展繁荣的指导意见》和《关于金融支持旅游业加快发展的若干意见》等信贷政策，提出"有针对性地培育和巩固消费信贷增长点，集中推进汽车、住房、家电、教育、旅游等与民生密切相关的产业的信贷消费"，引导金融机构加大消费信贷业务力度。

2.5　中国商业银行信贷结构的演变特征

首先观察一下银行业金融机构、商业银行贷款增速的变动特征。根据银监会年报公布的数据测算得到图 2 - 1②。图 2 - 1 中显示，银行业金融机构的贷款增速与商业银行表现出基本相同的变动特征。鉴于商业银行总资产在银行业金融机构的比例占到 75% 左右，具有很强的代表性，结合数据可得性因素及图 2 - 1 数据变动的特征表现，本章主要分析商业银行信贷结构不同维度的演变特征。受货币政策变化的影响，2007 ~ 2014 年期间，中国商业银行的贷款增速先出现一波快速上升又快速下降然后趋于平稳的特征。其中 2009 年为了有效化解国际金融危机对我国银行业影响，商业银行的信贷增速达到 35.96%；2012 年为了应对债务危机，信贷增速有升至 21.25%。这两年为相对高值，波动性较大；其他年份贷款增速的表现则相对平稳。

---

① 2012 年，国家质检总局和国家标准委颁布的《国民经济行业分类》（GB/T 4754—2011）明确了第三产业即服务业，即为除第一产业、第二产业以外的其他行业，并将《国民经济行业分类》（GB/T 4754—2002）中的 A 门类"农、林、牧、渔业"中的"05 农、林、牧、渔服务业"，B 门类"采矿业"中的"11 开采辅助活动"，C 门类"制造业"中的"43 金属制品、机械和设备修理业"等三个大类一并归类为第三产业。

② 数据来自银监会网站，机构范围参照银监会规定，商业银行包括大型商业银行、股份制商业银行、城市商业银行、农村商业银行和外资银行。由于 2007 年与以前年份的机构口径不同，导致国有商业银行与股份制商业银行的机构范围与 2006 年不同，导致与 2006 年以前数据不可比，本章选取 2007 ~ 2014 年作为研究的样本区间。2010 年，国有商业银行改称为大型商业银行。

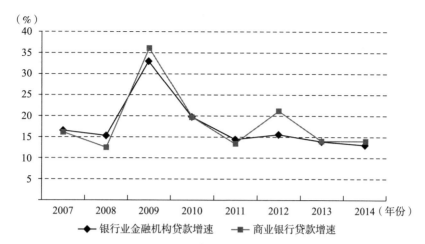

图 2 − 1 银行业金融机构、商业银行的贷款增速变动

资料来源：银监会年报。

2.5.1 信贷投放比例

2.5.1.1 产业维度

从图 2 − 2 来看，商业银行贷款的三次产业投放规模逐年递增。第二产业和第三产业的贷款余额增速较为稳定，第一产业贷款余额增速 2008 ~ 2012 年波动较大，随后逐渐下降。从图 2 − 3 来看，商业银行贷款投放主要集中在第

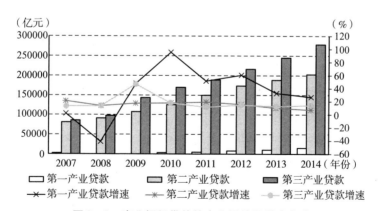

图 2 − 2 商业银行贷款的产业投放及增速变动

资料来源：银监会年报。

二产业和第三产业，第一产业占比增长极慢，至今不到 3%。第三产业投放占比一直高于第二产业，从 2008 年以后，第三产业占比与第二产业占比之间的差距开始变大，说明更多的信贷资金 2008 年以后由第二产业改投涌向第三产业。虽然从 2010 年两者的差距略有收紧，2012 年以后又开始扩大。2014 年，第二产业贷款投放占比降到 40.71%，第三产业贷款投放占比为 56.32%。

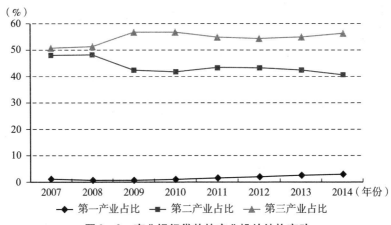

图 2-3 商业银行贷款的产业投放结构变动

资料来源：银监会年报。

2.5.1.2 行业维度

从细分的行业分布看，如图 2-4 所示，2007~2014 年间，贷款投向制造业占比一直是最高的。尽管国家一直致力于经济结构调整，制造业贷款余额占比逐年下降，但 2014 年仍然占到全部贷款的 1/4。在 2007~2014 年间，批发零售业占比一直在逐步提高，2014 年达到 17.84%，成为银行贷款的第二大行业。第三就是房地产业，2007~2014 年期间占比一直 10%~11% 左右。交储邮政业与房地产业的占比及变化相似[①]。分析结果表明，在这期间至少有

---

① 行业分类来自银监会年报，并与国家统计局发布的《国民经济行业分类（GB/T 4754—2011）》保持一致。为方便起见，将包含三个及三个以上子行业的行业用简称替代，将"农、林、牧、渔业"简称为"农林牧渔业"，"电力、热力、燃气及水的生产和供应业"简称为"电热燃水业"，"交通运输、仓储和邮政业"简称为"交储邮政业"，"信息传输、软件和信息技术服务业"简称为"信息服务业"，"科学研究和技术服务业"简称为"科技服务业"，"水利、环境和公共设施管理业"简称为"水环管理业"，"居民服务、修理和其他服务业"简称为"居民服务业"，"文化、体育和娱乐业"简称为"文体娱乐业"，"公共管理、社会保障和社会组织"简称为"公共服务业"。

5.2%的信贷资金由第二产业转投到第三产业,有1%投至第一产业。其中第二产业的制造业占比由2007年的30.85%下降至2014年的25.32%,下降了5.53个百分点;电热燃水业占比由2007年的10.57%下降至2014年的5.85%,下降了4.72个百分点。第三产业中,批发零售业由2007年的9.87%上升至2014年的17.84%,上升了7.97个百分点;租赁商务业由2007年的4.55%上升至2014年的6.56%,上升了2.01个百分点;房地产占比由2007年的11.02%下降至2014年的10.63%,略微下降了0.39个百分点。但是截至2014年底,商业银行的信贷结构中,行业贷款最多仍然是第二产业的制造业,其次是第三产业的批发零售业和房地产业。

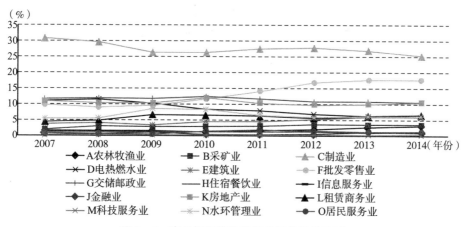

图 2 - 4　商业银行贷款的行业投放结构变动

资料来源:银监会年报。

2.5.1.3　机构维度

图 2 - 5 显示,2007~2014年间,大型银行信贷投放占比50%,占比为最高;第二是股份制银行,在30%~40%之间;城市商业银行排名第三名,一直保持在10%左右;农村商业银行的信贷投放占比在4%~6%之间;外商银行的信贷投放占比最低。2007~2014年间,大型商业银行贷款占比以非常缓慢的速度下降,从2007年的50.86%下降到2014年的50.04%,下降了0.82%。股份制银行份额逐年下降,从2007年的34.26%下降到2014年的29.48%,共计下降了4.78个百分点;外资银行份额从2007年的0.81%上升到2014年的4.26%,共计上升3.45个百分点;城市商业银行份额从2007年

的 9.90% 上升到 2014 年的 10.92%，共计上升 1.02 个百分点；农村商业银行份额从 2007 年的 4.16% 上升到 2014 年的 5.29%，共计上升 1.13 个百分点。总体来看，具有国有性质的大型银行，其贷款市场份额非常稳定，主体地位比较稳固。2007~2014 年间，有 5.59% 的市场份额由大型银行和股份制银行转至外资银行、城市商业银行和农村商业银行。其中股份制银行下降相对较多，外资银行上升相对较快。

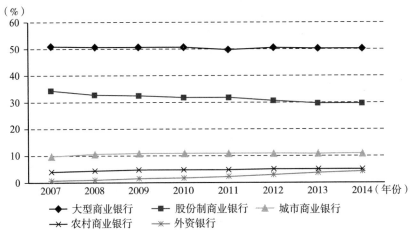

图 2 - 5   不同类型商业银行信贷占比变动

资料来源：银监会年报。

2.5.2   信贷不良贷款

如图 2 - 6 所示，2008~2014 年间，商业银行整体的不良贷款率是逐渐下降的，但是 2014 年较 2013 年开始拐头向上①。具体来看，大部分行业从 2012 年和 2013 年的不良贷款率就开始上升，只有电热燃水业、交储邮政业、科技服务业、水环境管理业、卫生社会业、金融业和公共服务业的不良贷款率保持持续下降。加权平均来看，2008~2014 年间，第一产业的不良贷款率最高，加权平均为 3.54%；第二产业次之，平均为 1.69%；第三产业最低，平均为 1.35%。

---

①   由于农林牧渔业 2007 年的不良贷款率为 47.1%，异常偏高的不良贷款率会使均值偏高，因此这里分析 2008~2014 年的数据。

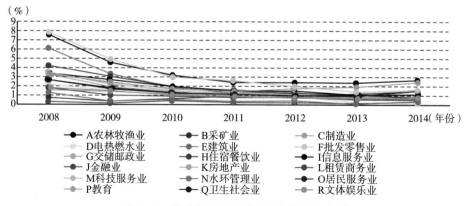

图 2-6　商业银行业信贷的不良贷款率变动

资料来源：银监会年报。

图 2-7 主要是显示 2008 年和 2014 年的分行业不良贷款率。首先从产业角度来看，2008 年第一产业的不良贷款率为 7.50%，第二产业加权平均为 2.73%，第三产业加权平均为 2.57%。2014 年第一产业的加权平均不良贷款率为 2.64%，第二产业加权平均为 1.75%，第三产业加权平均为 1.29%。第一产业的不良贷款率经过努力快速下降，虽然目前仍然最高，但与第二、第三产业差别已不悬殊。第二产业不良贷款率稳步下降。第三产业的不良贷款率相比之下下降也比较快，2014 年比第一、第二产业都低。从产业内的行业角度来看，第三产业虽然整体不良贷款率水平最低，但是包含的行业较多，分布不均匀，其中水环管理业、卫生社会业、金融业、公共服务业，它们的不良贷款率较低，2014 年不超过 0.25%；房地产业为 0.5%；其他行业如信息服务业，居民服务业，住宿餐饮业 2014 年的不良贷款率偏高，均超过了 1%，最高的是批发零售业，为 3.05%。第二产业中制造业 2014 年的不良贷款率为 2.42%，其他行业并不是太高。

2.5.3　信贷集中度

商业银行的信贷投向如果在某个行业领域过于集中，则会导致行业信贷的风险集中。合理的信贷结构是信贷资产组合分散于各个行业，这样可分散商业银行信贷组合的非系统性风险。本章利用 CR_n 指数和 HHI 指数对商业银行行业的信贷集中度展开评价。

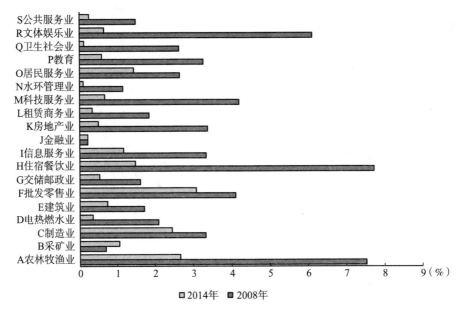

图 2 - 7　2008 年和 2014 年行业信贷不良贷款率分布比较

资料来源：银监会年报。

2.5.3.1　CRₙ 指数

美国经济学家贝恩最早运用市场集中度（concentration ratio，CR_n）对市场的垄断和竞争程度进行了分类研究。本章借鉴贝恩的市场结构分类方法，提出信贷集中度指数，即商业银行形成的信贷市场前 N 个占比最大的行业所占份额的总和。对信贷集中类型进行了划分，如表 2 - 1 所示。

表 2 - 1　　　　　　　以 CR_4 指数为基准的信贷集中分类　　　　　　单位：%

信贷集中类型	CR_4 指数	CR_8 指数
极高集中型	85 以上	—
高集中 I 型	75 ~ 85	85 以上
中上集中 II 型	50 ~ 75	75 ~ 85
中下集中 III 型	35 ~ 50	45 ~ 75
低集中 IV 型	30 ~ 35	40 ~ 45
竞争型	30 以下	40 以下

表 2 - 2 显示，CR_4 反映了 2007 ~ 2014 年间，国内商业银行的信贷集中度

处于 50% ~ 75% 之间，属于中上集中 II 型。CR_8 则反映了 2007 ~ 2014 年间，商业银行信贷集中度均在 85% 以上，属于高集中 I 型。总体判断，商业银行信贷集中度具有高度的垄断特征，2007 ~ 2014 年间一直保持着中等偏上的集中程度。具体来看，银行信贷集中度呈下降—上升—再下降的特征，2009 年是第一个较为明显的右上拐点，2012 年是第二个右下较为平缓的拐点。而且在此期间，商业银行贷款余额排名为前 4 的行业没有任何变化，信贷资金的投向主要为制造业、批发零售业、交储邮政业以及房地产业。

表 2 - 2　　　　　商业银行信贷的 CR_n 指数计算结果　　　单位：%

CR_n 指数	2007 年	2008 年	2009 年	2010 年	2011 年	2012 年	2013 年	2014 年
CR_4	63.575	63.726	58.141	61.998	64.008	65.633	65.585	64.436
结论	中上集中 II 型	中上集中 II 型	中上集中 II 型	中上集中 II 型	中上集中 II 型	中上集中 II 型	中上集中 II 型	中上集中 II 型
CR_8	87.145	87.381	86.780	89.214	89.225	88.514	88.029	87.498
结论	高集中 I 型	高集中 I 型	高集中 I 型	高集中 I 型	高集中 I 型	高集中 I 型	高集中 I 型	高集中 I 型

资料来源：银监会年报。

以第三产业的信贷集中度为例，表 2 - 3 中的 CR_4 显示，2007 ~ 2014 年间商业银行的第三产业信贷集中度虽然不高，但是逐渐上升趋势比较明显，由 2007 年的竞争型到 2009 年跨入低集中 IV 型，2014 年又升至中下集中 III 型。CR_8 也反映了 2007 ~ 2014 年间，商业银行信贷集中度呈波动性的上升趋势，总体处于中下集中 III 型，即中等偏下的集中程度。在此期间，商业银行贷款余额排名为前 4 的行业为批发零售业、交储邮政业、房地产业以及租赁商务业。

表 2 - 3　　　　商业银行第三产业信贷的 CR_n 指数计算结果　　　单位：%

CR_n 指数	2007 年	2008 年	2009 年	2010 年	2011 年	2012 年	2013 年	2014 年
CR_4	37.146	37.042	40.241	43.638	42.842	43.408	44.580	45.672
结论	竞争型	竞争型	低集中 IV 型	低集中 IV 型	低集中 IV 型	低集中 IV 型	低集中 IV 型	中下集中 III 型
CR_8	46.459	47.150	53.241	53.697	51.905	51.532	51.919	53.244
结论	中下集中 III 型	中下集中 III 型	中下集中 III 型	中下集中 III 型	中下集中 III 型	中下集中 III 型	中下集中 III 型	中下集中 III 型

资料来源：银监会年报。

2.5.3.2 HHI 指数

运用 CR_n 测定市场集中程度在数据获得和计算方面简单易行，但也存在一些不足，而赫希曼—赫芬达尔指数（Hirschman – Herfindahl index，HHI）则较好地克服了 CR_n 指数的不足。HHI 指数以各个企业占行业的市场份额的平方和来表示，其能够反映市场中企业规模的离散程度。本章用 HHI 指数表达商业银行投向各行业信贷所形成的信贷集中度，其计算公式为：

$$HHI = \sum_{i=1}^{n} (X_i/X)^2 \quad i = 1, 2, \cdots, N \qquad (2.1)$$

N 为商业银行信贷市场中的行业总量，X_i 为第 i 个行业的贷款余额，X 为信贷总额。HHI 指数越大，代表市场集中度越高，信贷资源的行业配置越不均衡，信贷结构的扭曲程度越高（见表 2 – 4）。

表 2 – 4 　　　　　　　以 HHI 指数为基准的信贷集中分类 　　　　　　单位：%

市场结构	集中型				竞争型	
	高集中 Ⅰ型	中上集中Ⅱ型	中下集中Ⅲ型	低集中Ⅳ型	竞争Ⅰ型	竞争Ⅱ型
HHI 指数	30 以上	18~30	14~17	10~13	5~9	5 以下

2007~2014 年商业银行的信贷集中度如表 2 – 5 所示。银行信贷集中度呈下降—上升—再下降的特征，2009 年是第一个右上拐点，2012 年是第二个右下拐点。总体上 HHI 指数一直处于中下集中Ⅲ型区域，属于中低程度的垄断，表明商业银行的信贷市场有一定的信贷集中风险，但是并不是特别严重。2008年国家推出四万亿元投资计划，银行信贷开始扩张，多数资金进入第二产业和第三产业。尽管 2009 年 9 月，国务院出台《关于抑制部分行业产能过剩和重复建设引导产业健康发展的若干意见》，第二产业和第三产业的信贷集中度2010 年后仍然呈波动性上升趋势，第三产业更为明显。

表 2 – 5 　　　　　　　商业银行信贷的 HHI 指数计算结果 　　　　　　单位：%

HHI 指数	2007 年	2008 年	2009 年	2010 年	2011 年	2012 年	2013 年	2014 年
第二产业	10.859	10.453	8.177	7.815	8.532	8.633	8.148	10.859
结论	低集中Ⅳ型	低集中Ⅳ型	竞争Ⅰ型	竞争Ⅰ型	竞争Ⅰ型	竞争Ⅰ型	竞争Ⅰ型	低集中Ⅳ型

HHI 指数	2007 年	2008 年	2009 年	2010 年	2011 年	2012 年	2013 年	2014 年
第三产业	4.013	4.031	4.741	5.402	5.341	5.652	5.928	6.139
结论	竞争Ⅱ型	竞争Ⅱ型	竞争Ⅱ型	竞争Ⅰ型	竞争Ⅰ型	竞争Ⅰ型	竞争Ⅰ型	竞争Ⅰ型
整个市场	14.889	14.488	12.923	13.232	13.899	14.334	14.145	13.467
结论	中下集中Ⅲ型	中下集中Ⅲ型	低集中Ⅳ型	低集中Ⅳ型	低集中Ⅳ型	中下集中Ⅲ型	中下集中Ⅲ型	低集中Ⅳ型

资料来源：银监会年报。

近年来，中国信贷市场呈现出典型的失衡状态，一端是银行追求的高端市场，另一端是被银行排斥的低端市场。在高端市场，容易出现过度借贷热捧；而在低端市场，容易遭受信贷冷遇，最终导致信贷集中度偏高。信贷集中度偏高表现在，商业银行总是把贷款投放在某些优势行业、垄断行业。从行业分布看，新增贷款投向主要集中于四大领域：制造业、批发零售业、交储邮政业及房地产业，多数投向电信、交通、城建等基础产业和设施项目，但是对于农林牧渔业和其他行业（例如现代服务业）的投入一直非常有限，这与国家为了增加内需而采取的投资拉动宏观政策不无关系，同时也与强调改善国计民生环境也紧密相连。另外，政府扶持或倾向的行业往往具有收益高、风险低的特点，对银行保持着很强的吸引力。过去几年制造业和房地产等都是收益率极高行业，银行更乐于给上述行业提供长期贷款。银行信贷向少数行业过度集中，虽然可以促进这些行业的快速发展，但由此可能造成商业银行的风险敞口过大。贷款集中投向关联行业，一旦某行业破产，可能演化成系统性风险（Beck et al.，2013）。同时，信贷市场的过度集中容易导致马太效应。贷款宽松的企业和行业能够获得更多的投资发展机会，而贷款困难的企业和行业的发展受到资金的限制，导致行业经济发展差距拉大。

第3章

利率市场化政策对银行绩效的影响

本章主要包括的内容：首先阐述中国存贷款利率市场化政策的演化历程，揭示中国商业银行存贷款利率的特征；其次利用 PSM – DID 模型实证分析利率市场化政策对银行绩效的影响；最后利用净利差水平作为关键变量来衡量商业银行对利率市场化改革的承受能力。本章 PSM – DID 方法以 112 家银行和 37 家保险公司作为样本公司。商业银行的利差承受能力估计选取的样本数据时段为 2007~2014 年，截面维度为 141 家商业银行，包括 5 家大型银行，12 家股份制银行和 124 家城市商业银行，为平衡面板数据。上述的数据主要来自历年的各银行年度报告和《中国商业银行统计年鉴》。

3.1 中国存贷款利率市场化政策

利率市场化是指通过市场和价值规律机制，在某一时点上由供求关系决定的利率运行机制，是价值规律作用的结果。利率市场化是运用市场机制配置金融资源的"无形之手"，也是提高资源配置效率的有效手段，是实现市场主体力量多赢的最有效途径。

自 1996 年全国银行间同业拆借市场建立以来，中国利率市场化改革正式拉开序幕和逐步铺展，历经同业拆借利率市场化、债券利率市场化、存款利率市场化以及存款利率部分市场化几个进程并日渐成效，迄今已近二十年（见表 3 - 1）。尤其是近年来，中国利率市场化的速度明显加快，金融资源配置效率有所提高，金融深化程度加强。2013 年 7 月 21 日，央行宣布全面放开金融机构贷款利率管制，取消金融机构贷款利率 0.7 倍的下限，由金融机构根据商业原则自主确定贷款利率水平。2015 年 5 月，央行已经将存款利率浮动区间扩大至基准利率 1.5 倍。至此表明，贷款利率市场化已经取得实质性进展，作为利率市场化改革核心的存款利率市场化进入关键阶段。

表 3 - 1　　　　　　　　　　　　　中国利率市场化进程

领域	时间	主要政策措施
存贷款利率市场化	1996 年 5 月	金融机构的贷款利率可上下浮动 10%，农村信用社的贷款利率最高可上浮 40%
	1998 年 11 月	将金融机构对小企业的贷款利率最高上浮幅度由 10% 扩大到 20%，农村信用社的贷款利率最高上浮幅度由 40% 扩大到 50%，对大中型企业的贷款利率最高上浮幅度维持 10% 不变
	1999 年 9 月	将金融机构对中小企业的贷款利率最高上浮幅度扩大到 30%，对大型企业的贷款利率最高上浮幅度仍为 10%，贷款利率下浮幅度为 10%，而农村信用社的贷款利率最高上浮幅度维持 50% 不变
	2004 年 1 月	将商业银行、城信社贷款利率的浮动区间上限扩大到贷款基准利率的 1.7 倍，农信社贷款利率的浮动区间上限扩大到贷款基准利率的 2 倍，金融机构贷款利率的浮动区间下限保持为贷款基准利率的 0.9 倍不变。同时推出一系列扩大商业银行贷款定价自主权的措施：放开贷款计、结息方式，由银企双方协商确定；人民币中、长期贷款利率由原来的"一年一定"，改为由借贷双方按商业原则确定，可由合同期间按月、按季、按年调整，也可采用固定利率的确定方式；人民币 5 年期以上档次贷款利率，由金融机构参照人民银行公布的五年期以上贷款利率自主确定
	2004 年 10 月	进一步放宽金融机构贷款利率浮动区间，同时允许存款利率下浮。金融机构（不含城乡信用社）的贷款利率原则上不再设定上限，贷款利率下限仍为基准利率的 0.9 倍。城乡信用社贷款利率仍实行上限管理，最高上浮系数为贷款基准利率的 2.3 倍。所有存款类金融机构对其吸收的人民币存款利率，可在不超过各档次存款基准利率的范围内浮动。存款利率不能上浮
	2004 年 11 月	在调整境内小额外币存款利率的同时，决定放开 1 年期以上小额外币存款利率下限，保留上限
	2005 年 1 月	发布了《稳步推进利率市场化报告》，央行决定不再对房地产抵押贷款实行优惠利率，房贷利率恢复到与同期商业贷款利率相一致的水平，允许在中国人民银行规定的基准利率基础上下浮 10%
	2005 年 3 月	放开金融机构同业存款利率
	2005 年 9 月	商业银行被允许决定除定期和活期存款外的 6 种存款的利息定价权
	2012 年 6 月	首次允许存款利率上浮，上限为基准利率的 1.1 倍，同时贷款利率浮动区间下限调整为基准利率的 0.8 倍

续表

领域	时间	主要政策措施
存贷款利率市场化	2012 年 7 月	金融机构贷款利率浮动区间的下限调整至基准利率的 0.7 倍
	2013 年 7 月	全面放开金融机构贷款利率管制。取消金融机构贷款利率 0.7 倍的下限，由金融机构根据商业原则自主确定贷款利率水平；取消票据贴现利率管制，改变贴现利率在再贴现利率基础上加点确定的方式，由金融机构自主确定
	2014 年 11 月	存款利率浮动区间的上限调整为 1.2 倍
	2015 年 3 月	存款利率浮动区间的上限调整为 1.3 倍
	2015 年 5 月	存款利率浮动区间扩大至基准利率 1.5 倍
	2015 年 10 月	对商业银行和农村合作金融机构等不再设置存款利率浮动上限

3.2 中国商业银行存贷利率水平

3.2.1 我国存贷基准利率水平

依照中国人民银行公布的历次存贷款基准利率调整的数据（见表 3 - 2），按照一年中逐月计算加权平均后，分别得到存款和贷款的历年加权平均利率（简称"平均利率"），见图 3 - 1。

表 3 - 2 　　　　2007 ~ 2014 年中国历次存贷款基准利率调整　　　　单位：%

生效日期	存款基准利率	贷款基准利率	基准利差	生效日期	存款基准利率	贷款基准利率	基准利差
2006/8/19	2.52	6.12	3.60	2008/11/27	2.52	5.58	3.06
2007/3/18	2.79	6.39	3.60	2008/12/23	2.25	5.31	3.06
2007/5/19	3.06	6.57	3.51	2010/10/20	2.50	5.56	3.06
2007/7/21	3.33	6.84	3.51	2010/12/26	2.75	5.81	3.06
2007/8/22	3.60	7.02	3.42	2011/2/9	3.00	6.06	3.06
2007/9/15	3.87	7.29	3.42	2011/4/6	3.25	6.31	3.06
2007/12/21	4.14	7.47	3.33	2011/7/7	3.50	6.56	3.06
2008/9/16	4.14	7.20	3.06	2012/6/8	3.25	6.31	3.06
2008/10/9	3.87	6.93	3.06	2012/7/6	3.00	6.00	3.00
2008/10/30	3.60	6.66	3.06	2014/11/22	2.75	5.60	2.85

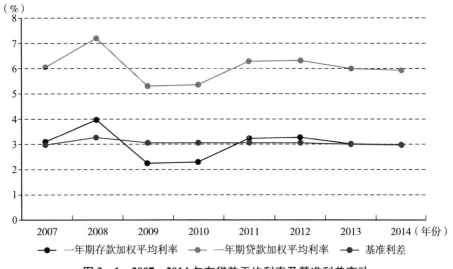

图 3-1　2007～2014 年存贷款平均利率及基准利差变动

2007～2014 年，中国贷款平均利率呈震荡走低态势，期间经历了 2008 年、2011 年两次快速上升和 2009 年一次快速下降。受 2007 年 6 次加息政策影响，2007 年 12 月贷款利率最高摸到 7.47%，2008 年贷款平均利率上升至 7.21% 的最高水平，即为企业贷款成本最高的一年，同比提高 1.16 个百分点。2008 年全球性金融危机爆发，从 2008 年 9 月以后，贷款基准利率历经 5 次下调，导致 2009 年贷款平均利率快速下降至 5.31%，同比下降 1.90 个百分点。受 2010 年两次上调贷款基准利率影响，2010 年贷款平均利率上升至 5.35%，同比提高 0.04 个百分点。受年内 3 次上调存贷款利率影响，2011 年贷款平均利率上升至 6.29%，同比提高 0.94 个百分点。2012 年贷款利率经历了两次下调，由于受到 2011 年贷款利率上调的惯性影响，2012 年贷款平均利率为 6.31%，同比微幅提高 0.02 个百分点。2013 年贷款利率维持不变，贷款平均利率为 6.00%，同比下降 0.31 个百分点。2014 年贷款利率仅有一次下调，贷款平均利率为 5.93%，同比微幅下降 0.07 个百分点。

2007～2014 年，中国存款平均利率的走势与贷款平均利率基本一致，呈震荡走低特征，期间同样经历了 2008 年、2011 年的两次快速上升和 2009 年的一次快速下降。2007 年 12 月存款利率最高摸到 4.14%，2008 年存款平均利率上升至 3.94% 的最高水平，即为银行存款成本最高的一年，同比提高 0.86 个百分点。2009 年存款平均利率快速下降至 2.25%，同比下降 1.69 个百分点。

2010 年存款平均利率上升至 2.29%，同比提高 0.04 个百分点。2011 年存款平均利率上升至 3.23%，同比提高 0.94 个百分点。2012 年存款平均利率为 3.27%，同比微幅提高 0.04 个百分点。2013 年存款平均利率为 3.00%，同比下降 0.27 个百分点。2014 年存款平均利率为 2.96%，同比微幅下降 0.04 个百分点。

中国存贷款利率走势虽然基本一致，但是每年两者的变动幅度并非全部同步，存在着少许差别。其中，2007 年有三次存款利率上调了 0.27 个百分点，贷款利率仅上调了 0.18 个百分点。2008 年又一次没有下调存款利率，但是下调了贷款利率 0.27 个百分点。2012 年有一次存款利率下调了 0.25 个百分点，贷款利率下调了 0.31 个百分点。2014 年有一次存款利率下调了 0.25 个百分点，贷款利率下调了 0.40 个百分点。存贷款利率的不对称调整，导致基准利差出现变动。2008 年基准利差变大为 3.27%，随后缓慢走低，到 2014 年为 2.97%。

3.2.2 商业银行的净利差水平

净利差（NIM）的计算公式为：（利息收入 − 利息支出）/总资产。净利差反映的是商业银行实际的经营管理水平和资金的运用效果，也是中央银行放松利率管制与商业银行谋求市场定价行为之间的动态博弈结果。利率市场化改革导致存贷款利率浮动区间范围的不断扩大和基准利差的缓慢缩小，商业银行自主形成的净利差水平之间也存在着较大的差异。

从图 3 − 2 来看，商业银行的平均净利差与基准利差的走势基本相同。2007 ~ 2014 年间，我国商业银行净利差水平分别在 2007 ~ 2009 年和 2009 ~ 2014 年两个阶段，经历了两次先涨后跌的过程，波峰出现在 2008 年和 2012 年，波谷出现在 2009 年和 2014 年。整体来看，2007 ~ 2014 年间三类银行中，城商行的净利差水平较高，大型银行和股份制银行的较低。大型银行 2007 ~ 2011 年净利差水平下降更快一些，2012 ~ 2014 年基本保持不变，城商行和股份制银行的净利差水平 2012 ~ 2014 年间缓慢下降。2014 年，城商行的净利差水平最高，大型银行次之，股份制银行最低。这可能与各类银行的存贷款利率定价有关，大型银行在扩大存贷款浮动区间，其存款利率上浮力度一般会小于股份制银行和城商行，股份制银行和城商行多数会一浮到顶。贷款利率调整的灵活程度也会小于股份制银行和城商行。

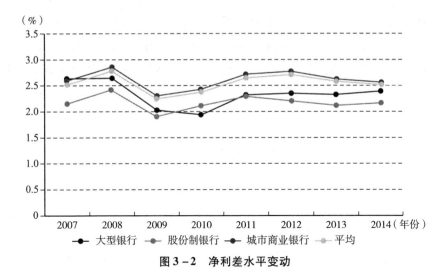

图 3 - 2　净利差水平变动

3.2.3　不同行业的贷款利率水平

从银行贷款角度，根据央行公布的货币政策执行报告数据，可以得到图 3 - 3。经分析发现，我国的一般贷款加权平均利率从 2007 年开始逐渐升高，2008 年金融危机爆发后快速下降。2009 年后稳中有升，随着投资需求的大规模放缓，10 年下半年后央行开始加息，到 2012 年第一季度攀升至 7.97% 的高点，随后央行不断降息降准，贷款利率呈现出波动性下降的趋势，2014 年第四季度降为 6.92%。一般贷款加权平均利率的趋降走势，表明企业的债务融资成本率近些年来有所减轻，但是债务成本总量仍然居高不下。

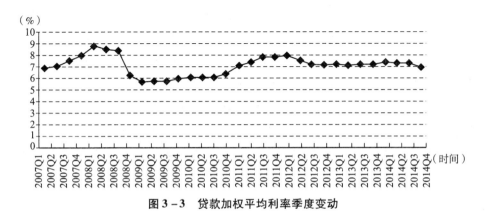

图 3 - 3　贷款加权平均利率季度变动

海通证券（2015）曾利用上市公司的利息支出和有息负债数据，对 2014 年企业的融资利率进行估算，得出钢铁和汽车等制造业的融资利率居高，其中 2014 年末钢铁行业融资利率高达 7.14%，而房地产业的融资利率显著较低，2014 年仅有 4.35%[①]。一般而言，第二产业的融资利率要高于第三产业。

3.3 利率市场化改革对银行绩效的影响

1973 年，麦金农的《经济发展中的货币与资本》和肖的《经济发展中的金融深化》两本书的出版，标志着以发展中国家为研究对象的金融发展理论的产生。他们提出的金融深化理论认为发展中国家存在严重的以利率管制为核心的金融压制现象，管制利率通常低于市场均衡利率，导致了金融市场效率低，抑制本国经济增长。肖和麦金农都认为，只有放弃金融抑制政策，实施金融深化改革，发展中国家才能有效地实现金融和经济的良性发展。具体而言，要求一国政府放弃对金融市场的过度干预，放松利率管制，使利率能充分准确反映市场上资金供求情况。在金融深化理论的指导下，20 世纪 80 年代形成了一股世界范围的利率市场化改革浪潮。

长期以来，利率扭曲是造成中国经济失衡的一个重要原因。利率市场化的过程实质就是逐步放开利率管制，取消对银行存贷利差的保护，优化社会资源配置的过程。自中国 1996 年实施利率市场化改革以来，银行间同业拆借市场的建立不但解决了短期流动性问题，而且提供了市场化的基准利率。2005 年以后，中国存贷款利率的"先外币、后本币；先贷款、后存款"分步骤改革不断推进，2012 年 6 月央行首次允许存款利率上浮，2013 年 7 月全面放开金融机构贷款利率管制，2015 年 10 月彻底取消了存款利率浮动上限。利率市场化不但给商业银行带来了发展机遇，同时也带来了严峻的业绩压力（刘煜辉，2012）。理论上认为，利率市场化改革会导致银行存贷利差收窄，盈利能力下降，而现实情况并非如此。实际存贷利差的形成会受金融市场的竞争程度、金融体制的管制水平以及商业银行的个体特征等多种因素的影响（金玲玲等，2012），银行的盈利能力同样会受到来自各种因素所形成的综合影响。在我国

[①] 姜超. 利率下行，哪些行业才是最大赢家？http://www.laohucaijing.com/news/index/112747/。

利率市场化改革取得关键性成就的背景下，进一步观察和研究利率市场化政策对我国商业银行盈利能力会产生怎样的影响；商业银行如何采取有效措施才能保持和提高经营绩效等问题，对于进一步促进我国经济转型，实现宏观经济稳步增长，有着一定的参考意义。

本章选择 2012 年首次放开存款利率作为利率市场化政策效果的观察时点，构建 KPSM – DID 模型，考察放松存款利率管制对商业银行经营绩效产生的影响。研究结果表明：放松存款利率对我国商业银行的盈利能力有着显著的负向影响。小规模银行对利率市场化政策更为敏感，大规模银行盈利能力相对稳健。商业银行应积极调整信贷结构，保持合理的净利差水平；加快实施业务转型，培育新的利润增长点；尽快构建合理的利率定价体系。小规模银行应发挥自身优势，尽早实施差异化经营策略。

3.3.1　文献综评

由于存在研究方法、研究视角、模型设定甚至是数据选择方面的较大差异，国内外关于利率市场化对银行绩效的影响研究形成的观点不一。本章主要归纳为两种观点进行评述：

（1）多数研究持负向影响的观点。国际经验显示，美国、日本、中国台湾地区及拉美国家等在利率市场化的初期，均发生了存贷利差减小导致银行业绩下降的现象（银监会，2012）。实行存款利率市场化，必定会提高存款利率的弹性，加剧银行在存款市场上的价格竞争进一步推升存款成本，银行在压低贷款利率的同时提高存款利率，直接后果即为存贷利差收窄（盛松成和童士清，2007；肖欣荣和伍永刚，2011；孙森等，2012）。金言（2012）认为，在利率放开初期，存款市场的激烈竞争将推高存款成本，贷款收益率可能下降，存款成本与贷款收益的变动将导致存贷利差的收窄，进而减少银行的利息收入。赫国胜和王宏（2012）以 2006 ~ 2010 年工商银行、浦发银行和南京银行季度数据为样本，研究发现中央银行利率调整对商业银行主营业务利润率有显著的影响。陆静、阿拉腾苏道和尹宇明（2013）对 1997 ~ 2010 年中国 144 家商业银行进行了实证分析，研究发现存贷款基准利差会显著影响商业银行盈利水平。柴用栋等（2013）考察人民银行存（贷）款利率非对称性调整对商业中小型商业银行盈利增长的影响，实证发现一年期存（贷）款利率调整对 11

家中小型商业银行的平均总资产回报率增长率有显著影响，其中存款利率的负向影响较贷款利率的正向影响更为显著。金昱（2014）分析认为，未来随着中国利率市场化的全面实现，银行的净利差可能面临巨大的下行压力，中国银行业盈利水平面临下降风险。

（2）不过也有学者提出相反的判断。陈宗胜等（2009）利用我国 32 家商业银行的面板数据进行分析后得出结论：在渐进式的利率市场化背景下，利率政策是影响利差的重要因素，利率市场化的政策冲击导致利差显著扩大。郭小群等（2010）利用我国 14 家上市银行的面板数据做了类似的研究，发现银行的盈利能力与净息差呈正相关关系。

综上来看，有关利率市场化对银行绩效的影响研究较多，研究方法多为定性研究或者使用一般线性模型的定量研究，在模型估计时基本上没有考虑内生性问题，很容易导致估计结果有偏。本章试图从实验经济学的角度，构建核匹配双重差分（kernel propensity score matching and difference-in-difference，KPSM – DID）模型，实现准实验的反事实估计（counterfactual estimation，CE），避免出现内生性问题，并依此考察利率市场化政策对银行经营绩效的真实影响。目前，此类方法在国内银行业的应用也不多见。

3.3.2 PSM – DID 模型

因果分析面临的最大挑战是如何解决遗漏重要解释变量和样本选择性偏误所导致的内生性问题。PSM 方法采用一种类似于随机实验的情形以消除样本选择性偏误，不过 PSM 方法并没有真正解决因遗漏变量产生的内生性问题。DID 的优点在于通过将"前后差异"和"有无差异"有效结合，一定程度上控制了某些除干预因素以外其他因素的影响，从而解决了内生性问题，因此得到的政策处理效果更为真实。1985 年，阿申费尔特和卡德（Ashenfelter and Card）第一次在项目评价中引入了 DID 模型，近年来广泛应用于对公共政策或项目实施效果的定量评估。另外，DID 方法的基本前提就是实验组和控制组必须满足"共同时间趋势"假设，但是由于社会经济发展的现实原因，这一假设一般很难满足，PSM 却可以解决这一问题。赫克曼等（Heckman et al.，1998）将上述两种方法结合起来，提出了 PSM – DID 方法，可以同时解决"共同时间趋势"假设和内生性问题，这一方法正引起不同领域的研究者的关注。本书采用基于核函数的倾向得分匹配与双重差分法相结合的 KPSM + DID 方法来开展研究，以便能更好地控制选择性偏误与内生性问题，从而更为准确地估计利率市场化给商业银行经营绩效带来的影响。

KPSM + DID 方法首先对处理变量与控制变量进行 logit 回归以获得倾向匹配得分，并选择核密度匹配法进行匹配。通过匹配，找到具有可比性的实验组和控制组，进而通过双重差分得到实验组的平均处理效应（ATT），表述如下式：

$$\text{ATT}^{\text{KPSM}+\text{DID}} = \sum \left[\left(Y_{T,t_1,i} - Y_{T,t_0,i} \right) - \sum W_{i,j} \left(Y_{C,t_1,j} - Y_{C,t_0,j} \right) \right] N^{-1} \qquad (3.1)$$

其中，Y 代表样本公司的盈利能力，T 表示实验组，C 表示控制组，t_1 表示首次放开存款利率以后，t_0 表示首次放开存款利率以前，i 表示实验组第 i 个个体单位，j 表示控制组第 j 个个体单位，$W_{i,j}$ 表示通过核匹配方法得到的权重，N 表示匹配成功得到的个数。

3.3.3　数据来源与变量选取

在样本选择上，我们将商业银行作为实验组。由于利率市场化改革中分步骤推出的各项政策基本上是针对国内全体商业银行，很难找到一个与商业银行相对照的合适的控制组。根据企业相似度的衡量方法，本书选取保险业作为银行业在技术与产品上高度相似的行业控制组。之所以这样处理是因为银行业和保险业在以下几个方面高度相似：一是金融环境相似。银行业和保险业的经营业绩均受利率因素的影响，银行业主要受存贷款利率的影响，保险业主要受保险预定利率的影响。银行业和保险业近几年利率市场化改革加速，到 2015 年 10 月同步完成。二是资金来源及运用相似。银行业和保险业都属于高杠杆的金融服务类企业，资产负债率都比较高，在宏观经济中属于重要行业，都有专门的监管机构。三是行业结构相似。银行业和保险业属于市场进入限制较严的高门槛行业，都有几个国有控股的大型规模公司，再加上众多的中小规模公司。

本书主要衡量存款利率放开后对银行业绩产生的影响，银行业的利率市场化在 2012 年 6 月首次放开存款利率，这比之前放开贷款利率浮动区间、2013 年 7 月全面放开贷款利率以及 2015 年 10 月最终全面放开存款利率等政策更具有关注力和影响力。另外，银行业 2012 年首次放开存款利率，保险业的利率市场化政策仍然没有出现变化，到 2013 年 8 月开始破冰，可以视为保险业的利率市场化在 2013 年之前没有变化。基于上述原因，本书样本期间选为 2011 年和 2012 年，样本空间则为国内 141 家商业银行和 151 家保险公司。然后按下列标准筛选样本：一是实验组中剔除了某一年净利润为负或者两年市场份额（银行总资产/银行业总资产）均小于 0.03% 的商业银行，不包括外资银行和农村商业银行。二是控制组中剔除了某一年净利润为负、资不抵债或者资产负债率低于 50% 的保险公司，不包括外资保险公司、资产管理公司和再保险公司，剔除了 2012 年出现合并或者重大重组事件导致资产倍增的保险公司（例如安邦保险集团公司、农银人寿保险公司等），目的尽量使公司处于稳健经营的时期。三是控制组中的保险公司集团，如果其寿险和财险业务有独立的股份有限公司经营，就选取股份有限公司为样本公司。筛选后，保留了 112 家银行和 37 家保险公司作为样本公司。数据主要来源于各商业银行和保险公司的年报以及《中国金融年鉴》、《中国商业银行统计年鉴》和《中国保险统计年鉴》。

估计模型表述为：

$$y_{it} = \beta_0 + \beta_1 Treat_{it} + \beta_2 Time_{it} + \gamma \times Treat_{it} \times Time_{it} + \beta_3 X_{it} + \varepsilon_{it} \qquad (3.2)$$

其中，y_{it} 为因变量，Time 为时期虚拟变量，Time = 0 为 2011 年，Time = 1 为 2012 年；Timet 为时期，取值为 0 或 1，0 表示政策实施前，1 表示政策实施后。Treat 为组间虚拟变量，Treat = 0 为控制组，Treat = 1 为实验组。X_{it} 为协变量，代表其他解释变量。其中，我们最关心的是 γ，表示政策影响的 ATT，即政策影响的净效应。i 表示第 i 家样本公司，t 表示时期。为了使样本之间具有可比性，模型估计时选择共同取值范围内的观测值进行匹配。

本书将平均资产收益率（ROAA）作为模型的因变量，用以衡量公司全部资产的盈利能力，该变量越高，表明公司资产利用效益越好，公司盈利能力越强。其计算公式为：$ROAA_{i,t}$ = 第 t 年第 i 家样本公司的净利润/（第 t 年初第 i 家样本公司的总资产余额 + 第 t 年末第 i 家样本公司的总资产余额）×2。

协变量 X_{it} 选择如下，用以反映样本公司较为相似的个体特征：

（1）资产负债率（ADR），用来衡量公司负债水平的指标，在一定程度上也可以反映公司的风险水平，其计算公式为：$ADR_{i,t}$ = 第 t 年第 i 家样本公司的总负债余额/第 t 年第 i 家样本公司的总资产余额。

（2）成本收入比（CIR），用以反映公司产品或服务的投入产出比，该指标越高，表明公司为取得收入而付出的代价越小，成本费用控制得越好。其计算公式为：$CIR_{i,t}$ = 第 t 年第 i 家样本公司的业务及管理费/第 t 年第 i 家样本公司的营业收入。

（3）市场份额（MS），用以衡量样本公司在本行业中规模所占到的比例，一定程度上反映了公司在行业中的地位。其计算公式为：$MS_{i,t}$ = 第 t 年第 i 家样本公司总资产余额/第 t 年该行业总资产余额。

表 3 - 3 列示了模型中主要变量的描述性统计结果，表 3 - 4 列示了各变量之间的相关系数。要分离和验证各个因素的单独影响，下面运用 KPSM - DID 模型进行计量分析。

表 3 - 3　　　　　　　　　　　主要变量的统计性描述　　　　　　　　　　　单位：%

变量	项目		均值	标准差	最小值	P25	P50	P75	最大值
ROAA	实验组	放开前	1.300	0.419	0.182	1.015	1.216	1.494	2.544
		放开后	1.318	0.398	0.387	1.072	1.218	1.497	2.298
		平均	1.309	0.408	0.182	1.057	1.218	1.495	2.544
	控制组	放开前	2.319	2.971	0.045	0.554	1.609	2.989	15.628
		放开后	2.093	2.010	0.140	0.647	1.494	3.053	10.118
		平均	2.206	2.521	0.045	0.554	1.533	3.053	15.628
	总体		1.532	1.356	0.045	1.007	1.235	1.617	15.628
CIR	实验组	放开前	34.048	7.849	16.977	28.703	34.227	39.697	61.393
		放开后	33.138	8.478	16.177	28.541	32.776	37.045	79.519
		平均	33.593	8.164	16.177	28.587	33.352	38.849	79.519
	控制组	放开前	20.098	8.299	4.435	12.579	21.274	26.551	35.345
		放开后	20.304	8.381	4.095	13.036	22.407	27.003	36.786
		平均	20.201	8.284	4.095	12.579	21.711	26.885	36.786
	总体		30.267	10.025	4.095	24.855	30.800	36.189	79.519
ADR	实验组	放开前	92.624	4.158	58.028	91.997	93.534	94.597	97.163
		放开后	92.826	3.505	64.244	91.917	93.460	94.650	97.525
		平均	92.725	3.838	58.028	91.965	93.515	94.613	97.525
	控制组	放开前	78.530	14.126	37.198	71.046	81.409	88.765	96.438
		放开后	76.322	14.976	30.654	65.412	80.110	88.251	95.211
		平均	77.426	14.500	30.654	67.137	80.666	88.765	96.438
	总体		88.926	10.324	30.654	89.696	92.929	94.436	97.525
MS	实验组	放开前	0.663	2.166	0.004	0.032	0.060	0.173	13.662
		放开后	0.657	2.068	0.004	0.034	0.066	0.190	13.128
		平均	0.660	2.113	0.004	0.033	0.063	0.181	13.662
	控制组	放开前	2.188	5.009	0.037	0.091	0.288	1.418	26.338
		放开后	2.171	4.933	0.036	0.100	0.285	1.487	25.820
		平均	2.179	4.937	0.036	0.097	0.287	1.487	26.338
	总体		1.037	3.127	0.004	0.039	0.080	0.288	26.338

表 3 - 4　　　　　　　　　主要变量的相关系数

变量	ROAA	CIR	ADR	MS
ROAA	1.000	—	—	—
CIR	-0.199	1.000	—	—
ADR	-0.481	0.243	1.000	—
MS	-0.081	-0.328	0.095	1.000

3.3.4　模型估计和结果分析

谨慎起见，为了使样本之间具有可比性，选择项为 support，表示仅使用共同取值范围内的观测值进行匹配。

表 3 - 5 报告了 KPSM - DID 模型的估计结果。报告结果的统计推断都是在控制了行业和时间效应的基础上基于稳健标准误的估计结果。由表 3 - 5 可见，双重差分的 ATT 结果显示，存款利率首次放开后，在其他条件不变的情况下，商业银行的 ROAA 均值显著下降了 1.096 个百分点，2011 年商业银行的 ROAA 均值比保险公司略高 0.01 个百分点，2012 年商业银行比保险公司低了 1.086 个百分点。上述实证结果与本文理论分析的结论一致。由表 3 - 6 可知，在核匹配倾向得分方法处理后，控制变量的均值在实验组和控制组之间没有显著性差异，各变量在实验组和控制组的分布较为平衡，说明采用 KPSM - DID 方法是可行的。

表 3 - 5　　　　　　　　　KPSM - DID 模型的估计结果

变量	2011 年			2012 年			
结果变量	实验组	控制组	Diff(BL)	实验组	控制组	Diff(FU)	γ(DIFF - IN - DIFF)
ROAA	1.565***	1.576***	0.010	2.676***	1.590***	-1.086***	-1.096***
标准误	0.224	0.101	0.246	0.224	0.101	0.246	0.347
T 统计量	6.990	1.670	0.040	6.520	-8.200	-4.450	-3.160
P > |t|	0.000	0.000	0.966	0.000	0.000	0.000	0.002

注：***表示在1%水平上显著。

表 3 – 6　　　　　　　　　KPSM – DID 模型的两组均值差检验结果

变量	实验组均值	控制组均值	均值差	t 统计量
ROAA	1. 300	2. 160	– 0. 860 ***	3. 270
CIR	27. 228	29. 586	– 2. 358	1. 200
ADR	91. 542	88. 259	3. 283	1. 650
MS	1. 027	0. 499	0. 528	0. 550

注：*** 表示在 1% 水平上显著。

进一步使用分位数的 KPSM – DID 方法进行估计（见表 3 – 7），结果发现存款利率放开对盈利能力的影响力度本身的分布是随着盈利能力上升时，呈现倒 "U" 型的特征。也就是说，盈利能力越低和盈利能力越高的商业银行，其受到存款利率放开政策的负向影响越大，而且较为显著；盈利能力处于中间水平的银行受到较弱的负向影响，盈利能力在分位数 40% 附近分布的银行反而有较弱的正向影响，但都不显著。从表 3 – 8 来看，随着盈利水平不断上升，CIR、ADR 均呈明显下降趋势。MS1 呈 M 型分布，主要是大型银行（工、农、中、建、交）分布在 40%、50% 和 80% 附近，其偏大的市场份额造成表中的 MS 值异常。如果将大型银行剔除，市场份额表示为 MS2，此后的分析依据 MS2 展开。可以看出，分布在 0 ~ 30% 代表盈利能力较低的银行，该区间银行的市场份额合计占到 5. 74%，其成本收入比和资产负债率较高。中等盈利水平的银行分布在 30% ~ 60%，该区间银行的市场份额合计占到 12. 53%。分布在 60% ~ 90% 代表盈利能力较高的银行，该区间银行的市场份额合计占到 6. 07%，其成本收入比和资产负债率相对较低。可见，处于盈利能力中等水平区间的银行一般规模较大（包括大型银行），成本收入比和资产负债率也处于中等水平，受利率市场化政策的影响不大；受利率市场化政策影响较大的银行，其总资产规模较小。小规模银行多数是刚从城市信用社改制成的城市商业银行，实际上处于公司发展的初创期，相对大规模银行而言，其盈利能力波动性更大，对利率市场化改革更为敏感，这与巴曙松等（2013）和张晓朴等（2014）的研究结论相吻合。

表 3 – 7　　　　　　　　　KPSM – 分位数 DID 的估计结果

变量	模型 1	模型 2	模型 3	模型 4	模型 5	模型 6	模型 7	模型 8	模型 9
分位数	10%	20%	30%	40%	50%	60%	70%	80%	90%
T	0. 858 *** (3. 268)	1. 544 *** (18. 048)	1. 054 *** (3. 886)	– 0. 004 (– 0. 011)	0. 246 (1. 032)	0. 246 (0. 809)	1. 082 * (1. 787)	3. 187 *** (11. 711)	2. 367 *** (9. 125)

续表

变量	模型 1	模型 2	模型 3	模型 4	模型 5	模型 6	模型 7	模型 8	模型 9
TREATED	1.075 *** (5.979)	1.144 *** (16.541)	0.722 *** (2.915)	(0.402) (−1.567)	−0.296 (−1.618)	−0.178 (−0.765)	−0.517 (−1.454)	−0.432 * (−1.675)	−0.851 *** (−3.145)
γ	−0.820 ** (−2.504)	−1.529 *** (−14.370)	−1.033 *** (−3.508)	0.015 (0.039)	−0.241 (−0.931)	−0.310 (−0.947)	−1.030 (−1.570)	−2.924 *** (−8.717)	−2.390 *** (−7.389)
常数项	0.064 (0.560)	0.064 (1.217)	0.554 ** (2.367)	1.795 *** (7.560)	1.795 *** (10.668)	1.795 *** (8.336)	2.258 *** (7.338)	2.258 *** (10.370)	3.079 *** (13.190)
N	116	116	116	116	116	116	116	116	116

注：LR 的括号内为伴随概率，其他为 t 统计量。* 表示在 10% 水平上显著，** 表示在 5% 水平上显著，*** 表示在 1% 水平上显著。

表 3 - 8　　　　　　　　　**2011 年 ROAA 的分位数对应均值**　　　　单位：%

变量	10%	20%	30%	40%	50%	60%	70%	80%	90%
ROAA	0.72	0.94	1.01	1.10	1.17	1.26	1.37	1.49	1.69
CIR	42.14	41.47	37.38	36.77	32.48	31.16	34.53	30.57	28.70
ADR	94.58	93.47	93.80	93.75	90.64	93.13	91.93	91.29	92.69
MS1（总和）	1.68	1.35	2.70	15.80	17.70	3.85	4.92	25.25	0.41
MS2（总和）	1.68	1.35	2.70	5.49	3.19	3.85	4.92	0.74	0.41

3.4　商业银行的利差承受能力估计

存贷款利差是商业银行从事信贷业务的利润源泉，净利差水平的高低会直接影响到商业银行的经营发展，商业银行对净利差承受能力究竟如何，仍然值得学者进行研究。存贷利差主要由基准利差构成，基准利率有货币当局提供。根据麦金农和肖（1973）的观点，包括法定利率上限、过高存款准备金要求以及政府强制干预信贷分配过程等在内的"金融压制"会扭曲银行业的金融中介功能，损害经济和金融的效率和发展。只有解除"金融压制"，使实际利率水平保持为较大正值，才有可能使存贷款利差有一个合理水平。

有关银行净利差决定因素的理论模型始于何和桑德斯（Ho and Sauders，1981）的做市商模型，该模型假定银行是做市商，通过设定贷款利率和存款利率来达到贷款需求和存款供给的平衡。该模型认为净利差是因银行面临不确定性而获得的补偿，主要由市场结构、管理者风险厌恶程度、交易规模和利率波动等因素决定。艾伦（Allen，1988）的研究放宽了何和桑德斯模型中的贷款同质性假设。巴尔维德和费尔南德兹（Valverde and Fernandez，2007）在艾伦（1988）的基础上，引入了非传统业务变量对净利差的影响，发现业务多样化的银行有更高的利差。安巴佐（Angbazo，1997）则在何和桑德斯模型中引入了信用风险和利率风险变量对净利差的影响。布洛克和苏亚雷斯（Brock and Suarez，2000）对美国和拉美银行业的研究发现，不良贷款率和运营成本率与净利差成正比，较高的不良贷款率和运营成本率迫使银行努力提高净利差水平，来保持或增加其必要的资本回报率。伯杰等（Berger et al.，2004）把市场结构视为净利差变化的主要原因，认为激烈的市场竞争会造成净利差下降。马德斯和格瓦拉（Maudos and Guevara，2004）却发现净利差与市场结构的关系并不明朗，竞争程度的放松导致欧洲银行业净利差的下降。马德斯和索利斯（Maudos and Solis，2009）构建了一个综合模型，将信用风险、利率风险、运营成本和非传统业务纳入了何和桑德斯模型。

　　国内学者黄国平等（2007）认为，存贷款利差合理水平取决于违约率、损失率、流动性风险、资本缓冲与信贷类资产的比率，以及无风险基准利率。银行业内部管理水平不足和存贷款市场的总体失衡会导致利差水平扩大和提高。我国当前的存贷款利差水平相对于其合理水平而言过低，不利于银行业长期健康发展。李扬（2005）对中国金融生态环境所做的研究表明，政策制度是决定我国存贷款利差合理水平的重要因素。

　　本书构建一个同时纳入货币当局和商业银行、对商业银行的利差承受能力进行估计的双边随机边界模型，分别描述货币当局与商业银行的影响能力对净利差水平产生的单边影响及其综合影响。近年来，双边随机边界模型已经在劳动力市场、卫生医疗、生物技术等研究领域得到了较为广泛的应用（Kumbhakar and Parmeter，2009；Shinya and Kazuyuki，2009；Sheng-Kai Chang，2011；Sonila et al.，2012）。国内有学者先后运用双边随机边界模型对国内的商业公司过度投资、医疗服务价格、新股发行超额抑价等问题进行了探索性的实证研究（连玉君，2009；卢洪友等，2011；张宗益和郑志丹，2012）。

3.4.1 影响能力测度模型设定

假定在一个相对完备的金融市场中，存在着银行利率政策的设计者和执行者——分别为货币当局和商业银行的经营管理层。货币当局逐步推行利率市场化改革，存贷利差收窄对商业银行形成政策冲击。存贷款的价格保护壁垒逐渐破除，商业银行对利率政策产生应激式的行为反应，以维持其既有的利差收入水平。本书将银行最终形成的净利差水平看成在利率市场化改革环境中货币当局和商业银行反复博弈后得出的折中结果，当然这个结果是动态变化的。这里设定$\overline{NIM}$为货币当局能够接受的最高净利差水平，$\underline{NIM}$则为商业银行能够接受的最低净利差水平，那么，最终形成的实际税负支付水平可以用公式（3.3）表述：

$$NIM = \underline{NIM} + \delta[\overline{NIM} - \underline{NIM}] \tag{3.3}$$

式（3.3）中，$\delta(0 \leqslant \delta \leqslant 1)$体现为商业银行在实际净利差水平的形成过程中具备的反应能力，其大小往往与货币当局对商业银行的信息掌握程度、利率政策制定原则和理念等因素有关。$\delta[\overline{NIM} - \underline{NIM}]$部分反映了净利差水平形成过程中商业银行获得的效应。

在商业银行个体特征 x 给定的条件下，设定均衡净利差水平 $\mu(x) = E(\theta|x)$，满足：$\underline{NIM} \leqslant \mu(x) \leqslant \overline{NIM}$。由于 θ 客观存在但无法测知，导致均衡净利差水平也无法测知，但是可以确定的是 θ 由银行的个体特征等因素决定。$\overline{NIM} - \mu(x)$ 表示货币当局达到的预期效果，$\mu(x) - \underline{NIM}$ 表示商业银行在净利差水平形成过程中达到的预期效果。对式（3.3）作进一步分解：

$$\begin{aligned} NIM &= \underline{NIM} + \delta[\overline{NIM} - \mu(x)] - \delta[\underline{NIM} - \mu(x)] \\ &= \mu(x) + \underline{NIM} - \mu(x) + \delta[\overline{NIM} - \mu(x)] - \delta[\underline{NIM} - \mu(x)] \\ &= \mu(x) + \delta[\overline{NIM} - \mu(x)] - (1-\delta)[\mu(x) - \underline{NIM}] \end{aligned} \tag{3.4}$$

对式（3.4）分析，商业银行可以通过获取货币当局预期效应的一部分以达到提高净利差水平的目的，获取值设为 $\delta[\overline{NIM} - \mu(x)]$；货币当局也可以获取商业银行的部分预期效果来提高税负支付水平，获取值设为 $(1-\delta)[\mu(x) - \underline{NIM}]$。式（3.4）实际上分成了三个部分：第一部分 $\mu(x)$ 为均衡净利差水平，第二部分 $\delta[\overline{NIM} - \mu(x)]$ 为商业银行获取的效果；第三部分 $(1-\delta)[\mu(x) - \underline{NIM}]$ 为货币当局获取的效果。第二部分与第三部分的差值为净效果：$NS = \delta[\overline{NIM} - \mu(x)] - (1-\delta)[\mu(x) - \underline{NIM}]$，用以描述净利差水平最后形成的净效果。可见，商业银行的反应能力对于银行净利差水平的形成发挥着一定的提升作用，而货币当局的影响能力对于净利差水平的形成发挥着一定的压降作用。于是，将式（3.4）改述为以下形式：

$$NIM_i = x_i' \rho + \xi_i, \ \xi_i = w_i - u_i + v_i \tag{3.5}$$

式（3.5）中的 $x_i' \rho = \mu(x_i)$，其中 ρ 表示待估系数向量，x_i 代表样本的个体特征，ξ_i 为复合误差项，由 w_i、u_i 和 v_i 三部分构成，实质上可以看成 $w_i - u_i$ 和 v_i 两部分。v_i 为传统的随机误差项，反映不可预测的外部环境因素导致净利差水平偏离最优边界的程度。式（3.3）中的 $w_i = \delta[\overline{NIM} - \mu(x)] \geq 0$；$u_i = (1-\delta)[\mu(x) - \underline{NIM}] \geq 0$。$w_i$ 和 u_i 分别衡量了商业银行和货币当局导致净利差水平在最优边界上完全相反方向的偏离，w_i 和 u_i 的偏离程度分别与商业银行的影响能力 δ、货币当局预期效果 $\overline{NIM} - \mu(x)$ 以及商业银行预期效果 $\mu(x) - \underline{NIM}$ 等密切相关。如果出现 $w_i = 0$，表明货币当局在实际净利差水平的形成过程中起着绝对的影响能力；如果出现 $u_i = 0$，则表明商业银行起着绝对的影响能力，这两种情况的出现都会使式（3.3）简化成单边随机边界模型。如果 $w_i = u_i = 0$，则式（3.5）完全简化成普通回归模型。虽然 w_i 和 u_i 均值为零，但是复合误差项 ξ_i 的期望最终可能并不为零，这时如果采最小二乘法对式（3.5）进行估计就会形成有偏的结果，导致结论并不可靠。因此，这里利用最大似然估计方法（maximum likelihood estimation，MLE）对式（3.5）展开分析。

对于传统的随机误差项 v_i，假设其服从正态分布，即为 $v_i \sim i.i.d.\ exp(0, \sigma_v^2)$。随机误差项 w_i 和 u_i 都具有单边分布的特征，这里简单假设它们均服从指数分布，即为 $u_i \sim i.i.d.\ exp(\sigma_u, \sigma_u^2)$，$w_i \sim i.i.d.\ exp(\sigma_w, \sigma_w^2)$。最后，假设 v_i、u_i 和 w_i 彼此独立，且均与个体特征 x_i 相互独立。基于上述假设，推导出复合干扰项 ξ_i 的概率密度函数：

$$f(\xi_i) = \frac{exp(a_i)}{\sigma_u + \sigma_w}\Phi(b_i) + \frac{exp(c_i)}{\sigma_u + \sigma_w}\int_{-d_i}^{\infty}\phi(z)dz = \frac{exp(a_i)}{\sigma_u + \sigma_w}\Phi(b_i) + \frac{exp(c_i)}{\sigma_u + \sigma_w}\phi(d_i)$$
$$\tag{3.6}$$

其中，$\phi(\cdot)$ 和 $\Phi(\cdot)$ 分别为标准正态分布的概率密度函数和累积分布函数，其他系数分别为：

$$a_i = \frac{\sigma_v^2}{2\sigma_u^2} + \frac{\xi_i}{\sigma_u}; \ b_i = -\frac{\xi_i}{\sigma_v} - \frac{\sigma_v}{\sigma_u}; \ c_i = \frac{\sigma_v^2}{2\sigma_w^2} - \frac{\xi_i}{\sigma_w}; \ d_i = \frac{\xi_i}{\sigma_v} - \frac{\sigma_v}{\sigma_w}$$

由于 σ_u 仅出现在系数 a_i 和 b_i 中，而 σ_w 则仅出现在系数 c_i 和 d_i 中，二者均达到识别条件。因此，对货币当局和商业银行双方影响能力的相对大小无须作提前假定，通过模型即可得出估计结果。

接下来构建出包含 n 个观测值的样本对数似然函数：

$$\ln L(X;\theta) = -n\ln(\sigma_u + \sigma_w) + \sum_{i=1}^{n}\ln\left[e^{a_i}\Phi(b_i) + e^{c_i}\Phi(d_i)\right] \quad (3.7)$$

其中，$\theta = [\rho, \sigma_v, \sigma_u, \sigma_w]'$ 为待估系数向量。通过对式（3.7）求偏导，可以获得所有系数的最大似然估计值。

进一步推导出 u_i 和 w_i 的条件分布，分别记为 $f(u_i \mid \xi_i)$ 和 $f(w_i \mid \xi_i)$，有：

$$f(u_i \mid \xi_i) = \frac{\lambda\exp(-\lambda u_i)\Phi(u_i/\sigma_v + d_i)}{\Phi(d_i) + \exp(a_i - c_i)\Phi(b_i)} \quad (3.8)$$

$$f(w_i \mid \xi_i) = \frac{\lambda\exp(-\lambda w_i)\Phi(w_i/\sigma_v + b_i)}{\exp(c_i - a_i)\left[\Phi(d_i) + \exp(a_i - c_i)\Phi(b_i)\right]} \quad (3.9)$$

其中，$\lambda = 1/\sigma_u + 1/\sigma_w$。以式（3.6）、式（3.7）为基础，可以分别得到 u_i 和 w_i 的条件期望为：

$$f(u_i \mid \xi_i) = \frac{1}{\lambda} + \frac{\exp(a_i - c_i)\sigma_v\left[\Phi(-b_i) + b_i\Phi(b_i)\right]}{\Phi(d_i) + \exp(a_i - c_i)\Phi(b_i)} \quad (3.10)$$

$$f(w_i \mid \xi_i) = \frac{1}{\lambda} + \frac{\sigma_v\left[\Phi(-d_i) + d_i\Phi(d_i)\right]}{\exp(c_i - a_i)\left[\Phi(d_i) + \exp(a_i - c_i)\Phi(b_i)\right]} \quad (3.11)$$

由于式（3.10）、式（3.11）的估计值分别表示货币当局和商业银行在实际净利差水平与均衡净利差水平之间的绝对偏离程度，这就使得该数值在商业银行之间缺乏可比性。为了得到实际净利差水平与均衡净利差水平之间的相对偏离程度，本书对式（3.10）、式（3.11）进行如下转换：

$$E(1 - e^{-u_i} \mid \xi_i) = 1 - \frac{\lambda}{1 + \lambda}\frac{\left[\Phi(d_i) + \exp(a_i - c_i)\exp(\sigma_v^2/2 - \sigma_v b_i)\Phi(b_i - \sigma_v)\right]}{\Phi(d_i) + \exp(a_i - c_i)\Phi(b_i)}$$

$$(3.12)$$

$$E(1 - e^{-w_i} \mid \xi_i) = 1 - \frac{\lambda}{1 + \lambda}\frac{\left[\Phi(b_i) + \exp(c_i - a_i)\exp(\sigma_v^2/2 - \sigma_v d_i)\Phi(d_i - \sigma_v)\right]}{\exp(c_i - a_i)\left[\Phi(d_i) + \exp(a_i - c_i)\Phi(b_i)\right]}$$

$$(3.13)$$

这样，式（3.12）和式（3.13）分别用来衡量商业银行实际净利差水平高于或低于均衡净利差水平的百分比。进一步地，可以将形成过程中的净效果 NS 表示为：

$$NS = E(1 - e^{-w_i} \mid \xi_i) - E(1 - e^{-u_i} \mid \xi_i) = E(e^{-u_i} - e^{-w_i} \mid \xi_i) \qquad (3.14)$$

由于参数 σ_u 仅出现在 a_i 和 c_i 中，而 σ_w 则仅出现在 b_i 和 d_i 中，所以二者即可识别。因此，在后续检验过程中无须事先假定双方影响能力的相对大小，而完全由估计结果决定。

3.4.2　数据选取与变量确定

净利差（NIM）作为模型的被解释变量。一般认为，存贷款实际利差越高，说明银行的资金运用效果越好。对均衡净利差水平 $\mu(x)$ 中的变量 x 选择如下，用以反映商业银行的个体特征：

（1）不良贷款率（NPL）。不良贷款率用以衡量银行的信贷风险，其计算公式为：$NPL_{j,t}$ = 第 t 年的不良贷款余额/第 t 年的贷款余额。商业银行的不良贷款率越高，银行需要弥补的风险溢价越高，这种风险溢价最终会转嫁给到顾客，进而导致净利差水平上升。

（2）流动性比率（LR）。流动性比率是商业银行衡量流动性风险程度的重要指标之一，其计算公式为：流动性比率 = 人民币流动性资产期末余额/人民币流动性负债期末余额。流动性比率越高，表明商业银行的流动性风险越小，但同时也意味着流动资产配置较高，净利差水平较低。

（3）中间业务收入占比（IOIR）。非传统业务是对银行利差收入的有效补充，中间业务收入占比的计算公式为手续费及佣金收入/业务收入。该变量既能体现银行的中间收入结构，又能从一定程度上反映银行的业务创新能力和拓展收入来源的能力。伴随着国内金融环境的变化，中国商业银行经营业务范围从过去单一的存贷款业务发展到集存贷款、投资理财、证券承销等为一身的综合性业务结构，这是商业银行实现多元化经营的过程。中间业务经营能力越强，表明银行对净利差的依赖越低，净利差会越小。

（4）成本收入比（CIR）。为银行在为资金供求双方提供金融中介服务的过程中必然会产生成本。作为一个营利性的机构，银行最终会将这些成本转嫁给顾客。成本收入比的计算公式见 3.3.3。成本收入比的增加意味着成本管理质量的下降，即运营成本变高，就需要银行用较高的利差来补偿。

（5）存贷比（DLR）。存贷比是衡量银行资产配置效率的一种相对指标，资产配置是银行经营者对其持有的资产负债种类、数量及其结构组合等做出决策的一种资产管理方法，其计算公式为：$DLR_{j,t}$ = 第 t 年的贷款余额/第 t 年的存款余额。存贷比越高，银行贷款冲动较为强烈，净利差水平上升的可能性变大。

（6）准备金率（ZBJL）。按央行公布的历次准备金率的调整期间，逐月计算加权平均后，求得各该年加权平均计算存款准备金率。中央银行为了控制风险，要求商业银行在央行存入准备金，这无疑增加了商业银行的成本，而且不包含在公布的利息成本当中。准备金越多，机会成本越高，所要求的净利差越大。

（7）实际经济增长率（RGDP）。实际经济增长率 = GDP 平减指数 - 1，用来控制不同年度宏观经济因素的影响。当增长率较高时，全国的投资规模扩大，信贷需求扩张，容易产生较高的净利差。

（8）资产规模虚拟变量（D1、D2、D3）。对于 D1，如果商业银行为大型银行，则有 D1 = 1，如果商业银行为其他的非大型银行，则 D1 = 0。对于 D2，如果商业银行为股份制银行，则有 D2 = 1，如果商业银行为其他的非股份制银行，则 D2 = 0。对于 D3，如果商业银行为城市银行，则有 D3 = 1，如果商业银行为其他的非城市银行，则 D3 = 0①。

（9）所有制形式虚拟变量（SYZ）。如果商业银行为国家控股银行，则 SZY = 1，这里国家控股银行是指工商银行、农业银行、中国银行和建设银行四家；如果商业银行为非国家控股银行，则 SYZ = 0，这里指的是其他商业银行。

3.4.3 主要变量的统计性描述

各变量的相关系数见表 3 - 9。

表 3 - 9　　　　　　　各变量的斯皮尔曼（Spearman）相关系数

变量	NIM	NPL	LR	IOIR	CIR	DLR	ZBJL	RGDP
NIM	1.000	—	—	—	—	—	—	—
NPL	0.013	1.000	—	—	—	—	—	—

---

① 模型中还设定了时间虚拟变量，在此介绍从略。

续表

变量	NIM	NPL	LR	IOIR	CIR	DLR	ZBJL	RGDP
LR	0.082	-0.080	1.000	—	—	—	—	—
IOIR	-0.241	-0.066	-0.162	1.000	—	—	—	—
CIR	-0.193	0.059	-0.024	0.023	1.000	—	—	—
DLR	0.238	0.077	-0.271	0.113	0.018	1.000	—	—
ZBJL	0.101	-0.231	0.023	0.206	-0.156	-0.063	1.000	—
RGDP	-0.048	0.289	-0.096	-0.087	0.093	0.113	-0.758	1.000

表 3 - 10 列举出是各个变量的基本统计量，图 3 - 4 至图 3 - 9 则展示了各个变量的变动趋势。

表 3 - 10　　　　　　　　　　　主要变量的统计性描述　　　　　　　单位：%

变量	观察个数	均值	标准差	最小值	p25	p50	p75	最大值
NIM	859	2.553	0.822	0.000	2.084	2.473	2.986	5.882
NPL	1042	1.445	1.995	0.000	0.670	0.990	1.640	36.920
LR	988	53.143	17.361	20.53	41.965	50.42	60.365	256.500
IOIR	869	4.277	3.572	0.113	1.747	3.172	5.647	29.475
CIR	952	34.855	11.218	12.340	29.380	33.940	39.225	206.077
DLR	1048	60.702	11.643	20.620	53.390	62.590	69.524	92.449
ZBJL	1128	15.258	1.991	11.625	13.500	16.500	16.792	20.625
RGDP	1128	9.476	2.073	7.300	7.700	9.357	10.117	14.162

3.4.3.1　不良贷款率

由图 3 - 4 可知，2007 ~ 2014 年间，股份制银行和城商行的不良贷款率相对较低，大型银行的不良贷款率相对较高，其中农业银行 2007 年不良贷款率高达 23.57%。自 2007 年以来，中国商业银行的不良贷款率逐年下降从 2008 年以后，各家银行的不良贷款率均已达到低于 5% 的国家监管标准。2012 年银行业总平均不良贷款率达到最低为 0.85%，其中大型银行的平均不良贷款率最低为 1.01%，城商行最低为 0.86%，股份制银行则在 2011 年提前达到最低为 0.59%，从 2013 年各类银行的不良贷款率均开始反弹。2007 ~ 2012 年间，各类银行平均不良贷款率下降的速度由快变慢，2013 ~ 2014 年保持缓慢上升态势。股份制银行和城商行的不良贷款率相对较低，大型银行的不良贷款率相对较高。

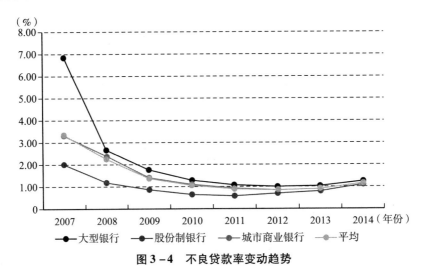

图 3 - 4　不良贷款率变动趋势

3.4.3.2　流动性比率

由图 3 - 5 可知，2007～2014 年间，城商行一直保持着相对较高的流动性比率，大型银行和股份制银行相对较低。除了 2008 年三类银行的流动性比率均有一个跳升、2009 年一个跳降以外，其他年份保持平稳态势。具体来看，自 2009～2013 年，大型银行的流动性比率呈缓慢上升趋势，股份制银行和城商行则缓慢下降，2014 年三类银行流动性比率均开始上升。

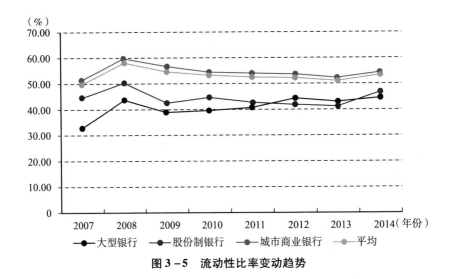

图 3 - 5　流动性比率变动趋势

3.4.3.3　中间业务收入占比

由图 3 - 6 可知，2007 ~ 2014 年间，大型银行一直保持着相对较高的中间业务收入占比，股份制银行次之，城商行相对较低。具体来看，自 2008 ~ 2014 年，大型银行和股份制银行的中间业务收入占比变化较大，城商行变化较为平缓。其中，大型银行的中间业务收入占比 2011 年上升至 13.89%，随后出现波动性下降，2014 年为 12.67%。股份制银行有较强的业务调整意愿，而且规模较小的银行，其调整速度较快，中间业务发展迅速，占比一直呈上升势头，近两年加速上升，2014 年达到 12.02%，已经接近大型银行的水平。大多数城商行中间业务的调整意愿并不强，业务结构调整的进展不大，呈现缓慢上升态势，2014 年仅为 3.75%。

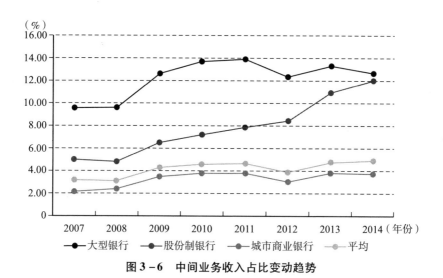

图 3 - 6　中间业务收入占比变动趋势

3.4.3.4　成本收入比（CIR）

由图 3 - 7 可知，2007 ~ 2014 年间，银行成本收入比呈逐年下降趋势，2009 年大型银行和股份制银行出现一个跳升。具体来看，自 2007 ~ 2011 年，股份制银行的成本收入比高于大型银行和城商行，大型银行更低一些。2012 年以后三类银行差距逐步缩小。一般而言，发达国家和部分发展中国家的成本收入比一般在 50% ~ 80%，而中国银行业 30% ~ 40% 之间，主要是由于中国的银行尚处于偏垄断的地位。

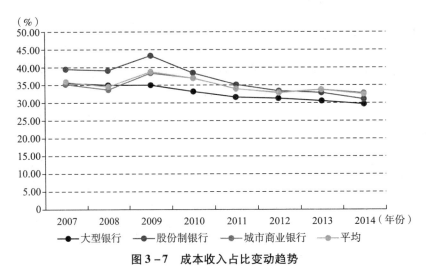

图 3 - 7　成本收入占比变动趋势

3.4.3.5　存贷比

由图 3 - 8 可知，2007 ~ 2010 年，股份制银行的存贷比要高于大型银行和城商行，大型银行次之，城商行最低。整个银行业存贷比的平均水平逐渐缓慢下降，2010 年达到最低为 58.84%，走势特征为大型银行逐渐上升，股份制银行和城商行逐渐下降。2011 ~ 2014 年，商业银行存贷比的平均水平逐渐缓慢

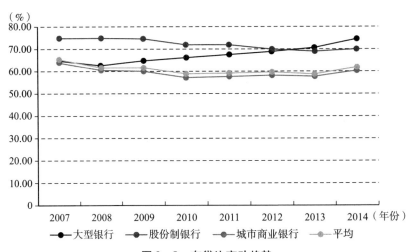

图 3 - 8　存贷比变动趋势

上升，其中大型银行保持上升态势，股份制银行逐渐下降，城商行缓慢上升。其中大型银行的存贷比在 2013 年超过了股份制银行，2014 年达到了 74.41%。

3.4.3.6　准备金率

依照中国人民银行公布的历次准备金率调整的数据（见表 3 – 11），按照一年中逐月计算加权平均后，分别得到大型银行和中小银行的历年加权平均准备金率，见图 3 – 9。

表 3 – 11 2007 ~ 2014 年间中国历次准备金率调整 单位：%

生效日期	大型银行		中小银行		生效日期	大型银行		中小银行	
	调整后	调整幅度	调整后	调整幅度		调整后	调整幅度	调整后	调整幅度
2007/1/15	9.50	0.50	9.50	0.50	2008/12/5	16.00	– 1.00	14.00	– 2.00
2007/2/25	10.00	0.50	10.00	0.50	2008/12/25	15.50	– 0.50	13.50	– 0.50
2007/4/16	10.50	0.50	10.50	0.50	2010/1/18	16.00	0.50	13.50	0.00
2007/5/15	11.00	0.50	11.00	0.50	2010/2/25	16.50	0.50	13.50	0.00
2007/6/5	11.50	0.50	11.50	0.50	2010/5/10	17.00	0.50	13.50	0.00
2007/8/15	12.00	0.50	12.00	0.50	2010/11/16	17.50	0.50	14.00	0.50
2007/9/25	12.50	0.50	12.50	0.50	2010/11/29	18.00	0.50	14.50	0.50
2007/10/25	13.00	0.50	13.00	0.50	2010/12/20	18.50	0.50	15.00	0.50
2007/11/26	13.50	0.50	13.50	0.50	2011/1/20	19.00	0.50	15.50	0.50
2007/12/25	14.50	1.00	14.50	1.00	2011/2/24	19.50	0.50	16.00	0.50
2008/1/25	15.00	0.50	15.00	0.50	2011/3/25	20.00	0.50	16.50	0.50
2008/3/25	15.50	0.50	15.50	0.50	2011/4/21	20.50	0.50	17.00	0.50
2008/4/25	16.00	0.50	16.00	0.50	2011/5/18	21.00	0.50	17.50	0.50
2008/5/20	16.50	0.50	16.50	0.50	2011/6/20	21.50	0.50	18.00	0.50
2008/6/15	17.50	1.00	17.50	1.00	2011/12/5	21.00	– 0.50	17.50	– 0.50
2008/9/25	17.50	—	16.50	– 1.00	2012/2/24	20.50	– 0.50	17.00	– 0.50
2008/10/15	17.00	– 0.50	16.00	– 0.50	2012/5/18	20.00	– 0.50	16.50	– 0.50

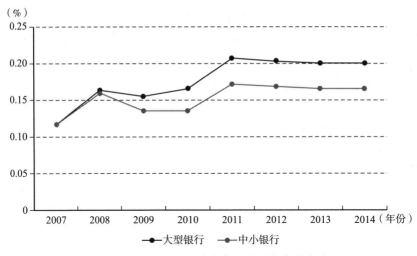

图 3 - 9　2007 ~ 2014 年加权平均准备金率变动

2007 ~ 2014 年，中国平均准备金率走势为两次先升后降，转折点分别为 2008 年、2009 年和 2011 年。受 2007 年 10 次和 2008 年 5 次的加准政策影响，2008 年 6 月存款准备金率达到 17.50%。为了更好地应对金融危机，给市场注入流动性，2008 年 9 月，央行先将中小银行的存款准备金率下调了 1 个百分点。经过 4 次下调，到 2008 年 12 月，大型银行的存款准备金率为 15.5%，中小银行为 13.5%，导致 2009 年的平均准备金率下降。为了抑制经济过热，央行 2010 年连续上调 6 次准备金率，2011 年 7 次准备金率。2011 年 12 月，大型银行准备金率为 21.00%，中小银行为 17.50%，大型银行与中小银行准备金率差距达到 3.50%。2012 年有两次下调，2012 年 5 月，大型银行准备金率为 20.00%，中小银行为 16.50%，2013 ~ 2014 年维持不变。

3.4.4　面板单位根检验

传统面板计量分析方法隐含假设是时间序列均为平稳，实际数据并不如此。如果数据是非平稳的，运用传统面板计量方法就会造成虚假回归，因此有必要对各个变量进行平稳性的单位根检验。为避免单一检验有可能形成的误判，本章共采取了 LLC 检验、IPS 检验、Fisher – ADF 检验和 Fisher – PP 检验四种单位根检验方法。其中，LLC 检验是一种基于相同单位根的检验方法，IPS 检验、Fisher – ADF 检验和 Fisher – PP 检验则是基于不同单位根的检验方法，四种检验的原假设均为变量存在单位根。

从变量的单位根检验结果看，LLC 检验、Fisher – ADF 检验和 Fisher – PP 检验的结果是基本一致的。从表 3 – 12 综合来看，绝大部分的检验方法拒绝了原假设，即变量并不存在单位根。因此，可以认为 NIM、NPL、LR、IOIR、CIR、DLR、MS、ZBJL 和 RGDP 均为 I(0) 单整变量，选择上述变量直接进行模型估计不会存在虚假回归现象。

表 3 – 12　　　　　　　　　各变量平稳性检验结果

变量	LLC	IPS	Fisher – ADF	Fisher – PP	结论
NIM	− 28.065 *** (0.000)	− 10.001 *** (0.000)	479.959 *** (0.000)	423.092 *** (0.000)	平稳
NPL	− 91.340 *** (0.000)	− 28.141 *** (0.000)	855.437 *** (0.000)	814.395 *** (0.000)	平稳
LR	− 23.389 *** (0.000)	− 8.417 *** (0.000)	528.246 *** (0.000)	641.648 *** (0.000)	平稳
IOIR	− 500.328 *** (0.000)	− 33.929 *** (0.000)	339.404 *** (0.000)	370.363 *** (0.000)	平稳
CIR	− 50.296 *** (0.000)	− 9.021 *** (0.000)	423.004 *** (0.000)	492.529 *** (0.000)	平稳
DLR	− 13.362 *** (0.000)	− 4.394 *** (0.000)	442.705 *** (0.000)	516.721 *** (0.000)	平稳
ZBJL	− 30.690 *** (0.000)	− 9.392 *** (0.000)	584.654 *** (0.000)	639.879 *** (0.000)	平稳
RGDP	− 40.401 *** (0.000)	− 14.418 *** (0.000)	795.821 *** (0.069)	714.360 *** (0.000)	平稳

注：*** 在 1% 的显著性水平上统计量显著，括号内伴随概率值。

3.4.5　模型组估计及结果分析

本章构建出一组不同类型的模型，对净利差水平的影响因素展开比较分析，表 3 – 13 列示了 5 个模型的估计结果①。模型 1 采用最小二乘法估计，模型 2 至模型 5 均为双边随机边界模型，采用的是最大似然法估计方法。其中，

————————————

①　由于篇幅所限，表 3 – 13 中省略了公司变量和时间变量的详细估计结果。

模型 3 在模型 2 的基础上加上规模虚拟变量，模型 4 在模型 2 的基础上加上时间虚拟变量和规模虚拟变量，模型 5 在模型 2 的基础上加上时间虚拟变量和地区虚拟变量。从模型 1 的估计结果来看，大部分解释变量对净利差水平形成了较为显著的影响。经过模型 1 各个变量的测定，它们的 VIF 平均为 1.64，最大为 2.93，表明模型 1 中多重共线性问题并不严重，可以不予处理。从 LR 的检验结果来看，模型 3、模型 4 和模型 5 之间存在显著差异，说明引入不同的解释变量和控制时间、规模等变量对模型估计结果有较大影响。再对各个模型的对数似然值作比较，模型 5 的对数似然值为最大。因此，本章将根据模型 5 的估计结果来分析银行净利差水平的形成机制。

从模型 5 的估计结果可以看出：银行的流动性比率和存贷比对净利差水平具有显著的正向影响，中间业务收入占比、成本收入比、准备金率对净利差水平则具有显著的负向影响，不良贷款率和实际经济增长率对净利差水平的影响不显著。模型估计结果基本与假设一致。流动性比率越高，商业银行风险承担能力越强，能够使银行进行风险更高的贷款，银行净利差水平越高。存贷比高则说明资金运用充足，净利差就越高。不良贷款率对净利差水平的影响不显著，影响系数也很低，说明中国商业银行的净利差并没有对自身的风险状况做出反应。中间业务收入占比变高，意味着银行对利息收入依赖性降低，导致净利差水平就会下降。成本收入比变高，表明银行经营能力下降，净利差水平就会下降。准备金率提高，银行可贷资产的约束力趋严，对净利差水平产生不利影响。

表 3 - 13　　　　　　　　　　模型组估计结果

代号	模型 1	模型 2	模型 3	模型 4	模型 5
常数项	- 0.087 (- 0.161)	- 0.343 (- 0.709)	- 0.699 (- 1.342)	4.589 *** (3.131)	4.399 *** (2.929)
NPL	0.010 (0.550)	0.018 (1.221)	0.015 (0.963)	0.000 (0.006)	- 0.001 (- 0.068)
LR	0.007 *** (3.616)	0.006 *** (3.244)	0.005 *** (2.848)	0.006 *** (3.212)	0.006 *** (3.227)
IOIR	- 0.065 *** (- 8.880)	- 0.060 *** (- 9.155)	- 0.039 *** (- 4.792)	- 0.036 *** (- 4.448)	- 0.038 *** (- 4.891)

续表

代号	模型 1	模型 2	模型 3	模型 4	模型 5
CIR	- 0.013 *** (- 5.199)	- 0.012 *** (- 4.816)	- 0.011 *** (- 5.132)	- 0.010 *** (- 4.953)	- 0.010 *** (- 4.650)
DLR	0.021 *** (9.514)	0.020 *** (9.499)	0.024 *** (10.719)	0.024 *** (10.683)	0.026 *** (10.778)
ZBJL	0.091 *** (4.313)	0.096 *** (5.217)	0.098 *** (4.923)	- 0.154 ** (- 2.305)	- 0.157 ** (- 2.289)
RGDP	0.033 (1.507)	0.047 ** (2.409)	0.056 *** (2.746)	- 0.014 (- 0.400)	- 0.117 (- 1.172)
规模变量	—	—	控制	控制	控制
时间变量	—	—	—	控制	控制
σ_v	—	- 1.252 *** (- 5.730)	- 1.262 *** (- 4.954)	- 1.358 *** (- 5.169)	- 1.501 *** (- 3.972)
σ_u	—	- 0.922 *** (- 8.715)	- 0.915 *** (- 7.752)	- 0.885 *** (- 8.276)	- 0.840 *** (- 8.066)
σ_w	—	- 0.644 *** (- 8.900)	- 0.676 *** (- 9.004)	- 0.685 *** (- 9.756)	- 0.701 *** (- 9.445)
对数似然值	- 898.957	- 869.408	- 857.312	- 847.838	- 837.474
LR 检验	—	—	24.192 (0.000)	43.140 (0.000)	63.868 (0.000)

注：** 、*** 分别表示 5% 和 1% 水平下显著，LR 括号内为伴随概率，其他括号内为 t 统计量值。

3.4.6　方差分解

在模型 5 估计结果的基础上对 σ_u 和 σ_w 进行方差分解分析，有助于进一步显示出对双方影响能力的各种效果估计。表 3 - 14 显示，货币当局和商业银行双方的影响能力对净利差水平的最终形成均具有重要作用。其中，相对于货币当局，商业银行对净利差水平的形成表现出具有更强的影响能力，导致影响能力因素的综合效果为 $E(w - u) = \sigma_w - \sigma_u = 0.0642$。可见，货币当局与商业银行双方对净利差水平的双重影响导致最终形成的净利差水平比均衡净利差水平要高。从随机误差项总方差 $(\sigma_v^2 + \sigma_u^2 + \sigma_w^2)$ 来看，模型 5 中的影响因素对总方差的贡献达到 89.70%。在两者的影响占比来看，其中商业银行的影响占比为 56.89%，货币当局只有 43.11%。综合判断，现阶段，由于国内商业银行存在经营管理上的优势、与政府信息不对称以及在经济发展中的重要地位等因素，结果商业银行净利差的实际水平是高于均衡水平的。

表 3 – 14 影响能力的效果分析

变量含义	符号	估计系数
随机误差项	σ_v	0.223
货币当局影响能力	σ_u	0.432
商业银行影响能力	σ_w	0.496
综合影响能力	$\sigma_w - \sigma_u$	0.064
随机误差项总方差	$\sigma_v^2 + \sigma_u^2 + \sigma_w^2$	0.482
总方差中影响因素比重	$(\sigma_u^2 + \sigma_w^2)/(\sigma_v^2 + \sigma_u^2 + \sigma_w^2)$	89.70%
货币当局影响能力比重	$\sigma_u^2/(\sigma_u^2 + \sigma_w^2)$	43.11%
商业银行影响能力比重	$\sigma_w^2/(\sigma_u^2 + \sigma_w^2)$	56.89%

3.4.7 效果分布测算与分析

从表 3 – 15 的估计结果来看，对于净利差水平形成过程中，商业银行相对于货币当局同样表现出更强的影响能力，使实际净利差水平高于均衡净利差水平 33.13%；货币当局使实际净利差水平低于均衡净利差水平 30.27%；两者的净效果导致实际净利差水平比均衡净利差水平高 2.86%。

表 3 – 15 的后三列（Q1 ~ Q3）更为细致地呈现了净效果的分布特征，说明双方影响能力的差异表现出一定的异质性，即并非所有商业银行都处于优势地位。由第一四分位（Q1）的统计结果可知，有 1/4 的商业银行实际净利差水平低于均衡净利差水平 15.52%。从第三四分位（Q3）的统计结果来看，另有 1/4 的商业银行实际净利差水平高于均衡净利差水平 22.69%。

表 3 – 15 货币当局和商业银行获得的效果分布 单位：%

变量	平均值	标准差	Q1	Q2	Q3
商业银行获得效果：$E(1 - e^{-w_i} \mid \xi_i)$	33.13	17.89	19.56	25.64	41.70
货币当局获得效果：$E(1 - e^{-u_i} \mid \xi_i)$	30.27	15.74	19.01	22.60	35.09
净效果：$E(e^{-u_i} - e^{-w_i} \mid \xi_i)$	2.86	29.60	– 15.52	3.04	22.69

注：Q1、Q2、Q3 分别表示第 1、2、3 四分位，即第 25、50 和 75 百分位，下同。

第 *4* 章

资本监管政策对银行绩效的影响

本章主要包括四节内容：首先分阶段阐述中国商业银行资本监管政策发展的历程；其次描述中国商业银行资本监管水平的特征；再次采用情景分析方法分析资本监管政策对银行绩效的影响；最后选用资本充足率作为关键变量测度商业银行对资本监管政策的承受能力。本章样本选取的数据时段为 2007 ～ 2014 年，截面维度为 141 家商业银行，包括 5 家大型银行，12 家股份制银行和 124 家城市商业银行，为平衡面板数据。上述的面板数据主要来自各银行历年年度报告。

4.1 中国商业银行资本监管政策

4.1.1 中国资本监管软约束阶段（2004 年以前）

我国对银行资本的管理和资本充足率的重视晚于西方国家。从 1995 ～ 2003 年，是我国银行资本监管的初始阶段，也称为资本监管的软约束阶段。在吸收 1988 年《巴塞尔协议 I》精神的基础上，1994 年中国人民银行发布了《关于对商业银行实行资产负债比例管理的通知》以及《关于对商业银行实行资产负债比例管理暂行监管指标的规定》，首次提出资本充足率以及核心资本和附属资本的概念。

《商业银行法》出台之前，我国并不存在真正意义上的资本监管，当时商业银行（专业银行）也不是真正意义上的商业银行，监管当局监管的重点还停留在机构审批和现场检查上，对资本充足率的关注也很少。1994 年先后成立了国家开发银行、农业发展银行、中国进出口银行等政策性金融机构，国有银行转变为国有独资商业银行。

1995 年 5 月全国人大通过的《商业银行法》对资本充足率明确做出了不得低于 8% 的法律意义上的规定，这意味着中国的银行监管制度开始与国际惯例接轨，依照《巴塞尔协议 I》的原则和标准对商业银行实施资本监管。1996 年，中国人民银行发布《关于印发商业银行资产负债比例管理监控指标和考核办法的通知》对资本充足率的计算方法进一步细化，但是只是属于局部调整，在很大程度上仅是一个计算公式，对不达标的银行没有规定明确的监管措施，对商业银行的资本管理约束力不强。

4.1.2 中国资本监管硬约束阶段（2004～2011 年）

2003 年 4 月，中国银监会成立后，我国实现了货币政策职能和银行监管职能的分离。2004 年 2 月，银监会制定并发布了《商业银行资本充足率管理办法》（以下简称《管理办法》），我国商业银行在资本监管体系建设方面开始取得了实质进展，资本监管进入硬约束时代。

《管理办法》在总体上借鉴了塞尔委员会 2004 年发布的《巴塞尔协议 II》中三大支柱框架，提出了我国商业银行的资本充足率计算、监管检查以及信息披露，其重点在于修正了我国商业银行资本充足率的计算。

《管理办法》首先，提出了资本充足率达标的硬性约束要求，规定我国境内设立的商业银行 2007 年 1 月 1 日前，资本充足率不得低于 8%，核心资本充足率不得低于 4%。其次，《管理办法》进一步明确了资本定义：核心资本包括实收资本或普通股、资本公积、盈余公积、未分配利润和少数股权，附属资本包括重估储备、一般准备、优先股、可转换债券和长期次级债务（计入附属资本的长期次级债务不得超过核心资本的 50%）。同时规定商业银行计算资本充足率时，应从资本中扣除商誉、商业银行对未并表金融机构的资本投资、商业银行对非自用不动产和企业的资本投资等项目；计算核心资本充足率时，应从核心资本中扣除商誉、商业银行对未并表金融机构资本投资的 50%、商业银行对非自用不动产和企业资本投资的 50% 等项目。《管理办法》确定了商业银行各类资产的风险权重。原有的资本充足率计算方法对国内非银行金融机构、各类公共企业和大型企业等给予了较多优惠风险权重，本着审慎性原则，《管理办法》取消了上述大部分优惠风险权重，银行资本充足率的计算趋于严格。《管理办法》借鉴《巴塞尔协议Ⅱ》的框架，纳入了第二支柱和第三支柱的内容，规定对商业银行实行分类管理，把商业银行分为资本充足、资本不足和资本严重不足的三类银行，而且进一步细化了商业银行资本充足率的信息披露要求，强化对银行经营行为的市场约束。

2006 年 12 月，银监会对《管理办法》进行了第一次修改，修改要点主要有三个地方：一是明确了核心资本充足率的定义：商业银行的核心资本充足率为商业银行持有的符合本办法规定的核心资本与商业银行风险加权资产之间的比率。二是在附属资本原来项目基础上增加了包括混合资本债券。并规定商业银行持有我国其他商业银行发行的混合资本债券和长期次级债务的风险权重统一为100％。三是明确了可供出售金融资产的价值变动处理。规定为：对计入所有者权益的可供出售债券公允价值正变动可计入附属资本，计入部分不得超过正变动的50％；公允价值负变动应全额从附属资本中扣减。商业银行计算资本充足率时，应将计入资本公积的可供出售债券的公允价值从核心资本中转入附属资本。

2007 年 2 月，中国银监会发布了《中国银行业实施新资本协议指导意见》（以下简称《指导意见》），确定了实施新资本协议的目标、指导原则、实施范围、实施方法及时间表，构建了未来我国商业银行资本监管制度的总体框架。《指导意见》是继《管理办法》之后又一部重要的资本监管法规。《指导意见》的发布，标志着中国新资本协议实施工作由研究论证阶段进入实际准备阶段。按照国际经验，从我国商业银行技术准备的完备程度、资本充足率水平以及宏观经济受到的影响以及监管当局的监管能力建设等方面考虑，按照分层推进的原则以及引导和推动相结合的思路，《指导意见》明确大型商业银行在 2010 年底开始实施新资本协议，同时赋予一定灵活性，允许各行推迟到 2013 年底实施。

2010 年 8 月，银监会发布文件正式明确这一要求。2011 年 4 月，银监会发布了《中国银行业实施新监管标准的指导意见》（以下简称《新指导意见》），又推出了包括资本充足率、杠杆率、贷款损失准备和流动性四大资本监管工具的新标准。其中，对资本充足监管这个核心标准的改进表现在两个方面：一方面是从质量角度改进了资本充足率计算方法，细化资本充足监管的分类，严格执行对资本扣减项目的规定；另一方面是从数量角度，要求系统重要性银行和非系统重要性银行的总资本充足率水平分别不低于 11.5% 和 10.5%，如果考虑反周期影响，还要分别提高到 14% 和 13% 的水平。《新指导意见》提出了杠杆率、动态拨备率和流动性的监管标准，作为资本充足监管的补充。

4.1.3 中国版《巴塞尔协议Ⅲ》的新阶段（2012 年至今）

在 2011 年 11 月戛纳峰会上，G20 各国领导人承诺于 2013 年 1 月 1 日前实施新资本监管标准，并于 2019 年前全面达标。2012 年 6 月，银监会发布了《商业银行资本管理办法（试行）》（以下简称《资本办法》），被称为"中国版"《巴塞尔协议Ⅲ》。《资本办法》分别对监管资本要求、资本充足率计算、资本定义、信用风险加权资产计量、市场风险加权资产计量、操作风险加权资产计量、商业银行内部资本充足评估程序、资本充足率监督检查和信息披露等进行了具体规定，并自 2013 年 1 月 1 日起施行，要求国内商业银行在 2018 年底前达到资本监管要求，鼓励有条件的银行提前达标。

《资本办法》首先，参考《巴塞尔协议Ⅲ》的规定，将资本监管要求分为四个层次：第一层次为最低资本要求，其中核心一级资本充足率、一级资本充足率和资本充足率分别为 5%、6% 和 8%；第二层次为储备资本要求和逆周期资本要求，储备资本要求为 2.5%，逆周期资本要求为 0~2.5%；第三层次增加国内系统重要性银行附加资本要求为 1%，若国内银行被认定为全球系统重要性银行，所适用的附加资本要求不得低于巴塞尔委员会的统一规定；第四层次为第二支柱资本要求。其次，《资本办法》进一步明确了资本定义和各类资本工具的合格标准，提高了资本工具的损失吸收能力。最后，《资本办法》扩大了资本覆盖风险范围，包括信用风险、市场风险和操作风险，并明确了资产证券化、场外衍生品等复杂交易性业务的资本监管规则。《资本办法》于 2013 年 1 月 1 日开始实施，商业银行应在 2018 年底前全面达到《资本办法》规定的监管要求，并鼓励有条件的银行提前达标。

4.2 中国商业银行资本监管水平

资本充足率的基本计算公式为：资本充足率 =（总资本 - 资本扣减项）/风

险加权资产，反映银行所达到的资本充足水平。尽管计算公式中有关资本和资产的定义和构成不断发生变化，不过将其作为衡量和比较国内商业银行抵御各类风险能力相对高低的指标，仍是目前此类研究的最佳选择，也是当前中国资本监管的重要指标①。

由图4-1可知，2007～2014年间，商业银行的整体资本充足率水平呈倒"U"型走势。自2007年以来，各大银行纷纷采取各种措施补充资本来提高资本充足率，或者通过IPO、增资扩股补充核心资本，或者发行次级债、混合资本债券和可转债的方式补充附属资本，导致商业银行的资本充足率不断上升，2010年达到最高值为14.77%。由于国际金融危机的持续影响和经济的持续低迷，国内宏观经济步入低谷，商业银行的整体资本充足率水平开始逐年下降，2014年降至12.52%。具体来看，2007～2014年，城商行由于其个数众多，其资本充足率走势与整体水平走势基本一致，呈倒"U"型特征，2008～2013年高于大型银行和股份制银行，但是2014年低于大型银行。2007～2014年间，大型银行呈阶段性上升趋势，其资本充足率一直高于股份制银行，2014年超过城商行水平。股份制银行资本充足率走势较为平稳，但是水平一直偏低。

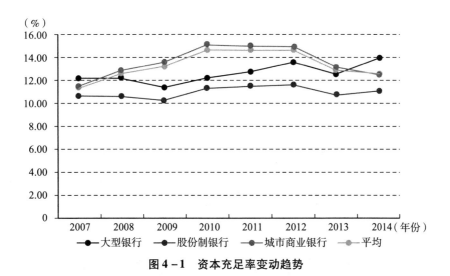

图4-1　资本充足率变动趋势

① 1994年，中国人民银行首提资本充足率概念；2004年，银监会发布《商业银行资本充足率管理办法》，2006以后经过了多次修订，直至2012年发布《商业银行资本管理办法（试行）》。在此期间，被纳入资本充足率的风险范围不断扩大，资本质量要求不断提高。

4.3　资本监管政策对银行绩效影响的情景分析

　　本章采用情景分析法，对过渡期内我国商业银行未来资本缺口及影响进行测试。根据国际标准，我国拟将国内商业银行分为系统重要性银行和非系统重要性银行两类。国际上对系统重要性银行的定义是：业务规模较大、业务复杂程度较高，发生重大风险事件或经营失败会对国家或者全球整个银行体系带来系统性风险的银行。系统重要性银行一旦产生问题或者倒闭，将对国家或者全球金融体系造成影响，包括核心金融功能的中断、金融服务成本急剧增加、信贷供需冲击变大等影响。在特定条件下，系统重要性的银行可能面临最高3.5% 的附加资本要求。2011 年 11 月，中国银行入选首批 29 家全球系统重要性金融机构。随后，工商银行和农业银行分别在 2013 年和 2014 年入选，建设银行在 2015 年入选。不过国内到目前为止，银监会仍未出台关于系统重要性银行和非系统重要性银行的明确的界定标准。本书根据商业银行规模，参照银监会相关文件中对大型银行的界定，暂将工商银行、农业银行、中国银行、建设银行、交通银行和招商银行划入系统重要性银行范畴，非系统重要性银行为11 家股份制银行。

　　本章以银监会公布的 2012 年底的银行数据为基期数据，同时考虑到我国"十三五"规划对经济发展速度做出 7% 的要求，根据最近 3 年的数据得到信贷增长率与 GDP 增长率、总资产增长率之间的计量关系，假定系统重要性银行总资产增长率为 10%，非系统重要性银行总资产增长率为 16%；系统重要性银行信贷增长率为 12%，非系统重要性银行信贷增长率为 18%。同时，假定风险加权资产的增长率与总资产增长率一致。基于上述假定，建立情景分析模型，对资本监管造成的银行资本缺口、信贷规模变动、利润变动等展开情景分析。

4.3.1　资本监管政策对系统重要性银行的情景分析

4.3.1.1　系统重要性银行的情景假设

　　情景假设是情景分析工作的起点和基础。首先，历史数据作为情景假设的主要参考因素，其数量和质量对构造合理的情景至关重要，进而影响情景分析结果的准确性。系统重要性银行的数据参考大型商业银行的数据，其总资产为 661216 亿元，贷款余额为 344659 亿元，不良贷款率为 0.94%，2012年整体资本充足率为 13.4%，基期资产收益率为 1.32%，企业所得税为25%；根据历史数据估计，风险加权资产按照总资产乘以 0.57 估算为376893.12 亿元，进而估算资本总额为 50503.68 亿元，假设 2013 年执行，2018 年底达标。

4.3.1.2　系统重要性银行的情景分析

情景 1：信贷增长率不变，以利润补充资本缺口。

依照表 4 - 1，按照上述的情景假设，以 2012 年底大型商业银行 13.4% 的资本充足率水平为基准，每年需要增加 0.1 个百分点，至 2018 年底可以达到14% 的资本充足率监管要求。

表 4 - 1	系统重要性银行的资本监管要求	单位：%
核心一级资本		≥5
一级资本		≥6
总资本		≥8
总资本 + 留存超额资本 + 逆周期超额资本 + 附加资本		≥14

从表 4 - 2 我们可以看到隔年的资本缺口如下：

2013 ~ 2015 年系统重要性银行形成的资本缺口分别为 5465 亿元、6053 亿元、6704 亿元，假定银行全部用利润弥补，并保持贷款规模增长率为 12%，会使资产收益率下降 43%。2016 ~ 2018 年银行形成的资本缺口分别为 7424 亿元、8222 亿元、9105 亿元，会使资产收益率下降 44%。

由此可见，为了达到我国资本监管要求，系统重要性银行在不损失资产规模扩张速度的前提下，完全用利润来补充资本缺口，会使资产收益率下降40% 以上，系统重要性银行的经营业绩大幅下降。

表 4-2   系统重要性银行资本补充的情景 1 分析

项目	财务指标	2012 年	2013 年	2014 年	2015 年	2016 年	2017 年	2018 年
基础数据	总资产规模（亿元）	661216	727338	800071	880078	968086	1064895	1171384
	总资产增长率（%）	—	10	10	10	10	10	10
	贷款余额（亿元）	344659	386018	432340	484221	542328	607407	680296
	不良贷款余额（亿元）	3543	3968	4444	4977	5575	6244	6993
	贷款规模增长率（%）	—	12	12	12	12	12	12
	贷款增量（亿元）	—	41359	46322	51881	58107	65079	72889
	风险加权资产（亿元）	376893	414582	456041	501645	551809	606990	667689
	风险加权资产增量（亿元）	—	37689	41458	45604	50164	55181	60699
	资本充足率要求（%）	13.40	13.50	13.60	13.70	13.80	13.90	14.00
	资本（亿元）	50504	55969	62022	68725	76150	84372	93476
	资本增量（亿元）	—	5465	6053	6704	7424	8222	9105
总体资产收益率水平分析								
未考虑资本变化影响	基期资产收益率水平（%）	1.32	1.32	1.32	1.32	1.32	1.32	1.32
	所得税率（%）	25	25	25	25	25	25	25
	本年税前资产收益率水平（%）	1.76	1.76	1.76	1.76	1.76	1.76	1.76
	本年税前利润（未考虑资本增量）（亿元）	11637	12801	14081	15489	17038	18742	20616
资本变化影响	本年税前利润（考虑资本增量）（亿元）	—	7336	8028	8786	9614	10520	11512
	本年税前资产收益率水平（考虑资本增量）（%）	—	1.01	1.00	1.00	0.99	0.99	0.98
	所得税率（%）	—	25	25	25	25	25	25
	本年税后资产收益率水平（%）	—	0.76	0.75	0.75	0.74	0.74	0.74
	本年资产收益率增量（%）	—	-0.56	-0.57	-0.57	-0.58	-0.58	-0.58
	资产收益率变化率（%）	—	-43	-43	-43	-44	-44	-44

情景 2：降低信贷增长率，以利润补充资本缺口。

在情景 2 中，我们假定贷款增长率下降 1 个百分点，为 11%，则总资产增长率和风险加权资产下降为 9.33%。

从表 4-3 我们可以得到以下结论：

在贷款增长率下降 1 个百分点的前提下，2013~2015 年系统重要性银行形成的资本缺口分别为 5041 亿元、5541 亿元、6090 亿元，较情景 1 的资本缺口分别缩小 424 亿元、521 亿元、614 亿元；假定银行全部用利润弥补，会使资产收益率下降 40%，而税前利润（考虑资本增量）较情景 1 分别上升 327 亿元、300 亿元、265 亿元，贷款余额则分别减少 3447 亿元、7686 亿元、12855 亿元。2016～2018 年银行形成的资本缺口分别为 6693 亿元、7356 亿元、9105 亿元，较情景 1 的资本缺口分别缩小 731 亿元、866 亿元、1021 亿元，资产收益率下降 41%，而税前利润较情景 1 分别上升 221 亿元、167 亿元、102 亿元，贷款余额则分别减少 19111 亿元、26636 亿元、35641 亿元。

表 4 – 3 系统重要性银行资本补充的情景 2 分析

项目	财务指标	2012 年	2013 年	2014 年	2015 年	2016 年	2017 年	2018 年
基础数据	总资产规模（亿元）	661216	721827	787995	860228	939082	1025165	1119138
	总资产增长率（%）	—	9.33	9.33	9.33	9.33	9.33	9.33
	贷款余额（亿元）	344659	382571	424654	471366	523217	580770	644655
	不良贷款余额（亿元）	3543	3933	4365	4845	5378	5970	6626
	贷款规模增长率（%）	—	11	11	11	11	11	11
	贷款增量（亿元）	—	37912	42083	46712	51850	57554	63885
	风险加权资产（亿元）	376893	411442	449157	490330	535277	584344	637909
	风险加权资产增量（亿元）	—	34549	37715	41173	44947	49067	53565
	资本充足率要求（%）	13.40	13.50	13.60	13.70	13.80	13.90	14.00
	资本（亿元）	50504	55545	61085	67175	73868	81224	89307
	资本增量（亿元）	—	5041	5541	6090	6693	7356	8083
总体资产收益率水平分析								
未考虑资本变化影响	基期资产收益率水平	1.32	1.32	1.32	1.32	1.32	1.32	1.32
	所得税率（%）	25	25	25	25	25%	25	25
	本年税前资产收益率水平（%）	1.76	1.76	1.76	1.76	1.76	1.76	1.76
	本年税前利润（未考虑资本增量）（亿元）	11637	12704	13869	15140	16528	18043	19697
资本变化影响	本年税前利润（考虑资本增量）（亿元）	—	7663	8328	9050	9835	10687	11613
	本年税前资产收益率水平（考虑资本增量）（%）	—	1.06	1.06	1.05	1.05	1.04	1.04
	所得税率（%）	—	25	25	25	25	25	25
	本年税后资产收益率水平（%）	—	0.80	0.79	0.79	0.79	0.78	0.78
	本年资产收益率增量（%）	—	−0.52	−0.53	−0.53	−0.53	−0.54	−0.54
	资产收益率变化率（%）	—	−40	−40	−40	−40	−41	−41

由此可见，为了达到我国资本监管新标准的要求，系统重要性银行在贷款增长率下降 1 个百分点的前提下，如果用利润来补充资本缺口，会使资产收益率少下降 3～4 个百分点，利润相对情形 1 会有不同程度的上升，但是商业银行的经营业绩下降程度依然较高，而且上升幅度逐渐减少。贷款余额相对情形 1 减少规模和幅度均较大，在一定程度上削弱了银行的竞争力。可见，系统重要性商业银行一般不会采取缩减信贷规模的方式来提高资本充足率。

4.3.2 资本监管政策对非系统重要性银行的情景分析

4.3.2.1 非系统重要性银行的情景假设

非系统重要性银行的数据参考股份制商业银行（招商银行除外）的数据，其总资产为 205953.55 亿元，贷款余额为 93964.9 亿元，不良贷款率为 0.71%，2012 年整体资本充足率为 11.62%，基期资产收益率为 1.11%，企业所得税为 25%；根据历史数据估计，风险加权资产按照总资产乘以 0.57 估算为 117393.52 亿元，进而估算资本总额为 13641.13 亿元，假设 2013 年执行，2018 年底达标。非系统重要性银行的资本监管要求见表 4 - 4。

表 4 - 4	非系统重要性银行的资本监管要求	单位：%
核心一级资本		≥5
一级资本		≥6
总资本		≥8
总资本 + 留存超额资本 + 逆周期超额资本 + 附加资本		≥13

4.3.2.2 非系统重要性银行的情景分析

情景 3：信贷增长率不变，以利润补充资本缺口。

从表 4 - 5 可以看出，按照上述的情景假设，以 2012 年底非系统重要性银行 11.6% 的资本充足率水平为基准，每年需要增加 0.23 个百分点，至 2018 年底可以达到 13% 的资本充足率要求。

2013～2015 年非系统重要性银行形成的资本缺口分别为 2496 亿元、2945 亿元、3475 亿元，假定银行全部用利润弥补，并保持贷款规模增长率为 18%，会使资产收益率下降 71% ~ 73%。2016 ~ 2018 年银行形成的资本缺口分别为 4098 亿元、4832 亿元、5696 亿元，会使资产收益率下降 74% ~ 77%。

由此可见，为了达到我国资本监管要求，非系统重要性银行在不损失资产规模扩张速度的前提下，完全用利润来补充资本缺口，会使资产收益率下降 70% 以上，非系统重要性银行的经营业绩也面临着大幅下降。

表 4 - 5 非系统重要性银行资本补充的情景 3 分析

项目	财务指标	2012 年	2013 年	2014 年	2015 年	2016 年	2017 年	2018 年
基础数据	总资产规模（亿元）	205954	238906	277131	321472	372908	432573	501784
	总资产增长率（%）	—	16.00	16.00	16.00	16.00	16.00	16.00
	贷款余额（亿元）	93964.9	110879	130837	154387	182177	214969	253663
	不良贷款余额（亿元）	667	787	929	1096	1293	1526	1801
	贷款规模增长率（%）	—	18.00	18.00	18.00	18.00	18.00	18.00
	贷款增量（亿元）		16914	19958	23551	27790	32792	38694
	风险加权资产（亿元）	117394	136176	157965	183239	212557	246567	286017
	风险加权资产增量（亿元）		18783	21788	25274	29318	34009	39451
	资本充足率要求（%）	11.62	11.85	12.08	12.31	12.54	12.77	13.00
	资本（亿元）	13641	16137	19082	22557	26655	31487	37182
	资本增量（亿元）	—	2496	2945	3475	4098	4832	5696
未考虑资本变化影响	总体资产收益率水平分析							
	基期资产收益率水平（%）	1.11	1.11	1.11	1.11	1.11	1.11	1.11
	所得税率（%）	25	25	25	25	25	25	25
	本年税前资产收益率水平（%）	1.48	1.48	1.48	1.48	1.48	1.48	1.48
	本年税前利润（未考虑资本增量）（亿元）	3048	3536	4102	4758	5519	6402	7426
资本变化影响	本年税前利润（考虑资本增量）（亿元）	—	1040	1156	1283	1421	1570	1731
	本年税前资产收益率水平（考虑资本增量）（%）	—	0.44	0.42	0.40	0.38	0.36	0.34
	所得税率（%）	—	25	25	25	25	25	25
	本年税后资产收益率水平（%）	—	0.33	0.31	0.30	0.29	0.27	0.26
	本年资产收益率增量（%）	—	-0.78	-0.80	-0.81	-0.82	-0.84	-0.85
	资产收益率变化率（%）	—	-71	-72	-73	-74	-75	-77

情景4：降低信贷规模增长率，以利润补充资本缺口。

从表4-6可以看出，假定贷款增长率下降1个百分点，为17%，则总资产增长率和风险加权资产下降为15.11%。

表4-6　　　　　　　　　　　非系统重要性银行资本补充的情景4分析

项目	财务指标	2012年	2013年	2014年	2015年	2016年	2017年	2018年
基础数据	总资产规模（亿元）	205954	237075	272900	314138	361608	416251	479151
	总资产增长率（%）	—	15.11	15.11	15.11	15.11	15.11	15.11
	贷款余额（亿元）	93964.9	109939	128629	150495	176080	206013	241035
	不良贷款余额（亿元）	667.15079	781	913	1069	1250	1463	1711
	贷款规模增长率（%）	—	17.00	17.00	17.00	17.00	17.00	17.00
	贷款增量（亿元）	—	15974	18690	21867	25584	29934	35022
	风险加权资产（亿元）	117394	135133	155553	179059	206117	237263	273116
	风险加权资产增量（亿元）	—	17739	20420	23506	27058	31147	35853
	资本充足率要求（%）	11.62	11.85	12.08	12.31	12.54	12.77	13.00
	资本（亿元）	13641	16013	18791	22042	25847	30299	35505
	资本增量（亿元）	—	2372	2778	3251	3805	4451	5207
总体资产收益率水平分析								
未考虑资本变化影响	基期资产收益率水平（%）	1.11	1.11	1.11	1.11	1.11	1.11	1.11
	所得税率（%）	25	25	25	25	25	25	25
	本年税前资产收益率水平（%）	1.48	1.48	1.48	1.48	1.48	1.48	1.48
	本年税前利润（未考虑资本增量）（亿元）	3048	3509	4039	4649	5352	6161	7091
资本变化影响	本年税前利润（考虑资本增量）（亿元）	—	1137	1261	1398	1547	1709	1885
	本年税前资产收益率水平（考虑资本增量）（%）	—	0.48	0.46	0.44	0.43	0.41	0.39
	所得税率（%）	—	25	25	25	25	25	25
	本年税后资产收益率水平（%）	—	0.36	0.35	0.33	0.32	0.31	0.30
	本年资产收益率增量（%）	—	-0.75	-0.76	-0.78	-0.79	-0.80	-0.81
	资产收益率变化率（%）	—	-68	-69	-70	-71	-72	-73

在贷款增长率下降1个百分点的前提下，2013~2015年系统重要性银行形成的资本缺口分别为2372亿元、2778亿元、3251亿元，较情景1的资

本缺口分别缩小 124 亿元、168 亿元、223 亿元；假定银行全部用利润弥补，会使资产收益率下降 68% ~ 70%，而税前利润较情景 1 分别上升 97 亿元、105 亿元、115 亿元，贷款余额则分别减少 940 亿元、2208 亿元、3892 亿元。2016 ~ 2018 年银行形成的资本缺口分别为 3805 亿元、4451 亿元、5207 亿元，较情景 1 的资本缺口分别缩小 293 亿元、380 亿元、489 亿元，资产收益率下降 71% ~ 73%，而税前利润较情景 1 分别上升 126 亿元、139 亿元、154 亿元，贷款余额则分别减少 6097 亿元、8956 亿元、12698 亿元。

　　由此可见，为了达到我国资本监管新标准的要求，银行在贷款增长率下降 1 个百分点的前提下，如果用利润来补充资本缺口，会使资产收益率少下降 3 ~ 4 个百分点，利润相对情形 1 会有不同程度的上升，但是商业银行的经营业绩下降程度依然较高，而且上升幅度逐渐减少。贷款余额相对情形 1 减少规模和幅度均较大，同样削弱了银行的竞争力。可见，非系统重要性商业银行一般也不会采取缩减信贷规模的方式来提高资本充足率。

4.4　商业银行的资本充足承受能力估计

　　2008 年金融危机的深度影响，对资本监管有效性提出了前所未有的挑战。巴塞尔委员会（BCBS）认识到，《巴塞尔协议 I》和《巴塞尔协议 II》推崇的 8% 资本充足率标准已经无法有效覆盖银行当前所遭受的实际损失，无法充分反映银行所面临的新型风险，更无力抑制银行扩大信贷规模的天然冲动，现行资本监管制度暴露出明显缺陷。2010 年 10 月，巴塞尔委员会在《巴塞尔协议 III》的最终文本中宣布新的风险管理准则和计量方法，实质性提高对银行的最低资本要求。

　　历史经验表明，8% 的最低资本要求并非基于最优资本结构理论所得到的结果，而是基于发达市场国家资本监管当局之间，以及各国监管当局与商业银行之间谈判和协商的结果（FSA of UK，2009；王胜邦，2010）。在资本强约束的背景下，商业银行为了提高资本充足率会减缓信贷规模增速，对业绩产生重大影响，不利于经济复苏和经济增长。因此，制定资本充足率监管标准时需要考虑商业银行的承受能力，大部分银行也表达了类似观点（Heuvel and Skander，2008；刘斌，2005；黄宪、鲁丹，2008）。国际金融学会

（IIF，2010）的研究表明，如果资本充足率监管标准提高 2 个百分点，2011～2015 年间美、欧、日三大经济体的 GDP 增长率会比潜在增长率降低 3.1 个百分点。金融稳定理事会（FSB）和巴塞尔委员会联合成立的宏观经济评估工作组（MAG，2010）则坚持认为，从全球范围来看，较大幅度地提高资本充足率监管标准的收益依然大于成本。2010 年 9 月在中央银行行长和监管当局负责人（GHOS）会议上，巴塞尔委员会就资本充足率监管标准提出折中方案，将普通股充足率、一级资本充足率和总资本充足率最低要求分别提高为 4.5%、6% 和 8%，维持 2.5% 留存超额资本和 0～2.5% 逆周期超额资本的要求不变，并设计了从 2013～2019 年的达标过渡期，使商业银行能有足够的时间过渡达到新的资本充足率监管标准，以降低对全球经济复苏的影响。

国内新的资本充足率监管标准和结构安排与《巴塞尔协议Ⅲ》总体上保持一致，并对单家银行提出第二支柱资本要求，对系统重要性银行增加了附加资本要求，国内商业银行资本补充压力骤增①。通常情况下，监管当局在确定资本充足率标准时，需要向银行界广泛征询意见，综合多方利益和实际情况后才能确定。那么在征询意见过程中，监管当局对商业银行资本的真实状况能够了解到什么程度？资本充足率监管标准能否反映出一个均衡的资本充足率？当前以及未来过渡期内的资本充足率监管标准是否超出了商业银行的承受能力？从目前来看，还没有专门衡量商业银行对资本充足率监管标准是否具有承受能力的相关研究文献可查。在当前中国实施资本监管改革的关键时期，研究商业银行对资本充足率监管标准是否具有承受能力的问题，对政府积极稳妥、分步推进资本监管政策，具有一定的参考意义。

本书构建一个同时纳入监管当局与商业银行的双边随机边界模型，以判断商业银行对资本充足率监管标准是否具有承受能力。

4.4.1　影响能力测度模型设定

假定在一个典型的金融市场中，存在着资本充足率标准的制定者和遵从

---

① 2012 年 6 月，中国银监会发布《商业银行资本管理办法（试行）》，自 2013 年 1 月 1 日起施行，要求商业银行在 2018 年底前达到规定的资本充足率监管要求。借此计算，2018 年底，国内大型银行和非大型银行要分别达到 14% 和 13% 甚至更高的标准。

者——资本监管当局和各家商业银行。资本监管当局当然希望通过提高资本充足率监管标准来体现审慎严格的监管能力，但是对商业银行来讲，则希望尽量降低资本充足率监管标准，这样在增加信贷规模和维持分红政策方面会更有余地。因此，资本充足率可以看成监管当局与商业银行之间相互影响的结果。设定 $\underline{CAR}$ 为监管当局能够接受的最低资本充足率，$\overline{CAR}$ 为商业银行能够接受的最高资本充足率，实际资本充足率可表述为如下形式：

$$CAR = \underline{CAR} + \delta[\overline{CAR} - \underline{CAR}] \tag{4.1}$$

式（4.1）中，$\delta(0 \leqslant \delta \leqslant 1)$ 用于衡量监管当局在资本充足率形成过程中具有的影响能力，其大小与监管当局的监管原则、监管理念以及对商业银行真实信息的掌握程度等有关[①]。$\delta[\overline{CAR} - \underline{CAR}]$ 反映了监管当局实现的政策效果。在商业银行个体特征 x 给定条件下，设定均衡资本充足率 $\mu(x) = E(\theta|x)$，满足于：$\underline{CAR} \leqslant \mu(x) \leqslant \overline{CAR}$。$\theta$ 客观存在但无法准确判知，均衡资本充足率则由银行个体特征和资本监管政策等因素决定。用 $\overline{CAR} - \mu(x)$ 代表商业银行的预期效果，$\mu(x) - \underline{CAR}$ 代表监管当局的预期效果。对式（4.1）作进一步分解：

$$
\begin{aligned}
CAR &= \underline{CAR} + \delta[\overline{CAR} - \mu(x)] - \delta[\underline{CAR} - \mu(x)] \\
&= \mu(x) + \underline{CAR} - \mu(x) + \delta[\overline{CAR} - \mu(x)] - \delta[\underline{CAR} - \mu(x)] \\
&= \mu(x) + \delta[\overline{CAR} - \mu(x)] - (1 - \delta)[\mu(x) - \underline{CAR}] \tag{4.2}
\end{aligned}
$$

从式（4.2）来看，监管当局可以通过获取商业银行的部分预期效果来提高资本充足率，获取效果为 $\delta[\overline{CAR} - \mu(x)]$；商业银行也可以通过获取监管当局的部分预期效果来降低资本充足率，获取效果为 $(1 - \delta)[\mu(x) - \underline{CAR}]$。监管当局获取效果的多少取决于 δ 以及 $\overline{CAR} - \mu(x)$，商业银行获得效果则取决于 $(1 - \delta)$ 和 $\mu(x) - \underline{CAR}$。式（4.2）实际上分为三个部分：第一部分 $\mu(x)$ 为均衡资本充足率，第二部分 $\delta[\overline{CAR} - \mu(x)]$ 为监管当局获取效果；第三部分 $(1 - \delta)[\mu(x) - \underline{CAR}]$ 为商业银行获取效果。第二部分与第三部分的差值为净效果：$NS = \delta[\overline{CAR} - \mu(x)] - (1 - \delta)[\mu(x) - \underline{CAR}]$，用以描述资本充足率最后形成的综合效果。在式（4.2）中，监管当局的影响能力对于商业银行资本充足率的形成具有一个单向的提升效应，商业银行的影响能力对于资本充足率的形成具有一个单向的压降效应。将式（4.2）改述为如下形式：

---

① 一般而言，监管当局在把握宏观经济形势、制定金融政策等方面存在优势，商业银行在企业经营管理、信息披露等方面存在优势。

$$CAR_i = x_i'\rho + \xi_i, \quad \xi_i = w_i - u_i + v_i \tag{4.3}$$

其中 $x_i'\rho = \mu(x_i)$，ρ 为待估参数向量，x_i 为样本个体特征，ξ_i 为复合扰动项。v_i 为传统随机干扰项，$w_i = \delta[\overline{CAR} - \mu(x)] \geq 0$；$u_i = (1-\delta)[\mu(x) - \underline{CAR}] \geq 0$。$w_i$ 和 u_i 分别衡量监管当局和商业银行导致资本充足率在最优边界上不同方向的偏离，偏离的程度与 δ、$\overline{CAR} - \mu(x)$ 和 $\mu(x) - \underline{CAR}$ 等有关。其他假定与推导与 3.4.1 类似，最后得到净效果 NS 的公式为：

$$NS = E(1 - e^{-w_i} | \xi_i) - E(1 - e^{-u_i} | \xi_i) = E(e^{-u_i} - e^{-w_i} | \xi_i) \tag{4.4}$$

4.4.2 变量的确定

本节将资本充足率（CAR）作为模型的被解释变量。为保证面板数据的平衡性，对均衡资本充足率 $\mu(x)$ 中的变量 x 选择如下：净利差（NIM）、不良贷款率（NPL）、中间业务收入占比（IOIR）、成本收入比（CIR）、存贷比（DLR）和实际经济增长率（RGDP），用以反映商业银行的个体特征。

4.4.3 面板单位根检验

其他变量在第三章已经做过单位根检验，这里只对 CAR 进行检验。从表 4 - 7 的单位根检验结果看，LLC 检验、Fisher - ADF 检验和 Fisher - PP 检验的结果拒绝了原假设，即变量并不存在单位根。因此，可以认为 CAR 为 I(0) 单整变量，模型估计不会存在虚假回归现象。

表 4 - 7　　　　　　　　　　变量平稳性检验结果

变量	LLC	IPS	ADF	PP	结论
CAR	- 244. 315 *** (0. 000)	- 29. 038 *** (0. 000)	670. 926 *** (0. 000)	886. 391 *** (0. 000)	平稳

注：*** 表示在 1% 水平上显著。

4.4.4 模型组估计及结果分析

本节构建出一组不同类型的模型，对资本充足率的形成机制及其影响因素进行估计和分析。表 4 – 8 列示了 4 个模型的估计结果①。模型 1 采用最小二乘法估计，模型 2 至模型 4 均为双边随机边界模型，采用的是最大似然法估计方法。其中，模型 3 在模型 2 的基础上加上规模虚拟变量，模型 4 在模型 2 的基础上加上时间虚拟变量和规模虚拟变量。从模型 1 的估计结果来看，大部分解释变量对资本充足率水平形成了较为显著的影响。对模型 1 各个变量的测定，它们的 VIF 平均为 1.13，最大为 1.22，表明模型 1 中多重共线性问题并不严重，可以不予处理。从 LR 的检验结果来看，模型和模型 4 之间存在显著差异，说明引入不同的解释变量和控制时间变量对模型估计结果有较大影响。再对各个模型的对数似然值作比较，模型 4 的对数似然值为最大，因此将根据模型 4 的估计结果来分析银行资本监管水平的形成机制。

表 4 – 8　　　　　　　　　　　　模型组估计结果

代号	模型 1	模型 2	模型 3	模型 4
常数项	15.678 *** (15.396)	15.338 *** (30.211)	14.864 *** (30.505)	15.101 *** (27.199)
NIM	0.347 ** (2.082)	0.475 *** (5.863)	0.387 *** (4.551)	0.342 *** (4.206)
NPL	− 0.489 *** (− 5.353)	− 0.406 *** (− 7.015)	− 0.480 *** (− 5.227)	− 0.198 *** (− 5.046)
IOIR	− 0.112 *** (− 3.123)	− 0.035 ** (− 2.100)	− 0.011 (− 0.695)	− 0.019 (− 1.279)
CIR	0.036 *** (2.914)	− 0.013 * (− 1.755)	− 0.017 ** (− 2.181)	− 0.019 *** (− 2.634)
DLR	− 0.045 *** (− 4.057)	− 0.031 *** (− 5.446)	− 0.017 *** (− 3.011)	− 0.015 *** (− 2.848)
RGDP	− 0.090 (− 1.275)	− 0.237 *** (− 5.831)	− 0.228 *** (− 6.666)	− 0.373 *** (− 10.184)
规模变量	—	—	控制	控制
时间变量	—	—	—	控制
调整后的 R^2	0.079			
σ_v	—	1.005 *** (− 2.604)	1.562 (− 1.092)	− 2.126 (− 1.016)

---

① 由于篇幅所限，表 4 – 8 中省略了公司变量和时间变量的详细估计结果。

代号	模型 1	模型 2	模型 3	模型 4
σ_u	—	-0.204 ** (-2.054)	-0.209 ** (-2.032)	-0.476 *** (-3.863)
σ_w	—	0.941 *** (21.587)	0.921 *** (21.193)	0.899 *** (22.797)
对数似然值	-2301.957	-1902.537	-1874.284	-1805.307
LR 检验	—	—	56.505 (0.000)	194.459 (0.000)

注： * 表示在 10% 水平上显著， ** 表示在 5% 水平上显著， *** 表示在 1% 水平上显著。

模型 4 的估计结果显示：净利差对银行的资本充足率具有正向效应，不良贷款率、成本收入比、存贷比和实际增长率对资本充足率具有负向效应。中间业务收入占比对资本充足率的影响为负但不显著。净利差对资本充足率具有正向效应，这与实际情况相符。城商行的净利差较高，其资本充足率也较高；大型银行和股份制银行的净利差相对较低，其资本充足率也相对较低。银行净利差水平越高，表明其传统依靠利息收入的获得利润能力越高，有能力通过内部渠道补充资本，提高资本充足率。近几年，我国银行的净利差收窄，从一定程度上导致了银行资本充足率下降。不良贷款率上升，表明银行的信贷风险上升，增加了风险加权资产的比重，导致资本充足率下降。成本收入比上升，说明银行的成本控制能力下降，对盈利能力产生影响，间接影响到资本充足率。实际增长率上升表明经济处于旺盛期，银行在满足资本监管要求的情况下，往往会扩大信贷投放，主动降低资本充足率。

4.4.5 方差分解

表 4 - 9 进一步显示出对监管当局和商业银行影响能力的效果估计。结果表明，影响能力对资本充足率的形成具有重要影响，监管当局相对于商业银行具有更强的影响能力，最终形成的综合影响 $E(w-u) = \sigma_w - \sigma_u = 1.8361$。可见，监管当局与商业银行双方综合影响的结果形成了比均衡资本充足率更高的资本充足率。无法解释部分总方差 $\sigma_v^2 + \sigma_u^2 + \sigma_w^2$ 为 6.4403，其中 99.78% 由监管当局和商业银行的信息因素所贡献。在信息因素对价格的总影响中，监管当局相对于商业银行处于一个绝对的信息优势地位，达到 93.99%，商业银行的

影响比重仅为 6.01%。影响比重的悬殊差距表明，在资本充足率形成过程中，监管当局会充分利用其信息优势，逐步提高监管标准的阈值。总体而言，现阶段中国商业银行的实际资本充足率是高于均衡资本充足率的。

表 4 - 9　　　　　　　　　　　影响能力的效果分析

变量含义	符号	估计系数
随机误差项	σ_v	0.1192
商业银行影响能力	σ_u	0.6215
监管当局影响能力	σ_w	2.4576
综合影响能力	$\sigma_w - \sigma_u$	1.8361
随机误差项总方差	$\sigma_v^2 + \sigma_u^2 + \sigma_w^2$	6.4403
总方差中影响因素比重	$(\sigma_u^2 + \sigma_w^2)/(\sigma_v^2 + \sigma_u^2 + \sigma_w^2)$	99.78%
商业银行影响能力比重	$\sigma_u^2/(\sigma_u^2 + \sigma_w^2)$	6.01%
监管当局影响能力比重	$\sigma_w^2/(\sigma_u^2 + \sigma_w^2)$	93.99%

4.4.6　效果分布测算与分析

进一步对监管当局与商业银行双方做单边效应估计，以此测算和分析监管当局与商业银行不同的影响能力所带来的效果分布。整体估计结果见表 4 - 10。监管当局表现出明显的信息优势和更强的影响能力，使实际资本充足率高于均衡资本充足率 69.66%；商业银行处于相对的劣势地位，仅使实际资本充足率低于均衡资本充足率 38.24%；两者的净效果导致实际资本充足率比均衡资本充足率高 31.42%。

表 4 - 10　　　　　　　　货币当局和商业银行获得的效果分布　　　　　　　　单位：%

变量	平均值	标准差	Q1	Q2	Q3
监管当局获得效果：$E(1 - e^{-w_i} \mid \xi_i)$	69.66	25.18	41.96	74.49	94.69
商业银行获得效果：$E(1 - e^{-u_i} \mid \xi_i)$	38.24	12.37	33.16	33.16	33.55
净效果：$E(e^{-u_i} - e^{-w_i} \mid \xi_i)$	31.42	34.02	8.41	41.34	61.53

第5章

"营改增"政策对银行绩效的影响

本章主要包括四节内容：首先分阶段阐述中国商业银行税收政策发展的历程；其次描述中国商业银行税负水平的表现特征；再次采用情景分析方法分析税收政策对银行绩效的影响；最后选用税收支付率作为关键变量测度商业银行对税收政策的承受能力。由于部分商业银行的变量数据存在不规则的缺失，本章选取的数据时段为 2008 ~ 2014 年，截面维度为 73 家商业银行，为平衡面板数据。上述的面板数据主要来自各商业银行历年的年度报告及其招股说明书，部分数据取自《中国金融年鉴》和 BANKSCOPE 数据库。

5.1 中国商业银行税收政策

税收是国家获取稳定持久的财政资金的主要渠道，也是政府实施宏观经济调控的重要的传导工具。商业银行是一个从事吸收存款和发放贷款的中介机构，政府对其从事的业务活动形成的资产和收入征收各种形式的税赋。税收负担作为税收政策的核心，直接体现了国家与银行之间的经济利益分配关系。一方面，税收保证了国家财富的持续增加，满足了财政资金的正常需求，保障了国家体制的稳定运行；另一方面，银行承担一定的国家税负，在自己承受能力范围内为国家和社会做出一定的资金贡献，充分体现了银行经营的正外部性。

中国的银行税收制度经历了一个曲折漫长的演变过程，迄今仍处在改革探索阶段。改革开放三十多年来，中国税制经过 1984 年和 1994 年的两次重大改革，初步形成了以营业税和企业所得税为主体的银行税制框架。

5.1.1　银行税制的初建阶段（1984 年以前）

新中国成立初期，中国实行高度集中管理的计划经济体制。与体制相适应的中国的银行税收制度包括各种行政法规和部门规章。当时的银行税种分布主要有工商业税、利息所得税和印花税 3 个税种。其中，工商业税是银行的主要税种，包括营业税和企业所得税两部分，有关规定早见于 1950 年 1 月政务院公布的《工商业税暂行条例》。该条例将中国银行业营业税的税基确定为营业收益总额，营业税税率确定为 4%；企业所得税以每个营业年度的收入减去成本、费用和损失等的余额作为应纳税所得额，实行 5% ~30% 的全额累进税率，但国有银行实行利润上缴制度，不需缴纳企业所得税。1950 年 12 月，政务院公布了《利息所得税暂行条例》和《印花税暂行条例》，规定对银行的利息所得额征收税率为 5% 的利息所得税（该税于 1959 年停征），对应税银行征收不同比例税率和不等定额税率的印花税。1958 年 9 月，政务院公布《工商统一税条例（草案）》规定，将工商业税的营业税和印花税都并入工商统一税，并对国家银行免征工商统一税。在 1972 年制定的《工商税条例（草案）》中，继续规定国有银行的业务收入免征工商税。从 1978 年 12 月起，为了配合贯彻国家的对外开放政策，财政部门开始研究调整和改革银行税制问题。1982 年 6 月，经国务院批准，财政部发布《关于调整工商税若干产品税率和扩大征税项目的通知》，要求自 1982 年 7 月 1 日起对国内所有商演银行开始计征工商税，税基为收入减去利息支出和业务支出后的余额，税率定为 10%。1982 年 6 月，财政部修改规定，要求自 1982 年 7 月 1 日起，扩大对银行征收的工商税，改为从事各项经营活动得到的营业收入总额，不再扣除各项支出，同时将税率降为 5%。从 1980 年 9 月到 1981 年 12 月，第五届全国人民代表大会先后通过并公布了《中外合资经营企业所得税法》《个人所得税法》以及《外国企业所得税法》。

5.1.2　银行税制的重建阶段（1984 ~1993 年）

1984 年，成为中国银行业改革的一个重要的时间节点，中国银行业的管理体制发生了重大力度的调整。中国人民银行简政分权，专司中央银行的管理职能，原有的信贷业务职能逐步移交给中国工商银行、中国农业银行、中国银行等专业银行负责办理，逐步放开外资和外国金融机构进入中国，银行新一轮税制改革拉开序幕。

1983 年，国务院决定在全国实行国营企业"利改税"政策，将新中国成立以后实行了 30 多年的国营企业向国家上缴利润的制度改为缴纳企业所得税的制度。为了弥补第一步利改税存在的缺陷，国务院在全国实施第二步"利改税"改革和工商税制的全面改革。1984 年 9 月，国务院通过并发布《中华人民共和国营业税条例（草案）》，将金融保险业归并为单一税目征收营业税，在该税目下分设了金融、保险两个子税目。营业税税基为商业银行的营业收入余额，税率确定为 5%。

1984 年 9 月，国务院通过并发布《国营企业调节税征收办法》和《国营企业所得税条例（草案）》。1984 年 10 月，国务院通过并发布《国营企业所得税条例（草案）实施细则》。上述条例及实施细则规定，商业银行和保险公司的应纳税所得额为每一营业年度的总营业收入减除相对应的成本、费用和国家允许在所得税前列支的税金以及营业外支出之后得到的余额，按照 55% 的税率缴纳企业所得税。1991 年 4 月，第七届全国人民代表大会第四次会议通过并发布《外商投资企业和外国企业所得税法》，该法及其实施细则中做出规定：外商投资企业和外国企业所得税的税率统一为 30%，另附加 3% 的地方所得税，这一块税收是否征收由地方政府自己决定。

5.1.3 银行税制的变革阶段（1994～2011 年）

1992 年 10 月，党的十四大确定了社会主义市场经济体制的宏伟改革目标，我国的银行税制再次进入重大变革期。1994 年分税制改革后，根据《营业税暂行条例》及其实施细则的规定，金融保险业归并为一个税目，分设金融和保险两个子目。其中，营业税税基主要包括一般性贷款业务所取得的贷款利息收入、转外汇贷款业务的利差收入、买卖金融资产的价差收入以及金融经济业务和其他金融中间业务所取得的手续费和佣金类的全部收入，包括价外收取的代垫、代收代付费用（如邮电费、工本费）加价等，税率为 5%。1995 年10 月，财政部和国家税务总局联合发布了《关于金融业征收营业税有关问题的通知》，通知中明确指出对金融机构之间的往来业务暂不征收营业税，而对一般性贷款业务，要求仍以贷款利息收入全额为标准征收营业税。1997 年 2 月，国务院下发《国务院关于调整金融保险业税收政策有关问题的通知》，规定自 1997 年 1 月 1 日起，将金融保险业的所得税税率由 55% 统一降为 33%。同时将金融业营业税的税率由 5% 提高到 8%，其中随营业税附征的城市维护建设税的计税依据仍然保持为营业收入乘以 5% 不变。随着中国银行业各项改革的不断深化，国内商业银行的税负压力状况开始引起各方关注。为了进一步改善商业银行的竞争环境，自 2001 年起，财政部和国家税务总局联合发出《关于降低金融保险业营业税税率的通知》，提出将我国商业银行的营业税税率每年下调一个百分点，分 3 年从 8% 降低到 5%。2007 年 3 月，第十届全国人民代表大会第五次会议通过了《企业所得税法》，根据该法规定，内资银行与外资银行的企业所得税统一实行 25% 的税率，税基为银行纳税年度内的营业收入，减去不征税收入、免税收入、各项扣除以及允许弥补以前年度亏损后得到的余额。2008 年 11 月，国务院公布修订以后的《营业税暂行条例》，取消了原有的转贷业务以贷款利息收入减去借款利息支出后余额为营业额的规定。

我国商业银行营业税的现行安排为：一是税率为 5%，在纳税总额的基础上分不同区域加征城市维护建设税（税率分布为市区 7%，县城、建制县 5%，其他区域 1%）和教育费附加（3%），综合税率约为 5.5%。其中，各商业银行总部缴纳的营业税由国家税务总局征收，征收税款归属中央财政收入；各商业银行的分支机构缴纳的营业税由地方税务局征收，征收税款归属地方财政收入。二是税基，对于人民币本币贷款业务，税基为利息收入全额，其中金融机构之间的往来业务不包括在内。对于外汇转贷业务，税基为利息收入差额；对于外汇、有价证券和金融期货买卖业务（不涉及非金融机构与个人），税基为买卖差价收入；对于其他金融服务性业务，税基为向交易对方收取的全部价款和价外费用。三是收缴原则，以权责发生制原则为主，以收付实现制原则为辅。对正常的、按时取得收入的交易，其取得收入权利当日为纳税义务的发生时间；对于逾期未满 90 天的应收未收利息，做法同前；但对于逾期超过 90 天（不含 90 天）的应收未收利息，则以实际收到利息收入当日作为纳税义务的发生时间。

5.1.4 银行税制的"营改增"阶段（2012年至今）

为进一步完善税收制度，支持现代服务业发展，2011年10月，国务院常务会议决定开展深化增值税制度改革试点。2011年11月，财政部和国家税务总局发布《营业税改征增值税试点方案》，同时印发了《关于在上海市开展交通运输业和部分现代服务业营业税改征增值税试点的通知》，明确从2012年起，在上海市交通运输业和部分现代服务业等开展营业税改为征收增值税的试点。在先期试点的基础上，2013年5月，财政部和国家税务总局发布《关于在全国开展交通运输业和部分现代服务业营业税改征增值税试点税收政策的通知》，确定2013年8月1日起，将交通运输业和部分现代服务业"营改增"试点在全国范围内推开，并适当扩大部分现代服务业范围，有关文件同时废止。2013年12月，财政部和国家税务总局发布《关于将铁路运输和邮政业纳入营业税改征增值税试点的通知》，自2014年起，在全国范围内开展铁路运输和邮政业"营改增"试点，有关文件同时废止。

5.2 中国商业银行税负水平

5.2.1 中国商业银行税负的横向比较

大多数学者的观点认为，我国商业银行的税负偏重。

（1）首先，与国内的其他服务性行业相比，我国商业银行的平均营业税率一直处于较高水平。例如，交通运输业、建筑业、邮电通信业和文化体育业等服务性行业的现行营业税税率均为3%，而商业银行的营业税税率为5%，较上述服务性行业高出两个百分点。其次，我国银行业所得税改革严重滞后于其他行业。1984年国内商业银行按照55%的税率缴纳所得税。1994年税改时内资企业所得税税率下调为33%，但是商业银行仍按55%的税率计缴所得税，这种行业间税率不平衡的现象一直延续到1997年才得以改变，商业银行的所得税税率下调至33%，到2008年又下调为25%。

（2）与国外银行相比，我国银行业的税收负担的平均水平要高于外国的银行业。国外的银行税制结构大都以直接税（所得税）为主，流转课税等间接税（如营业税和增值税）基本不征或者免征，例如美国、法国、荷兰不对银行业征收营业税。OECD 的大部分国家将金融机构的经营业务纳入增值税征收范围，但仅仅是对非核心的经营业务征收增值税，对核心的经营业务实行免征增值税政策。目前，国际上针对不同的金融业务，制定有不同增值税征收政策，具体归纳为以下四类：一是征税。二是免税，但是不能抵扣购进固定资产所含的进项税额。三是实行零税率，同时允许抵扣购进固定资产所含的进项税额。四是不将金融业务纳入增值税的征收范围。我国银行业既要就营业收入全额为基数缴纳营业税及相应附加，还要缴纳企业所得税。与世界各国相比，我国银行的所得税率处于居中的位置，较一些发达国家要低，但同发展中国家相比，我国银行的所得税税率偏高。

（3）与国内设立的外资银行相比，国内银行的营业税负相对偏高。原因主要有三点：一是国内银行除了要缴纳营业税，还要在营业税的基础上再计算缴纳城市维护建设税和教育费附加，其实际税率在 5.5% ~ 5.6% 之间。但是对外资银行缴纳的营业税不征收城市维护建设税和教育费附加，法律所规定的内外资银行税负的不同待遇导致国内银行的实际税率要高于外资银行。二是我国政府对银行的一般贷款利息收入按照全额征收营业税，对银行的外汇转贷收入则是按照转贷利息收入与转贷利息支出的差额征收营业税。国内银行业务主要是人民币转贷业务，外资银行则以外汇转贷业务为主，税基的不同导致国内银行的实际税负水平远高于外资银行，这对国内银行的经营发展均形成不利影响。三是国内银行大多以传统的信贷业务为主干业务，中间业务收入在营业收入所占的比例近年来有了一定的提高，但是仍然偏低；外资银行则以外汇转贷业务为主干业务，中间业务收入比例相对比较高。

5.2.2 中国商业银行税负的绝对水平

目前，我国银行业税制是以营业税和企业所得税为主的"双主体"税制结构，其他税种所占比例较小。从以下的几个关键事件形成的时间段来看，中国商业银行年均的税负绝对程度较重，而且呈逐年增长态势，其中国有银行是税收的主要贡献者。以营业税额和营业税税率的变化为例，根据 1984 年新出台的银行税法规定，要求国内商业银行按照 5% 的税率缴纳营业税。1984 ~ 1993 年的 10 年间，四大国有银行共缴纳营业税 576.56 亿元，年均 57.7 亿元。1994 年分税制改革实施，1994 ~ 1996 年的 3 年间，四大国有银行共缴纳营业税 612.03 亿元，年均 204.01 亿元。1997 年，国家出台新的银行税法规定，将营业税税率由 5% 又提高到 8%。1997 ~ 2000 年的 4 年间，四大国有银行共缴纳营业税 1337.08 亿元，年均 334.27 亿元。自 2001 年起，我国银行业的营业税税率重新调整，分 3 年从 8% 降低到 5%，重新恢复到 1997 年的税负水平。2001 ~ 2014 年的 14 年间，四大国有银行共缴纳营业税 8481.53 亿元，年均已达 605.82 亿元。

5.2.3　中国商业银行税负的相对比重

IMF 的尼古拉斯·R. 拉迪（1999）曾对中国银行业改革问题进行过较为深入的研究，他用企业的总税款除以总收益来表示企业的总体税收负担率，认为中国银行税收负担很重，中国政府对银行表现的是一种惩罚性的税收政策。按照拉迪的计算方法，本书构造税负支付率（Tax Payout Ratio, TPR）来衡量银行税负水平高低的相对程度，用商业银行的总税款除以总收益来计算。由于营业税和所得税一直是中国商业银行税负中的两大主体部分，基于中国税收政策特征、会计制度的特征以及相关数据的可得性，本章将税负支付率的计算公式界定为：$TPR_{j,t} = $（营业税金及附加 + 所得税费用）/（税前利润 + 营业税金及附加）。一般而言，税负支付率上升，会引起银行获取利润的积极性下降，银行风险上升，使银行经营效率受到不利影响。

2008 ~ 2014 年期间，我国商业银行税负支付率的均值为 33.61%，在服务类企业中处于较高水平。由图 5-1 可知，2008 年，三类银行的税负支付率均在下降。2009 年以后，大型银行和城商行的税负支付率开始缓慢上升，股份制银行出现缓慢下降，直至 2013 年三类银行均出现上升。这表明从 2008 年起企业所得税统一实行 25% 的税率政策对商业银行来讲，并没有起到太大的减税效应。2008 ~ 2014 年期间，三类银行中，股份制银行的税负支付率最高，城商行次之，大型银行最低。

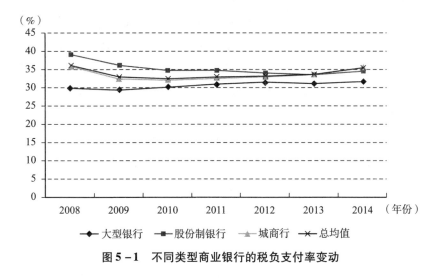

图 5-1　不同类型商业银行的税负支付率变动

5.3　税收政策对银行绩效影响的研究综述

目前，大部分研究成果认为中国银行业的税负偏重，但是多偏重于定性分析。刘佐（2002）较早提出了我国银行业税负偏重的问题。王聪（2003）、尹音频（2003）、宋瑞敏（2006）、孙莉（2007）等通过比较，认为中国银行业的名义税负明显高于国际一般水平，也高于国内其他行业。闫先东（2009）认为，我国银行业营业税税率高、税基宽，所得税的计税工资标准和贷款损失准备税前扣除标准过严，导致综合税负偏重。安体富和王在清（2004）认为，我国的银行税制在一定程度上应该与其他行业有所区别，并提出银行业营业税税率逐步降低至1%或取消的建议。还有学者并不认为我国银行业的税收负担偏重，即使银行税负过重，也有其合理性的一面。刘佐（2010）指出中国银行税制存在两大问题：第一是内外税制有别，第二就是营业税的负担过重，他认为第二个问题正是目前中国银行面临的最为突出和急待重视解决的问题。王哲（2012）认为，中国银行业的名义税负水平确实略有偏高，但若考虑到行政垄断保障了银行业当前的高盈利现象，这种偏高的税负是合理的，可以理解为是对银行业因享有垄断租金的惩罚性税收。当前，"营改增"试点正在全国范围铺开。贾康和程瑜（2011）从增值税"扩围"改革问题曾经谈到要降低间接税比，在减少增值税、营业税总体税负的前提下推进"扩围"改革。王朝才等（2012）运用 CGE 模型分析增值税扩围改革对经济系统带来的影响，他认为最优方案是尽可能扩大增值税征收范围，实现各行业统一税率课税。白景明（2013）认为，"营改增"应该坚持助推产业结构调整的原则，实现行业之间的税负均衡。刘尚希（2013）进一步强调了增值税的改革对当前税制结构优化、财政收入稳定的重要性。可见，"营改增"政策在全国范围、各个行业全面推开是必然趋势，将对银行的税负水平、业务结构和经营业绩，进而对银行的整体经营效率产生重大影响。

由于中外税收制度存在较大差异，国外学者对税收支付与银行经营绩效的关系研究成果并不太多。孔特和哈里（Kunt and Harry，1999）利用 80 个国家和地区 1988 ~ 1995 年银行业的财务数据指标进行分析，结果表明税收制度对银行业的经营绩效有重大影响。尼尔（Neil，2001）对澳大利亚的银行业进行过分析，也得出税收负担政策对银行业经营绩效产生一定影响的相同结论。默顿·米勒（Merton Miller，2002）认为政府税制和监管政策是银行业内金融创新的重要驱动因素，对银行业的发展具有关键作用。

国内一些学者针对税收政策与银行绩效之间的关系进行了研究。李文宏（2005）考察了税收对银行行为的影响，结果表明营业税的开征会影响商业银行最优贷款发放量，对银行信贷行为具有扭曲作用，继而影响银行绩效，而所得税对最优存贷款量没有影响。李恒和赵晶（2006）设计了我国银行的利润函数，分析了营业税和所得税对我国银行业务及业绩形成的影响。童锦治和吕雯（2010）选取国内 13 家银行 1998 ~ 2008 年的面板数据，实证结果表明银行业实际税率与其盈利能力之间存在负相关关系。路君平和汪慧娇（2008）、李伟和铁卫（2009）的研究结论基本类似。陈宝熙和林玢（2008）认为我国在进行营业税制改革时，应根据银行各项业务自身特性和我国商业银行的未来发展取向，来设计流转税税制。赵以邗等（2009）的实证研究结果表明，营业税税率下调没有带来商业银行平均效率的提升，但能够提升某些股份制银行的效率。梁琪等（2010）研究发现：在原所得税 33% 的税率设置下，高税负带来我国银行业平均 20.1% 的效率损失；在新所得税 25% 的税率设置下，要达到国际活跃银行的平均实际税负水平，必须将我国银行业现行营业税率下调 2.5%，这将推动银行业竞争力指标提升约 7.5%。徐洁和吴祥纲（2013）认为，在现有税负水平下，降低银行业营业税和企业所得税的实际税率，尤其是降低营业税实际税率，有利于提高税收经济效率。还有学者持有另一种观点，如王敏和龙腾飞（2010）的研究表明税收负担并没有对我国银行业经营绩效形成明显的负面影响。

5.4 "营改增"政策对银行绩效影响的情景分析

为了降低企业的税收负担，提高服务业的发展水平，尽快实现经济转型，同时为了保证增值税抵扣链条的完整性，2012 年至今，我国渐进式推行营业税改征增值税工作已有 4 年。中国银行业作为主要征收营业税种的行业，始终被视为"营改增"政策实施中的重点和难点行业。2016 年 3 月，财政部和国家税务总局出台《关于全面推开营业税改征增值税试点的通知》（以下简称《通知》）宣布，自 2016 年 5 月 1 日起，我国金融业开始实施全面"营改增"，金融服务业统一适用 6% 的税率，计税方式从营业收入全额征税变为差额征税。36 号文的公布，正式拉开了银行业"营改增"的序幕，对商业银行的税负水平产生重大影响，导致银行业绩产生波动。

在中国经济高速发展中，银行业在税收方面做出了重大贡献。学术界和业界普遍认为，与国外银行业和国内其他服务行业相比，中国银行业税负一直处于偏重状态，较高的税率不利于银行业充分发挥资金的杠杆作用创造金融价值（Radi，1999；陈宝熙和林玢，2008；闫先东，2009；杨默如，2010；尹音频和杨飞，2011；黄卫华，2014），对银行盈利能力形成重大影响（路君平和汪慧娇，2008；刘孟飞等，2012）。国务院总理李克强在 2016 年《政府工作报告》中也明确提出：实施"营改增"确保所有行业税负只减不增，但这次"营改增"的全面实施在银行业出现了几个典型问题，导致商业银行税负承压，引起学界的关注：

（1）被纳入缴纳增值税的收入种类明显增多。《通知》对"各种占用、拆借资金取得的收入，包括金融商品持有期间利息收入、信用卡透支利息收入、买入返售金融商品利息收入、融资融券收取的利息收入，以及融资性售后回租、押汇、罚息、票据贴现、转贷等业务取得的利息及利息性质的收入"，以及"以货币资金投资收取的固定利润或者保底利润"，均要求按照贷款服务缴纳增值税。

（2）银行的增值税抵扣环节没有完全打通。从商业银行角度来看，《通知》规定存款利息为不征收增值税项目，这意味着银行无法取得可抵扣的增值税专用发票，贷款利息收入实际上相当于按照全额征税。从贷款人角度来看，《通知》规定企业贷款利息支出对应的进项税不得抵扣，增值税抵扣链条在企业贷款融资环节出现中断，对以贷款为主要融资渠道的企业来说，将无法获得"营改增"带来的融资成本降低。

（3）同业往来业务免税范围先缩小后放大。在以往营业税体系下，有很多业务收入是不征收营业税的，如企业债券、同业投资和买入返售金融产品的利息收入均未被征收营业税，但是《通知》将它们直接定义为贷款服务范围，要求按照全额缴纳增值税。《通知》还特别规定仅有线上的同业交易才能免税，这意味着大量线下同业业务的利息收入无法免税。随后2016年4月出台了《关于进一步明确全面推开"营改增"试点金融业有关政策的通知》，2016年7月又出台了《关于金融机构同业往来等增值税政策的补充通知》，使得免税范围略有扩大，商业银行税负压力有所减轻①。

由于银行业在"营改增"实践过程中遇到的几个现实问题，就有必要对商业银行的税收是否下降重新进行测算。本书选择建设银行代表大型银行、浦发银行代表中型银行以及北京银行代表小型银行，以三家上市银行2015年年度报告中披露的数据为基准，根据2016年出台的三个文件中有关银行业"营改增"规定作为假设条件，对"营改增"政策关于银行绩效形成的影响展开情景分析。

5.4.1 "营改增"政策对大型银行绩效影响——以建设银行为例

这里选择建设银行作为大型银行的代表性银行展开情景分析。银行业"营改增"之后，商业银行的损益表结构会有相应调整，首先面临的就是收入项目金额调整。根据《通知》规定，建设银行的利息收入面临五项调减项的业务，分别是存放中央银行款项、存放同业款项、拆出资金业务，以及买入返售金融资产和投资性证券业务。这里需要注意：一是鉴于无法查询建设银行的线上拆借资金和线下拆借资金的具体比例，本文保守按50%扣除。二是对买入返售

---

① 《关于进一步明确全面推开"营改增"试点金融业有关政策的通知》将质押式买入返售金融商品和持有政策性金融债券列入了金融同业往来利息收入，《关于金融机构同业往来等增值税政策的补充通知》将同业存款、同业借款（仅限于农村信用社之间或其他限定条件）、同业代付、买断式买入返售金融商品和所有金融债券列入金融同业往来利息收入。

金融资产和投资性证券部分的利息收入按资产总额所占比例调减。经过调整，得到建设银行的利息收入为 5765.10 亿元，转换为不含增值税金额为 5438.78 亿元，得出增值税销项税额为 326.33 亿元，加上手续费及佣金收入的增值税销项税额 68.72 亿元，合计为 395.05 亿元。

建设银行 2015 年新增固定资产为 269.31 亿元，估算其增值税进项税额为 15.24 亿元①，应纳增值税 = 销项税额 - 进项税额 = 395.05 - 15.24 = 379.81（亿元），城市维护建设税及教育费附加（简称"附加税费"）按照增值税税额的比例征收为 379.81 × (7% + 3%) = 37.98（亿元）。按照规定，在计算企业所得税时，收取的增值税是不能在税前进行抵减的，增值税应作为一项负债在资产负债列表反映。因此，建设银行应缴纳的企业所得税 = （扣减增值税后营业收入 - 附加税费 - 其他支出）× 25% = (5672.17 - 37.98 - 2703.97) × 25% = 732.55（亿元），税后利润为 2197.66 亿元。

从表 5 - 1 可以看出，在按营业税征收时，建设银行 2015 年需要缴纳的全部税费款 = 330.03 + 33.00 + 746.24 = 1109.27（亿元）。在购进扣税法下按增值税征收时，需要缴纳的全部税费款 = 395.05 - 15.24 + 37.98 + 732.55 = 1150.34（亿元），按增值税征收需要缴纳的税费款比按营业税征收时增加了 41.07 亿元。其中，增值税比营业税增加了 49.78 亿元，附加税费增加了 4.98 亿元，企业所得税减少了 13.69 亿元。正是"营改增"使得税收增加，导致净利润减少 41.07 亿元，较前减少了 1.83%。

表 5 - 1　　《关于金融机构同业往来等增值税政策的补充通知》
后建设银行税负及利润对比

项目	按营业税征收（亿元）	按增值税征收（亿元）	变化（亿元）	变化率（%）
营业收入	6051.97	5672.17	-379.80	-6.28
营业税（倒推）	330.03	—	—	—
增值税（销项估算）	—	395.05	—	—
增值税（进项估算）	—	15.24	—	—

---

① 原增值税法规定不动产在建工程不可进项抵扣。2016 年 5 月 1 日后取得并在会计制度上按固定资产核算的不动产或者 2016 年 5 月 1 日后取得的不动产在建工程，其进项税额应自取得之日起分 2 年从销项税额中抵扣，第一年抵扣比例为 60%，第二年抵扣比例为 40%。为了估算方便，本书做了简化处理，视同第一年全部抵扣。

续表

项目	按营业税征收 （亿元）	按增值税征收 （亿元）	变化 （亿元）	变化率 （%）
附加税费（倒推）	33.00	37.98	4.98	—
其他支出	2703.97	2703.97	—	—
利润总额	2984.97	2930.22	-54.75	-1.83
企业所得税	746.24	732.56	-13.69	-1.83
净利润	2238.73	2197.66	-41.07	-1.83

5.4.2 "营改增"政策对股份制银行绩效影响——以浦发银行为例

选择浦发银行作为股份制银行的代表性银行展开情景分析。浦发银行的利息收入面临六项调减项的业务，分别是存放中央银行款项、存放同业款项、拆出资金、转贴现业务，以及买入返售金融资产和投资性证券业务①。得到调整后利息收入为2112.52亿元，调整为不含增值税金额为1992.95亿元，得出增值税销项税额119.58亿元，加上手续费及佣金收入的增值税销项税额16.59亿元，合计为136.17亿元。

浦发银行2015年新增固定资产为27.67亿元，估算其增值税进项税额为1.57亿元，应纳增值税 = 销项税额 – 进项税额 = 136.17 – 1.57 = 134.60（亿元），附加税费为134.60×（7% + 3%）= 13.46（亿元），应缴纳的企业所得税 =（调整后营业收入 – 附加税费 – 其他支出）×25% =（1330.90 – 13.46 – 706.97）×25% = 152.62（亿元），净利润为457.85亿元。

从表5-2可以看出，在按营业税征收时，浦发银行2015年需要缴纳的全部税费款 = 81.60 + 8.16 + 167.19 = 256.95（亿元），在购进扣税法下按增值税征收时需要缴纳的全部税费款 = 136.17 – 1.57 + 13.46 + 152.62 = 300.68（亿元），按增值税征收需要缴纳的税费款比按营业税征收时增加了43.73亿元。其中，增值税比营业税增加了53.01亿元，附加税费增加了5.30亿元，企业所得税减少了14.58亿元。"营改增"使税收增加，导致净利润减少43.73亿元，较前减少了8.72%。

---

① 转贴现业务为金融机构之间开展的转贴现业务，为免征增值税项目。

表5-2 《关于金融机构同业往来等增值税政策的补充通知》

后浦发银行税负及利润对比

项目	按营业税征收（百万元）	按增值税征收（百万元）	变化（百万元）	变化率（％）
营业收入	1465.50	1329.33	−134.60	−9.18
营业税（倒推）	81.60	—	—	—
增值税（销项估算）	—	136.17	—	—
增值税（进项估算）	—	1.57	—	—
附加税费（倒推）	8.16	13.46	5.30	—
其他支出	706.97	706.97	—	—
利润总额	668.77	610.47	−58.30	−8.72
企业所得税	167.19	152.62	−14.58	−8.72
净利润	501.58	457.85	−43.73	−8.72

5.4.3 "营改增"政策对城商行绩效影响——以北京银行为例

选择北京银行作为城市商业银行的代表性银行展开情景分析。北京银行的利息收入面临五项调减项的业务，分别是存放中央银行款项、存放同业款项、拆出资金业务，以及买入返售金融资产和投资债券业务。经估算，得到调整后的利息收入556.76亿元，调整为不含增值税金额525.25亿元，得出增值税销项税额31.51亿元，加上手续费及佣金收入的增值税销项税额4.30亿元，合计为35.81亿元。

北京银行2015年新增固定资产为15.37亿元，估算其增值税进项税额为0.87亿元，应纳增值税 = 销项税额 − 进项税额 = 35.81 − 0.87 = 34.94（亿元），附加税费为34.94 × (7% + 3%) = 3.49（亿元），应缴纳的企业所得税 = (调整后营业收入 − 附加税费 − 其他支出) × 25% = (405.87 − 3.49 − 201.90) × 25% = 50.12（亿元），净利润为150.36亿元。

从表5-3可以看出，在按营业税征收时，北京银行2015年需要缴纳的全部税费款 = 25.51 + 2.55 + 52.71 = 80.77（亿元），在购进扣税法下按增值税征收时需要缴纳的全部税费款 = 35.81 − 0.87 + 3.49 + 50.12 = 88.55（亿元），按增值税征收需要缴纳税费款比按营业税征收时增加了7.78亿元。其中，增值税比营业税增加了9.43亿元，附加税费增加了0.94亿元，企业所得税减少了2.59亿元。"营改增"使得税收增加，导致净利润减少7.78亿元，较前减少了4.92%。

表 5-3 《关于金融机构同业往来等增值税政策的补充通知》
后北京银行税负及利润对比

项目	按营业税征收 （百万元）	按增值税征收 （百万元）	变化 （百万元）	变化率 （%）
营业收入	440.81	405.87	-34.94	-7.93
营业税（倒推）	25.51	—	—	—
增值税（销项估算）	—	35.81	—	—
增值税（进项估算）	—	0.87	—	—
附加税费（倒推）	2.55	3.49	0.94	—
其他支出	201.90	201.90	—	—
利润总额	210.85	200.48	-10.37	-4.92
企业所得税	52.71	50.12	-2.59	-4.92
净利润	158.14	150.36	-7.78	-4.92

5.4.4 比较分析

从上述案例可以看到，在现有的"营改增"政策下，无论规模大小的银行，其净利润较改革前均有不同程度的下降。建设银行下降幅度较小，为1.83%；浦发银行下降幅度最大，为8.72%；北京银行下降了4.92%。原因一个在于建设银行和北京银行得到的免征增值税优惠较大，利息收入的调整幅度比浦发银行要大得多，建设银行的调整幅度为25.18%，北京银行的调整幅度为29.62%，而浦发银行的调整幅度仅为7.45%。另一个原因在于建设银行的利息支出占利息收入的比例相对较低。建设银行利息支出占利息收入的比例为40.59%，而浦发银行和北京银行分别为50.49%和54.77%，它们不可抵扣进项税的利息支出比例较高。三个商业银行净利润下降还有一个原因是增值税可抵扣的进项税额太少。建设银行的进项税额占销项税额仅为3.86%，浦发银行为1.15%，北京银行为2.43%，这主要是因为大部分商业银行尤其是大型银行的规模性投资建设早已完成，新增固定资产（包括不动产）很少，抵扣效应偏低。

继续利用2015年的财务数据，在其他基本财务数据不变的情况下，测算三个商业银行"营改增"平衡税率。结果显示，建设银行的增值税平衡税率约为5.21%，浦发银行的增值税平衡税率约为3.58%，北京银行的增值税平衡税率约为4.35%。在现有情况下，中小银行能够承受的增值税税率较大型银行要低 0.8% ~ 1.6%。

本书还在《关于进一步明确全面推开"营改增"试点金融业有关政策的通知》推出之后,《关于金融机构同业往来等增值税政策的补充通知》推出之前的时间点,对三个银行进行测算(见表 5 - 4、表 5 - 5、表 5 - 6),得出"营改增"使建设银行的净利润下降了 2.63%,浦发银行下降了 9.11%,北京银行下降了 5.43%;《关于金融机构同业往来等增值税政策的补充通知》推出之后,三个银行的净利润较推出之前分别提高了 0.80 个、0.39 个和 0.51 个百分点,原因就是《关于金融机构同业往来等增值税政策的补充通知》扩大了部分免税项目。

表 5 - 4 《关于金融机构同业往来等增值税政策的补充通知》
前建设银行税负及利润对比

项目	按营业税征收(亿元)	按增值税征收(亿元)	变化(亿元)	变化率(%)
营业收入	6051.97	5650.50	-401.47	-6.63
营业税(倒推)	330.03	—	—	—
增值税(销项估算)	—	416.72	—	—
增值税(进项估算)	—	15.24	—	—
附加税费(倒推)	33.00	401.48	7.14	—
其他支出	2703.97	2703.97	—	—
利润总额	2984.97	2906.38	-78.59	-1.83
企业所得税	746.24	726.60	-19.64	-1.83
净利润	2238.73	2179.79	-58.94	-1.83

表 5 - 5 《关于金融机构同业往来等增值税政策的补充通知》
前浦发银行税负及利润对比

项目	按营业税征收(亿元)	按增值税征收(亿元)	变化(亿元)	变化率(%)
营业收入	1465.50	1328.53	-136.97	-9.35
营业税(倒推)	81.60	—	—	—
增值税(销项估算)	—	138.54	—	—
增值税(进项估算)	—	1.57	—	—
附加税费(倒推)	8.16	13.70	5.54	—
其他支出	706.97	706.97	—	—

续表

项目	按营业税征收 （亿元）	按增值税征收 （亿元）	变化 （亿元）	变化率 （%）
利润总额	668.77	607.86	-60.91	-9.11
企业所得税	167.19	151.96	-15.23	-9.11
净利润	501.58	455.89	-45.69	-9.11

表5-6　　　　　《关于金融机构同业往来等增值税政策的补充通知》
前北京银行税负及利润对比

项目	按营业税征收 （亿元）	按增值税征收 （亿元）	变化 （亿元）	变化率 （%）
营业收入	440.81	404.89	-35.59	-8.15
营业税（倒推）	25.51	—	—	—
增值税（销项估算）	—	36.79	—	—
增值税（进项估算）	—	0.87	—	—
附加税费（倒推）	2.55	3.60	0.94	—
其他支出	201.90	201.90	—	—
利润总额	210.85	199.40	-11.45	-5.43
企业所得税	52.71	49.85	-2.86	-5.43
净利润	158.14	149.55	-8.59	-5.43

5.5　商业银行的税负承受能力估计

税负承担能力的高低会直接影响到中国银行业的稳定发展，近年来，中国银行业所面临的税负问题已经为学术界和业界密切关注。特别是随着我国"营改增"试点的逐步展开，商业银行作为征收营业税种的主要机构，其面临的税收负担究竟是否真如大部分学者研究中强调的那样处于过高水平而显得承受能力不足，还是处于一个相对可控的状态而成为研究和讨论的一个热点。

银行税负支付水平过高，不但提高了银行经营成本，无形中降低了银行盈利能力，而且客观上消耗了银行资本，增加了经营风险，给国内银行业的可持续发展带来了不利影响。银行税负支付水平过低，会导致国家资金的供给缺口加大；而且，银行税负支付压力下降，导致盈利水平上升，银行获利空间扩大，会进一步拉大不同行业之间的收入差距，给社会增加了不稳定因素。政府征收银行税赋时，应兼顾需要与可能，兼顾收入与经济的关系，做到取之合理有度。如何制定合理的银行税收政策，实际上就是要给银行确定出一个合理的税收负担水平和范围，既能保证国家税收的需要，又能兼顾国内商业银行对税负的实际承受能力，不损伤银行发展的持续性，这样才能实现税负公平和银行效率的最佳结合。那么，当前财政当局的税收政策对银行形成的税收负担水平究竟是否处于合理的范围？我国银行到底有没有足够的能力承担当前的税收支付压力？因此，研究国内商业银行的税收负担水平及其对银行经营效率的影响，以及合理确定银行的税收负担水平等问题就具有重要的现实意义。

本书构建一个同时纳入财政当局和商业银行、对商业银行的税收承受能力进行估计的双边随机边界模型，分别描述财政当局与商业银行的影响能力对税负支付率产生的单边影响及其综合影响。

5.5.1 影响能力测度模型设定

从政府财政政策效应和银行可持续发展的两个角度出发，一个科学合理的银行税负设计方案既要考虑政府的公共收入稳定性，又要考虑银行的持续稳定发展。假定在一个相对完备的金融市场中，存在着银行税负政策的设计者和执行者——分别为税负政策设计部门（财政当局）和商业银行的经营管理层。双方对银行的税负支付水平都具有一定的影响能力，本文将银行最终形成的税负水平看成财政当局和商业银行反复博弈后得出的此消彼长的折中结果，当然这个结果是动态变化的。在中国当前的市场环境下，财政当局希望通过制定税收政策，适当提高银行的税负支付水平，一定程度上能够获得稳定的税收收入，另一方面抑制银行过高的获利水平。对商业银行而言，在一定的条件下，银行希望尽量压低自身的税负支付水平。这里设定 $\underline{TPR}$ 为财政当局能够接受的最低税负支付水平，$\overline{TPR}$ 则为商业银行能够接受的最高税负支付水平，那么，最终形成的实际税负支付水平可以用公式（5.1）表述：

$$TPR = \underline{TPR} + \delta[\overline{TPR} - \underline{TPR}] \tag{5.1}$$

式（5.1）中，$\delta(0 \leq \delta \leq 1)$ 体现为财政当局在银行税负支付水平的形成过程中具备的影响能力，其影响能力的大小往往与财政当局对商业银行的信息掌握程度、税负设计原则和制度设计理念等因素有关。$\delta[\overline{TPR} - \underline{TPR}]$ 部分反映了税负支付水平形成过程中财政当局实现的政策效果。

在商业银行个体特征 x 给定的条件下，设定均衡税负支付水平 $\mu(x) = E(\theta \mid x)$，满足于：$\underline{TPR} \leq \mu(x) \leq \overline{TPR}$。由于 θ 客观存在但无法测知，导致均衡税负支付水平也无法测知，但是可以确定的是 θ 由银行的个体特征因素决定。$\overline{TPR} - \mu(x)$ 表示商业银行在税负支付水平形成过程中达到的预期效果，$\mu(x) - \underline{TPR}$ 表示财政当局达到的预期效果。对式（5.1）作进一步分解：

$$TPR = \underline{TPR} + \delta[\overline{TPR} - \mu(x)] - \delta[\underline{TPR} - \mu(x)]$$
$$= \mu(x) + \underline{TPR} - \mu(x) + \delta[\overline{TPR} - \mu(x)] - \delta[\underline{TPR} - \mu(x)]$$
$$= \mu(x) + \delta[\overline{TPR} - \mu(x)] - (1 - \delta)[\mu(x) - \underline{TPR}] \qquad (5.2)$$

对式（5.2）分析，财政当局可以获取商业银行的部分预期效果来提高税负支付水平，获取值设为 $\delta[\overline{TPR} - \mu(x)]$；商业银行也可以获取财政当局的部分预期效果来提高税负支付水平，获取值设为 $(1 - \delta)[\mu(x) - \underline{TPR}]$。式（5.2）实际上分成了三个部分：第一部分 $\mu(x)$ 为均衡税负支付率，第二部分 $\delta[\overline{TPR} - \mu(x)]$ 为财政当局获取的效果；第三部分 $(1 - \delta)[\mu(x) - \underline{TPR}]$ 为商业银行获取的效果。第二部分与第三部分的差值为净效果：$NS = \delta[\overline{TPR} - \mu(x)] - (1 - \delta)[\mu(x) - \underline{TPR}]$，用以描述税负支付率最后形成的净效果。可见，财政当局的影响能力对于银行实际税负支付率的形成发挥着一定的提升作用，而商业银行的影响能力对于实际税负支付率的形成发挥着一定的压降作用。于是，将式（5.2）改述为以下形式：

$$TPR_i = x_i' \rho + \xi_i, \quad \xi_i = w_i - u_i + v_i \qquad (5.3)$$

式（5.3）中的 $x_i' \rho = \mu(x_i)$，其中 ρ 表示待估系数向量，x_i 代表样本的个体特征，ξ_i 为复合误差项，由 w_i、u_i 和 v_i 三部分构成，实质上可以看成 $w_i - u_i$ 和 v_i 两部分。v_i 为传统的随机误差项，反映不可预测的外部环境因素导致税负支付率偏离最优边界的程度。式（5.3）中的 $w_i = \delta[\overline{TPR} - \mu(x)] \geq 0$；$u_i = (1 - \delta)[\mu(x) - \underline{TPR}] \geq 0$。$w_i$ 和 u_i 分别衡量了财政当局和商业银行导致税负支付率在最优边界上完全相反方向的偏离，w_i 和 u_i 的偏离程度分别与财政当局的影响能力 δ、商业银行预期效果 $\overline{TPR} - \mu(x)$ 以及财政当局预期效果 $\mu(x) - \underline{TPR}$ 等密切相关。其他假定与推导与 3.4.1 类似，最后得到净效果 NS 的公式为：

$$NS = E(1 - e^{-w_i} \mid \xi_i) - E(1 - e^{-u_i} \mid \xi_i) = E(e^{-u_i} - e^{-w_i} \mid \xi_i) \qquad (5.4)$$

5.5.2 变量确定及单位根检验

税负支付率（TPR）作为模型的被解释变量，衡量银行的税收负担水平。对均衡税负支付率 $\mu(x)$ 中的变量 x 选择如下，用以反映商业银行的个体特征：不良贷款率（NPL）、中间业务收入占比（IOIR）、成本收入比（CIR）、存贷比（DLR）、实际经济增长率（RGDP）、资本充足率（CAR）和准备金率（ZBJL）。

其他变量在第 3 章和第 4 章已经做过单位根检验，这里只对 TPR 进行检验。从变量的单位根检验结果看（见表 5 - 7），LLC 检验、Fisher - ADF 检验和 Fisher - PP 检验的结果拒绝了原假设，即变量并不存在单位根。因此，可以认为 TPR 为 I(0) 单整变量，进行模型估计不会存在虚假回归现象。

表 5 - 7   变量平稳性检验结果

变量	LLC	IPS	ADF	PP	结论
TPR	− 43. 448 *** (0. 000)	− 23. 729 *** (0. 000)	826. 479 *** (0. 000)	1026. 441 *** (0. 000)	平稳

注：*** 表示在 1% 水平上显著。

5.5.3 模型组估计及结果分析

本章构建出一组不同类型的模型，对税负支付率的影响因素展开比较分析，表 5 - 8 列示了 4 个模型的估计结果①。其中，模型 1 采用最小二乘法估计，模型 2 至模型 4 均为双边随机边界模型，采用的是最大似然法估计方法，其中模型 2 中附加了 $\ln\sigma_u = \ln\sigma_w = 0$ 的约束条件，模型 2 为没有包括解释变量 CAR，模型 3 增加了解释变量 CAR，模型 4 在模型 3 的基础上，增加了 ZBJL，并且控制了时间变量因素。从模型 1 的估计结果来看，大部分解释变量对税负支付率形成了较为显著的影响。经过模型 1 各个变量的测定，它们的 VIF 平均为 1. 23，最大为 1. 63，表明模型 1 中多重共线性问题并不严重，可以忽略不计。从 LR 的检验结果来看，模型 2、模型 3 和模型 4 之间存在显著差异，说

---

① 由于篇幅所限，表 5 - 8 中省略了公司变量和时间变量的详细估计结果。

明引入不同的解释变量和控制时间变量对模型估计结果有较大影响。再对各个模型的对数似然值作比较,模型 4 的对数似然值为最大。因此,本章将根据模型 4 的估计结果来分析银行税负支付水平的形成机制。

表 5 - 8   模型组估计结果

代号	模型 1	模型 2	模型 3	模型 4
常数项	23.583 *** (4.398)	26.653 *** (16.707)	29.023 *** (12.335)	26.088 *** (7.917)
NPL	0.989 *** (4.212)	0.549 *** (4.905)	0.515 *** (4.660)	0.519 *** (5.098)
IOIR	-0.342 *** (-4.825)	-0.131 *** (-3.374)	-0.141 *** (-3.593)	-0.169 *** (-3.918)
CIR	0.202 *** (5.614)	0.197 *** (6.714)	0.182 *** (5.842)	0.183 *** (6.148)
DLR	0.075 *** (3.164)	0.070 *** (5.163)	0.069 *** (4.931)	0.067 *** (4.951)
RGDP	-0.446 (-1.631)	-0.630 *** (-4.689)	-0.637 *** (-4.724)	-0.497 *** (-2.792)
CAR	-0.186 (-1.621)	—	-0.130 (-1.339)	-0.160 (-1.608)
ZBJL	0.335 * (1.672)	—	—	0.146 (1.252)
σ_v	—	-1.282 (-1.075)	-1.168 (-0.785)	-1.012 (-1.137)
σ_u	—	1.007 *** (13.345)	1.001 *** (12.634)	0.996 *** (12.489)
σ_w	—	1.428 *** (23.592)	1.428 *** (21.741)	1.425 *** (23.148)
对数似然值	-1602.957	-1500.191	-1499.175	-1498.389

注:* 表示在 10% 水平上显著, *** 表示在 1% 水平上显著。

从模型 4 的估计结果可以看出:银行的不良贷款率、成本收入比和存贷比对税负支付率具有显著的正向影响,中间业务收入占比和实际增长率对税负支付率具有显著的负向影响,而资本充足率和准备金率对税负支付率的影响不显著。模型估计结果基本与假设一致。

不良贷款率的上升多数是由于银行采取高风险资产的信贷投资策略所致,通过提高信贷收入占比的手段实现高利润的回报,银行的税收支付率自然上升。CIR 上升意味着业务成本上升,导致利润总额和所得税费用下降,但是所得税费用下降的速度小于利润总额下降的速度,因此,TPR 反而上升。存贷比上升从另一个角度说明了银行追求信贷投放效率,提高信贷收入占比,导致银行税收支付率上升的结果。中间业务收入占比上升,利息收入占比就会下降,导致营业税相对下降,从而使税负支付率下降。实际增长率上升表明,经济处于旺盛期,银行利润总额、营业税和所得税均会上升,但是营业税和所得税上升的速度小于利润总额上升的速度,从而导致 TPR 下降。

5.5.4 方差分解

在模型4估计结果的基础上,表5-9进一步显示出对双方影响能力的各种效果估计。可见,财政当局和商业银行双方的影响能力对税负支付率的最终形成均具有重要作用。其中,相对于商业银行,财政当局对税负支付形成表现出具有更强的影响能力,导致影响能力因素的综合效果为 $E(w-u)=\sigma_w-\sigma_u=1.451$。无法解释部分总方差 $\sigma_v^2+\sigma_u^2+\sigma_w^2$ 中有 99.47% 由财政当局和商业银行的信息因素所贡献。在信息因素对价格的总影响中,财政当局相对于商业银行处于信息的优势地位,达到 70.22%,商业银行的影响比重为 29.78%。影响比重的差距表明,财政当局与商业银行双方有关银行税负的综合影响导致实际税收支付率比均衡税收支付率要高。

表5-9 影响能力的效果分析

变量含义	符号	估计系数
随机误差项	σ_v	0.3635
商业银行影响能力	σ_u	2.7086
财政当局影响能力	σ_w	4.1593
综合影响能力	$\sigma_w-\sigma_u$	1.4507
随机误差项总方差	$\sigma_v^2+\sigma_u^2+\sigma_w^2$	24.7686
总方差中影响因素比重	$(\sigma_u^2+\sigma_w^2)/(\sigma_v^2+\sigma_u^2+\sigma_w^2)$	99.47%
商业银行影响能力比重	$\sigma_u^2/(\sigma_u^2+\sigma_w^2)$	29.78%
财政当局影响能力比重	$\sigma_w^2/(\sigma_u^2+\sigma_w^2)$	70.22%

5.5.5 效果分布测算与分析

从表 5－10 的估计结果来看，在商业银行税负形成方面，财政部门相对于商业银行表现出更强的影响能力，能使实际税负支付率高于均衡税负支付率 80.21%；商业银行使实际税负支付率高于均衡税负支付率 72.83%；两者的净效果导致实际税负支付率比均衡税负支付率高出 7.38%。

表 5－10 的 Q1～Q3 数据呈现了净效果的分布特征，说明并非所有商业银行都处于劣势地位。由 Q1 的统计结果可知，有 1/4 的商业银行实际税负水平低于均衡税负水平 23.03%。Q3 的统计结果来看，另有 1/4 的商业银行实际税负水平高于均衡税负水平 35.99%。

表 5－10　　　　　　　　财政当局和商业银行获得的效果分布　　　　单位：%

变量	平均值	标准差	Q1	Q2	Q3
财政当局获得效果：$E(1-e^{-w_i}\mid\xi_i)$	80.21	16.25	62.14	80.94	98.12
商业银行获得效果：$E(1-e^{-u_i}\mid\xi_i)$	72.83	14.66	62.13	62.21	85.16
净效果：$E(e^{-u_i}-e^{-w_i}\mid\xi_i)$	7.38	29.37	－23.03	18.74	35.99

第6章

银行信贷结构的政策成因

本章主要包括以下内容：首先是对 PVAR 模型的简要介绍；其次是选择变量进行统计性描述；最后对 SIR、TPR、CAR、NIM 四个变量实施 PVAR 估计。本章样本银行为 66 个商业银行，包括 5 家大型银行，12 家股份制银行和 49 家城市商业银行，时间维度为 2008~2014 年，为平衡面板数据。

6.1 PVAR 模型设定

6.1.1 PVAR 模型介绍

向量自回归（VAR）模型由西姆斯（Sims）于 1980 年首次提出，该模型之后在经济学研究中得到非常广泛的使用。在传统向量自回归模型中不必判别内生变量与外生变量，因为所有的变量均被视为内生的，对模型的系数也没有约束，每个方程的解释变量相同，即都是各个被解释变量若干期的滞后值。然而，当模型中变量个数增加时，向量自回归模型中需要进行估计的参数也会随之成倍增加。这样，除非我们能够得到足够多的样本个数，通常需要有相当长时间内的数据，否则无法对模型参数进行有效和准确的估计。而面板数据能够获取更多的样本观察值，因此可以相对放松对时间跨度的要求。同时，面板数据中存在无法观测到的个体异质性（即时间效应和个体效应，包括地理区位和自然禀赋等差别），这一缺点可以由向量自回归模型来弥补，具体方法是通过分析各变量在受到冲击时的动态反应（车维汉和王茜，2009）。面板向量自回归（PVAR）模型结合了传统向量自回归模型与面板回归模型的优点，还能解决多重共线性问题。因此，面板向量自回归模型近年来得到广泛应用。

PVAR 模型由埃金（Eakin，1988）首次提出，后经考斯基（Coskey）、卡奥和韦斯特隆德（Kao and Westerlund）等学者的发展，已成为一个兼具时序分析与面板数据分析优势的成熟模型。PVAR 方程是多元系统方程，把所有变量看成一个内生系统来处理，所有变量的滞后项均考察在内，能够真实反映变量间的互动关系；该模型不但可以解决变量内生性问题，而且有效刻画了系统变量间的冲击反应和方差分解。由于 VAR 模型是一种非理论性的模型，它的系数意义不大，本章在分析 VAR 模型时，不直接对 PVAR 模型参数估计结果进行经济分析和政策评价，而是采用基于 PVAR 模型的脉冲响应函数和方差分解技术，分析各政策因素的外生扰动对信贷结构所产生的动态效应。

PVAR 模型的具体形式设定如下：

$$Y_{i,t} = \Gamma_0 + \sum_{j=1}^{q} \Gamma_j Y_{i,t-j} + u_{i,t}, \ u_{i,t} = f_i + \varepsilon_{i,t}$$

其中，$Y_{i,t}$ 表示内生变量矩阵，$Y_{i,t-j}$ 是由内生变量滞后项构成的解释变量矩阵。向量 $Y_{i,t} = (SIR, \ NIM, \ CAR, \ TPR)'$，$\Gamma_j$ 是滞后第 j 阶的估计矩阵，$u_{i,t}$ 表示复合误差，f_i 代表固定效应，体现各个行业之间的差异，$\varepsilon_{i,t}$ 为随机扰动项。

6.1.2 数据选取与变量确定

由于各章选取的变量不同，部分商业银行变量的数据又存在不同程度的缺失，导致各章的样本银行选取存在差异。本章在第 5 章的基础上又剔除了 7 个城市商业银行（宁夏银行、兰州银行、柳州银行、大同银行、绍兴银行、鞍山银行和南充银行），结果选取了 66 个商业银行，包括 5 家大型银行，12 家股份制银行和 49 家城市商业银行，时间维度为 2008～2014 年，形成平衡面板数据。下面就收集数据过程中出现的问题进行说明：

（1）本书行业贷款数据取自各商业银行年报中的"按行业划分的境内公司类贷款结构表"，为的是与国内生产总值中的第一产业、第二产业及第三产业作比较。如果没有划分境内与境外则取总值。一般而言，股份制和城商行的基本上没有或者很少有境外业务。银行的数据在最初年份改动较为随意，尤其是城商行表现为多。当年度报告披露的数据不一致，一般以靠后年份的年度报告披露数据为准，默认其为调整追溯。例如，某数据在 2009 年和 2008 年的年度报告中出现差异，除明示为错误外，以 2009 年年度报告中的数据为准。

（2）各个银行的行业贷款，其最初披露行业名称不一致，包含内容也有差异，有的细分不到位。例如大部分银行行业分类中有批发和零售业、住宿和餐饮业两类，而浦发银行 2008 ~ 2012 年一直将批发和零售贸易、餐饮业归并在一起，直到 2013 年才开始分成上述两类。为了数据统一后作比较，最后将其合并。

（3）由于大部分银行贷款中，农林牧渔业占比较少，以及部分第三产业的部分行业占比较少，这两类往往在一些银行的数据里没有明确列出，将其并归于其他行业。更多的规模较小、成立较晚的城市银行没有说明其他行业具体包括哪些行业，而且其占比还较高。规模相对较大、披露较为规范的银行，它们的其他行业占比往往在 3% 左右。例如，招商银行 2008 ~ 2010 年的年报中披露其他行业包括主要包括主要包括教育、文化、体育、社会福利等行业；2011 ~ 2014 年的年报中的其他行业则变为金融、农林牧渔、住宿和餐饮、卫生和社会工作等行业。

（4）各个银行年度报告中的部分服务业，有的表达为商业及服务业、商贸及服务业、商业贸易业、公共事业，而在国民经济行业分类代码表（GB/T 4754—2011）规范表述有：租赁和商务服务业、居民服务、修理和其他服务业。例如，富滇银行 2007 ~ 2010 年的年报中披露采用了商贸及服务业表述。长安银行在 2009 ~ 2012 年使用商业贸易业表述。

因此，结合数据的实际情况，本章选取第二产业信贷占比指标来衡量行业信贷结构。各个商业银行的第二产业信贷占比 SIR = 银行第二产业信贷/银行总信贷金额。各个商业银行总贷款为年度报告附注中的按行业划分的境内公司类贷款，不包括个人贷款和境外贷款。依照根据《国民经济行业分类》（GB/T 4754—2011），国家统计局 2013 年制定了三次产业划分规定，第一产业是指农、林、牧、渔业（不含农、林、牧、渔服务业），第二产业包括采矿业或称采掘业（不含开采辅助活动），制造业（不含金属制品、机械和设备修理业），建筑业以及电力、热力、燃气及水生产和供应业（或称发电和供电或能源化工业）等行业。

6.1.3 第二产业信贷占比水平

从图 6-1 可以看出，2008~2014 年间，银行的第二产业信贷投放比例 SIR 基本上在 40% 左右，2009~2011 年缓慢上升，2012 年以后开始下降。其中 2008~2009 年，大型银行和股份制银行有一个快速下降，从 50% 下降到 40%；同期，城商行 SIR 呈缓慢上升态势。到 2014 年，大型银行 SIR 为 42.06%，股份制银行为 38.68%，城商行为 41.04%。

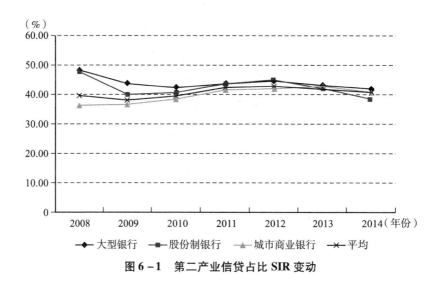

图 6-1 第二产业信贷占比 SIR 变动

6.2 SIR 的 PVAR 模型估计

6.2.1 面板单位根检验

从表 6-1 中各变量的单位根检验结果观察，综合来看，绝大部分的检验方法拒绝了原假设，即变量并不存在单位根。可以认为 SIR、TPR、CAR、NIM 均为 I(0) 单整变量，选择上述变量直接进行模型估计不会存在虚假回归现象。

表 6-1   各变量平稳性检验结果

变量	LLC	IPS	ADF	PP	结论
SIR	-12.242 *** (0.000)	-1.887 ** (0.029)	179.095 *** (0.004)	211.334 *** (0.000)	平稳
TPR	-29.025 *** (0.000)	-8.182 *** (0.000)	315.329 *** (0.000)	367.194 *** (0.000)	平稳
CAR	-28.376 *** (0.000)	-9.527 *** (0.000)	341.178 *** (0.000)	439.210 *** (0.000)	平稳
NIM	-19.413 *** (0.000)	-6.238 *** (0.000)	280.046 *** (0.000)	374.770 *** (0.000)	平稳

注：** 表示在5%水平上显著，*** 表示在1%水平上显著。

根据 PVAR 方法，本章选取第二产业信贷占比（SIR）的信贷结构变量，加上税负支付率（TPR）、资本充足率（CAR）和净利差（NIM），构建如下实证模型：

$$SIR_t = \alpha_1 SIR_{t-1} + \alpha_2 NIM_{t-1} + \alpha_3 CAR_{t-1} + \alpha_4 TPR_{t-1} + \cdots +$$

$$\alpha_{4i-3} SIR_{t-i} + \alpha_{4i-2} NIM_{t-i} + \alpha_{4i-1} CAR_{t-i} + \alpha_{4i} TPR_{t-i} + \varepsilon_t \quad (6.1)$$

下面就关于 SIR 的 PVAR 模型进行分析。

6.2.2 模型滞后阶数选择

从表 6-2 中可知，根据各个信息标准最小化原则，这里选取 PVAR(2) 模型。因此构建模型为：

$$SIR_t = \alpha_1 SIR_{t-1} + \alpha_2 NIM_{t-1} + \alpha_3 CAR_{t-1} + \alpha_4 TPR_{t-1} +$$

$$\alpha_5 SIR_{t-2} + \alpha_6 NIM_{t-2} + \alpha_7 CAR_{t-2} + \alpha_8 TPR_{t-2} + \varepsilon_t \quad (6.2)$$

表 6-2   PVAR 模型的滞后阶数选择

滞后阶数	AIC	BIC	HQIC
1	23.259	26.482	24.545
2	18.629 *	22.638 *	20.240 *
3	20.073	25.254	22.170
4	19.826	26.990	22.737

注：* 表示在10%水平上显著。

6.2.3 面板误差项方差分解

为了说明 NIM、CAR 和 TPR 的冲击对 SIR 的影响，我们在这里使用了方差分解来加以说明。从表 6-3 的分析可以得到。

从第 1 期到第 10 期，NIM 对 SIR 误差项的解释能力在第 3 期突然跳升到 19.60%，第 8 期到第 10 期稳定在 26.90%；CAR 对 SIR 误差项的解释能力在第 4 期跳升到 1.30%，随后缓慢上升，第 6 期到第 10 期稳定在 2.30%；TPR 对 SIR 误差项解释能力逐步缓慢增长至 1%。相比之下，NIM 的解释能力更强一些，说明利率市场化政策相对来讲更能显著地影响商业银行的产业信贷结构，而资本监管政策和税收政策影响力稍弱，而 SIR 自身的解释能力最后稳定在 70% 左右。

表 6-3   面板误差项方差分解

变量	期数	SIR	NIM	CAR	TPR	变量	期数	SIR	NIM	CAR	TPR
SIR	1	1.000	0.000	0.000	0.000	SIR	6	0.708	0.263	0.023	0.005
SIR	2	0.929	0.070	0.000	0.001	SIR	7	0.702	0.267	0.023	0.007
SIR	3	0.801	0.196	0.001	0.001	SIR	8	0.699	0.269	0.023	0.009
SIR	4	0.742	0.243	0.013	0.002	SIR	9	0.698	0.269	0.023	0.010
SIR	5	0.720	0.256	0.021	0.003	SIR	10	0.697	0.269	0.023	0.010

6.2.4 脉冲响应函数分析

接下来我们利用脉冲响应函数对 PVAR 模型估计的结果进行进一步检验。脉冲响应函数描述的是在随机误差项上施加 1 个单位的冲击后对内生变量当期和未来值的影响。图 6-2 表现了第二产业信贷占比（SIR）、税负支付率（TPR）、资本充足率（CAR）和净利差（NIM）之间的动态关系，其中中间线表示脉冲响应函数，上下两条线分别表示正负两倍标准差的偏离带。

从图 6-2 可以看出，当在本期给 NIM 一个正冲击之后，会引起 SIR 大幅下降，到第 2 期降至最低值，随后开始逐渐上升，但是一直表现为负向影响，说明净利差的提高会迅速降低第二产业信贷投放的比重，而且这种效果会保持一段时间。当在本期给 CAR 一个正冲击之后，结果是 SIR 在前 2 期缓慢上升，呈现正向效应，到第 3 期升至最高值，随后开始逐渐下降，最后这种正向效应缓慢消失，说明资本充足率提高会导致第二产业信贷投放比重上升，但是这种效果会慢慢减弱至消失。当在本期给 TPR 一个正冲击，经过市场传递之后，会引起 SIR 波动性下降，随后下降力度逐渐减弱，但是这种负向影响会持续相当长的时间，说明税负支付率上升了，会降低第二产业的信贷投放比重，这种效果会有一定的持续性。

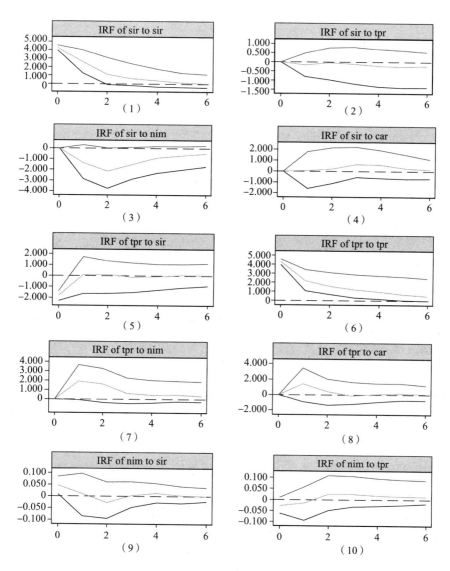

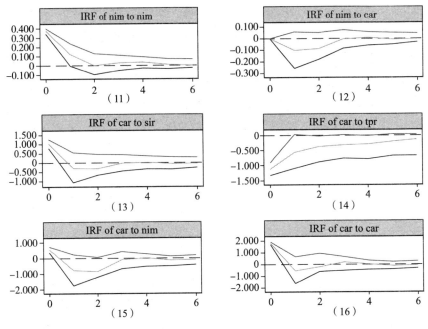

图 6-2　SIR、TPR、NIM、CAR 的 PVAR(2) 脉冲响应

由 PVAR(2) 模型可以得到关于信贷结构的利率市场化改革、资本监管政策与银行税负政策之间的影响关系，以及商业银行的净利差水平、资本充足水平和税负水平的变化。

三种经济政策会使银行的相关指标发生变化。存贷款利率市场化使得商业银行的净利差发生变动，影响到银行利润水平。如果这种影响力度较大而不容忽视，银行会选择将资金投向存贷差更高的行业。资本监管压力变大，同样会使银行调整信贷结构，将资金投向风险较低的行业。如果税收政策使得银行税负压力过大，对利润产生影响，银行会通过调整信贷结构扩大净利差，来增加利润水平。

具体来看，SIR 的变化一方面是由于自身存在较强的惯性；另一方面是由于受到经济政策的影响。

从表 6-4 的估计结果来看，NIM 的滞后项对 SIR 的负向影响是显著的，这与实际情况相符。一般而言，存贷款利率市场化一方面使得存款利率不断上升，即使贷款利率不受影响，也会造成大部分商业银行存贷利差收窄，盈利压力会使银行寻找贷款利率更高的第二产业投放资金。于是，NIM 的不断下降导致了 SIR 不断上升 [见图 6-2 (3)]。理论上分析，SIR 的上升应该促使 NIM

变大，但是实证结果表示，SIR 对 NIM 的影响并不显著。图 6 - 2 的估计结果显示，SIR 不断上升虽然提高了 NIM，但是 2 年后 NIM 仍然变成了负值，随后又开始有微弱的上升［见图 6 - 2（9）］。综合估计结果表明，NIM 的下降促使银行主动提高了 SIR，而 SIR 的提高似乎对 NIM 的作用只有偏正的短期效应，这种效应显现出逐渐减弱的迹象。

表 6 - 4 的估计结果显示，CAR 的滞后项对 SIR 的影响不显著，表明了影响的不确定性。根据图 6 - 2 做尝试性解释，一般认为，资本监管政策对资本充足率要求越高，银行来自资本的监管压力越大。换言之，资本充足率越高（假设已经达标）的银行，其投放风险较低行业贷款的动力不足，因此更愿意投放到贷款利率更高的第二产业，这样 SIR 在 1 年后上升［见图 6 - 2（4）］，导致潜在风险水平上升，由于风险存在滞后性，CAR 会 SIR 在 1 年内由正变负［见图 6 - 2（13）］。一般当到了监管标准线附近时，银行才会降低第二产业占比，提高第三产业占比，如此形成循环。

TPR 的滞后项对 SIR 的影响也不显著。结合图 6 - 2 来看，如果银行的税负水平 TPR 较高，会对银行的盈利能力形成不利影响。银行会降低 SIR［见图 6 - 2（2）］，转向税收优惠力度更大的第三产业，SIR 的下降存在短暂的滞后效应，在 1 年内使得高税负水平迅速下降到 0 附近。

从表 6 - 4 还可以看到，虽然 CAR 和 TPR 的滞后项对 SIR 的影响不显著，但是 CAR 的滞后项对 NIM 有显著的负向影响，TPR 的滞后项又对 CAR 有显著的负向影响，这样 CAR 的滞后项间接地对 SIR 产生正向影响，TPR 的滞后项间接地对 SIR 产生负向影响。

表 6 - 4　　　　　　　　　　　　　　PVAR 模型估计结果

项目	SIR(t-1)	SIR(t-2)	NIM(t-1)	NIM(t-2)	CAR(t-1)	CAR(t-2)	TPR(t-1)	TPR(t-2)
SIR	0.618 *** (4.940)	- 0.058 (- 1.200)	- 3.695 * (- 1.950)	- 1.765 * (- 1.690)	0.055 (0.050)	- 0.035 (- 0.280)	- 0.059 (- 0.270)	0.013 (0.150)
NIM	0.005 (0.600)	- 0.006 (- 1.400)	0.408 *** (2.750)	- 0.107 (- 1.630)	- 0.056 (- 1.090)	- 0.030 * (- 1.680)	- 0.016 (- 0.840)	0.000 (- 0.010)
CAR	- 0.077 (- 1.220)	- 0.027 (- 0.910)	- 1.613 (- 1.490)	- 1.338 ** (- 2.170)	- 0.306 (- 0.820)	- 0.119 (- 1.060)	- 0.222 * (- 1.870)	- 0.061 (- 1.160)
TPR	0.113 (0.930)	0.010 (0.180)	3.947 * (1.940)	1.140 (1.010)	0.774 (1.090)	0.122 (0.480)	0.743 *** (3.270)	0.146 (1.460)

注：*、**、*** 分别表示 10%、5% 和 1% 水平下显著，括号内为 Z 统计量值。

第7章

银行信贷结构的偏产出效应

本章主要包括两节内容：首先是对动态面板模型的简要介绍，选择变量进行统计性描述；然后分别构建盈利水平和风险水平的动态面板模型，估计银行信贷结构的偏产出效应。本章样本银行为 66 个商业银行，包括 5 家大型银行，12 家股份制银行和 49 家城市商业银行，时间维度为 2008~2014 年，为平衡面板数据。

7.1 研 究 设 计

7.1.1 动态面板模型

大部分经济关系都具有动态性，面板数据的优势之一就在于它可以更好地挖掘出变量之间的变化特征。为了细致考察信贷结构对银行盈利能力和风险水平的动态影响，在模型中引入因变量的一阶滞后项作为解释变量，以控制因变量的累积效应，即为动态面板模型。由于因变量滞后项的出现，一方面会导致模型的内生性问题，另一方面会导致自相关的问题，如果使用传统的固定效应或随机效应的面板处理技术，会造成估计系数有偏，从而使根据参数而推断的经济学含义发生扭曲，阿雷拉诺和巴恩德（Arellano and Bond，1991），阿雷拉诺和博韦尔（Arellano and Bover，1995）提出 GMM 估计很好地解决了上述问题。

目前，对动态面板模型的处理主要有差分广义矩估计（First-Differenced GMM，FD-GMM）和系统广义矩估计（System GMM，SYS-GMM）。这两种估计方法允许模型中其他非严格外生解释变量的存在，随机误差项中的异质性冲击部分可以具有个体差异性及序列相关性，并且假设其与截面个体不相关。在实际应用中，线性广义矩估计可分为两步，即一步广义矩和两步广义矩估计。

考虑线性动态面板数据模型为：

$$Y_{it} = \sum_{j=1}^{p} \rho_j Y_{it-j} + X'_{it} \beta + \delta_i + \varepsilon_{it} \tag{7.1}$$

首先进行差分，消去个体效应得到方程为：

$$\Delta Y_{it} = \sum_{j=1}^{p} \rho_j \Delta Y_{it-j} + \Delta X'_{it} \beta + \Delta \varepsilon_{it} \tag{7.2}$$

对方程（7.2）进行有效的 GMM 估计是为每个时期设定不同数目的工具，这些时期设定的工具相当于一个给定时期不同数目的滞后因变量和预先决定的变量。这样，除了任何严格的外生变量，可以使用相当于滞后因变量和其他预先决定的变量作为时期设定的工具。例如，方程（7.2）中使用因变量的滞后值作为工具变量，假如在原方程中这个变化是独立同分布的，然后在 $t = 3$ 时，第一个时期观察值可作为该设定分析，很显然 Y_{i1} 是很有效的工具，因为它与 ΔY_{i2} 相关的，但与 $\Delta \varepsilon_{i3}$ 不相关。类似地，在 $t = 4$ 时，Y_{i2} 和 Y_{i1} 是潜在的工具变量。以此类推，对所有个体 i 用因变量的滞后变量，形成预先的工具变量：

$$W_i = \begin{bmatrix} Y_{i1} & 0 & 0 & \cdots & \cdots & \cdots & \cdots & 0 \\ 0 & Y_{i1} & Y_{i2} & \cdots & \cdots & \cdots & \cdots & 0 \\ \cdots & \cdots & \cdots & \cdots & \cdots & \cdots & \cdots & \cdots \\ 0 & 0 & 0 & \cdots & Y_{i1} & Y_{i2} & \cdots & Y_{iT_i-2} \end{bmatrix} \tag{7.3}$$

假设 ε_{it} 不存在自回归，设定的最优 GMM 加权矩阵为：

$$H^d = (M^{-1} \sum_{i=1}^{M} Z'_i \Xi Z_i)^{-1} \tag{7.4}$$

其中 Ξ 是矩阵，$\Xi = \dfrac{1}{2} \begin{bmatrix} 2 & -1 & 0 & \cdots & 0 & 0 \\ -1 & 2 & 0 & \cdots & 0 & 0 \\ \cdots & \cdots & \cdots & \cdots & \cdots & \cdots \\ 0 & 0 & 0 & \cdots & 2 & -1 \\ 0 & 0 & 0 & \cdots & -1 & 2 \end{bmatrix} \sigma^2$

其中 Z_i 包含严格外生变量和预先决定变量的混合，该加权矩阵用于一步广义矩估计。给定了一步广义矩估计的残差后，用估计计算的 White 时期协方差矩阵来代替加权矩阵 H^d：

$$H = (M^{-1} \sum_{i=1}^{M} Z_i' \Delta\varepsilon_i \Delta\varepsilon_i' Z_i)^{-1} \tag{7.5}$$

该加权矩阵即在两步广义矩估计中用到的矩阵。选择两者中一个方法来改变最初的方程，以消除对总体偏离而计算的个体效应。

7.1.2　数据选取与变量确定

本章收集 2008~2014 年间 66 家商业银行年度报告的面板数据，建立 SIR 的动态面板模型，运用 GMM 估计方法，揭示信贷结构对盈利水平和风险水平产生的影响。

我国商业银行的盈利水平和风险水平变动受到多方面因素的影响，本章主要将其分为内部因素和外部因素两个方面来作分析。内部的影响因素多表现为商业银行微观个体的自身特征，有的变量例如投入变量和产出变量，在计算银行经营效率时，其影响作用已经得到体现，这里不将这些变量纳入模型。外部的影响因素即为宏观经济方面，以及政府部门的政策调控方面。本章以信贷结构为核心自变量，并考虑信贷规模变量以及两者的交叉效应。信贷规模变动变量用贷款增长率（DLOAN）反映，其计算公式为：$DLOAN_{j,t} = $（第 t 年的贷款余额 – 第 t–1 年的贷款余额)/第 t–1 年的贷款余额，其中 j 代表第 j 家银行。控制变量主要分为内部因素和外部因素两个方面。内部的影响因素多表现为商业银行微观个体的自身特征，包括资产流动性水平（流动比率，LR）、运营管理能力（成本收入比，CIR）、业务创新程度（中间业务收入占比，IOIR）、市场占有水平（市场份额，MS）、客户信贷竞争程度（贷款集中度，DKB）、是否上市融资（上市公司虚拟变量，IPO）。外部的影响因素包括货币供给政策（货币供应量 M2 增长率，M2；存贷基准利差，JZLC；准备金率，ZBJL）和宏观经济指标（实际经济增长率，RGDP）。其中，贷款集中度为单一最大客户贷款比，其计算公式为单一最大客户贷款余额/资本净额。存贷基准利差是按照一年中逐月计算加权平均后的金融机构一年期名义贷款利率减去名义存款利率。个体特征变量的数据摘自各大商业银行公布的年度报告，年报中缺失的部分数据从 BANKSCOPE 数据库（依照 Local GAAP 口径）对比选取，或者按相关公式计算补充。M2 增长率、准备金率、存贷基准利率的基础数据取自中国人民银行网站。

7.1.3　主要变量的统计性描述

表 7 - 1 列举的是变量的统计性描述，图 7 - 1 直至图 7 - 3 则展示了部分变量 2008 ~ 2014 年的变动趋势。

表 7 - 1　　　　　　　　　　　**变量的统计性描述**　　　　　　　　单位：%

变量	均值	标准差	最小值	最大值
ROAA	1.18	0.36	0.15	2.39
NPL	1.17	1.13	0.00	13.97
SIR	40.78	10.96	7.21	80.00
LR	50.86	13.51	27.60	112.50
IOIR	5.34	3.98	0.20	29.48
CIR	34.06	7.40	12.34	77.15
DLR	63.00	10.59	27.30	92.45
MS	1.08	2.75	0.01	15.64
DKB	8.58	15.72	0.86	164.00
M2	17.35	5.19	11.01	28.42
JZLC	3.07	0.09	2.97	3.27
ZBJL	15.89	1.66	13.5	20.63
RGDP	8.81	1.15	7.30	10.60

7.1.3.1　平均资产回报率（ROAA）

由图 7 - 1 可知，2008 ~ 2014 年间，中国商业银行的平均资产回报率总体表现出先升后降的变动特征，三类银行的走势与平均走势趋于一致，可大致分为两个阶段。2008 ~ 2011 年间，受国家经济刺激政策的影响，中国商业银行的平均资产回报率呈现上升态势，期间城商行的盈利水平最高，大型银行次之，股份制银行最低。2012 ~ 2014 年，随着国际经济形势的不断恶化，银行的平均资产回报率总体开始下降，期间大型银行下降较慢，盈利水平也变为最高，城商行降为第二位，股份制银行仍然是最低。

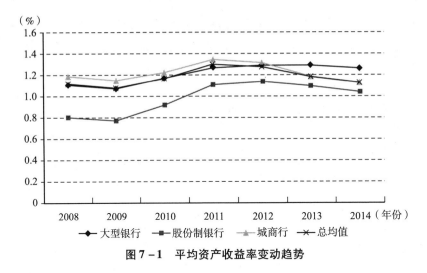

图7-1　平均资产收益率变动趋势

7.1.3.2　贷款集中度（DKB）

由图7-2可知，2008～2014年间，中国商业银行的平均资产回报率总体表现出倒平J字的变动特征，三类银行的走势与平均走势基本趋于一致，可大致分为两个阶段。2008～2010年间，受国家信贷调控政策的影响，银行的贷款集中度呈现快速下降态势。2008年，城商行的贷款集中度远远高于股份制银行和大型银行，表现出其高危的贷款集中风险。2008～2011年期间城商

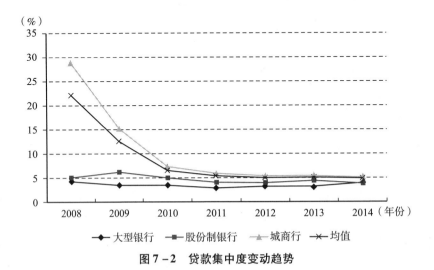

图7-2　贷款集中度变动趋势

行的贷款集中度快速下降，但是到 2010 年仍为最高，不过与其他银行差距大幅缩小；股份制银行和大型银行的贷款集中度下降速度较慢，但仍然比城商行要低。2011 ~ 2014 年，三类银行的贷款集中度变化幅度很小，保持水平线的基础上缓慢地下降状态，其中城商行稍高，股份制银行和大型银行次之。

7.1.3.3　M2 增长率（M2）

由图 7 - 3 可知，2008 ~ 2014 年间，M2 增长率的表现是快速升高，然后逐步下降。2008 年 M2 增长率为 17.79%，2009 年受宽松货币政策的影响快速升至最高为 28.42%，随后国家开始控制信贷的过度增长，近几年稳步走低，2014 年降为 11.01%。

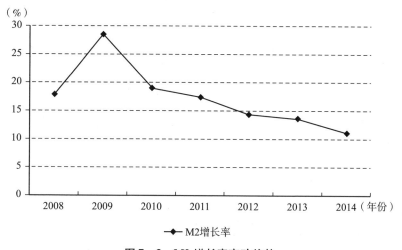

图 7 - 3　M2 增长率变动趋势

7.1.4　面板单位根检验

从表 7 - 2 中各变量的单位根检验结果观察，综合来看，绝大部分的检验方法拒绝了原假设，即变量并不存在单位根。可以认为 TE、CAR、IOIR、ISL、FDL、NOER 均为 I(0) 单整变量，选择上述变量直接进行模型估计不会存在虚假回归现象。

表 7 - 2 　　　　　　　　各变量平稳性检验结果

变量	LLC	IPS	ADF	PP	结论
ROAA	-15. 986 *** (0. 000)	-2. 902 *** (0. 008)	201. 946 *** (0. 000)	251. 423 *** (0. 000)	平稳
LR	-15. 274 *** (0. 000)	-5. 012 *** (0. 000)	247. 120 *** (0. 000)	352. 529 *** (0. 000)	平稳
IOIR	-6. 668 *** (0. 000)	-0. 135 (0. 554)	149. 274 (0. 144)	201. 078 *** (0. 000)	平稳
CIR	-21. 275 *** (0. 000)	-3. 690 *** (0. 000)	206. 481 *** (0. 000)	242. 797 *** (0. 000)	平稳
DLR	-10. 359 *** (0. 000)	-1. 273 (0. 102)	168. 851 ** (0. 019)	220. 091 *** (0. 000)	平稳
MS	-11. 864 *** (0. 000)	-3. 604 (0. 999)	100. 539 (0. 981)	173. 093 ** (0. 010)	平稳
DKB	-382. 405 *** (0. 000)	-47. 893 *** (0. 000)	340. 048 *** (0. 000)	449. 800 *** (0. 000)	平稳
M2	-86. 427 *** (0. 000)	-14. 300 *** (0. 000)	691. 195 *** (0. 000)	1077. 11 *** (0. 000)	平稳
JZLC	-99. 451 *** (0. 000)	-16. 895 *** (0. 000)	762. 559 *** (0. 000)	1215. 76 *** (0. 000)	平稳
ZBJL	-18. 126 *** (0. 000)	-0. 065 (0. 526)	135. 871 (0. 391)	239. 073 *** (0. 000)	平稳
RGDP	-8. 280 *** (0. 000)	-1. 555 (0. 940)	178. 973 *** (0. 000)	328. 454 *** (0. 000)	平稳

注： *** 、 ** 分别代表在1% 、5% 的水平上显著，括号内为伴随概率值。

7.2　动态面板模型估计

7.2.1　ROAA 的 SIR 估计

构建银行信贷结构的动态面板回归模型，考量当前银行信贷结构对盈利能力带来的影响。构建的模型具体表达式如下：

$$ROAA_{i,t} = a_0 + a_1 ROAA_{i,t-1} + a_2 DLOAN_{i,t} + a_3 SIR_{i,t} + a_4 SLT_{i,t} + a_5 LR_{i,t}$$
$$+ a_6 IOIR_{i,t} + a_7 CIR_{i,t} + a_8 DLR_t + a_9 MS_t + a_{10} DKB_t + a_{11} IPO$$
$$+ a_{12} M2 + a_{13} JZLC + a_{14} ZBJL + a_{15} RGDP \tag{7.6}$$

本节建立了包含信贷规模和信贷结构两者交互效应的 4 个动态面板模型，其中模型 1 为 OLS 稳健性估计，模型 2 为静态固定效应稳健性面板估计，模型 3 为两步 FD‒GMM 动态稳健性估计，内生变量的工具变量为其 2～3 阶滞后项，模型 4 为两步 FD‒GMM 动态稳健性估计，内生变量的工具变量为其 2 阶滞后项。相对于 FD‒GMM，SYS‒GMM 并没有太大的估计优势，反而会因为使用了过多的工具变量而导致检验力下降，因此采用两阶段的 FD‒GMM 估计方法（Arellano and Bond，1991）。

首先需要判断 FD‒GMM 估计有效的两个前提是否成立。一方面，要求在所有 AR 检验中，AR(1) 显著通过残差项序列相关的假设，AR(2) 则拒绝序列相关的假设。另一方面，要求汉森（Hansen）检验结果至少在 5% 的显著性水平上无法拒绝"所有工具变量都有效"的原假设。两方面的条件满足，这就说明 FD‒GMM 估计是适用的。

表 7‒3 显示，经过比较，模型 1 至模型 4 的 AR(1) 和 AR(2) 检验结果表明各个模型的残差均存在一阶自相关，不存在二阶自相关；同时 Hansen 检验均接受"所有工具变量都有效"的原假设，表明模型的工具变量联合有效，故模型 1 至模型 4 均符合 FD‒GMM 的估计要求。

SIR 对 ROAA 存在一定程度的显著正向影响关系。在 DLOAN 的均值处，当 SIR 增加 1 个百分点，ROAA 会增加 0.006～0.011 个百分点，表明商业银行贷款向第二产业的行业投放时，会对银行利润增长率有正向的推动力，促使利润增长加速。DLOAN 对 ROAA 同样存在一定程度的显著正向影响关系。在 SIR 的均值处，DLOAN 增加 1 个百分点，ROAA 会增加 0.007～0.010 个百分点，表明商业银行贷款扩张时，依然会对银行利润增长率产生正向的推动作用。SLT 对 ROAA 虽然存在显著但是微弱的负向影响关系，这表明信贷投放规模和第二产业信贷结构调整二者之间呈现出微弱的替代效应，即随着第二产业信贷结构的增加，信贷投放规模对经营绩效的影响会变小，反之亦然，这里忽略不计。限于篇幅，其他控制变量不再分析。

表 7-3   FD-GMM 方法的估计结果

变量	模型 1 OLS	模型 2 静态面板	模型 3 动态面板 (2~3 阶滞后项)	模型 4 动态面板 (2 阶滞后项)
ROAA(-1)	0.637 *** (14.167)	0.316 *** (6.593)	0.133 *** (3.255)	0.130 *** (3.100)
SIR	0.007 ** (2.373)	0.011 *** (3.539)	0.010 *** (6.373)	0.006 ** (2.023)
DLOAN	0.009 * (1.707)	0.010 *** (2.915)	0.010 *** (4.103)	0.007 *** (2.711)
SLT	-0.000 (-1.485)	-0.000 *** (-2.893)	-0.000 *** (-4.870)	-0.000 ** (-2.611)
LR	0.001 (0.593)	-0.001 (-1.152)	-0.002 *** (-3.503)	-0.004 *** (-4.876)
IOIR	0.006 (1.497)	-0.002 (-0.342)	0.003 (1.485)	0.005 (1.565)
CIR	-0.010 *** (-3.495)	-0.023 *** (-7.897)	-0.031 *** (-14.939)	-0.036 *** (-12.388)
DLR	-0.003 ** (-1.974)	-0.004 * (-1.950)	-0.002 (-1.449)	-0.004 * (-1.833)
MS	-0.007 (-1.543)	-0.057 (-1.327)	-0.071 *** (-3.295)	-0.075 *** (-4.083)
DKB	0.004 * (1.844)	0.003 * (1.808)	0.001 (1.475)	0.001 (0.506)
IPO	0.018 (0.632)	0.054 (0.591)	0.020 (0.208)	-0.065 (-0.617)
M2	-0.008 * (-1.702)	-0.004 (-1.051)	-0.004 * (-1.907)	-0.001 (-0.560)
JZLC	1.308 ** (2.096)	1.703 ** (2.459)	2.179 *** (21.638)	2.073 *** (9.284)
ZBJL	0.020 * (1.909)	0.019 (1.465)	0.017 *** (5.395)	0.014 *** (4.614)
RGDP	0.052 *** (3.068)	0.033 * (1.719)	0.015 *** (3.540)	0.011 ** (2.068)
常数项	-4.070 ** (-2.402)	-4.179 ** (-2.304)	—	—
观察值数	390	390	323	323

变量	模型 1	模型 2	模型 3	模型 4
	OLS	静态面板	动态面板 (2~3 阶滞后项)	动态面板 (2 阶滞后项)
R^2	0.629	0.270	—	—
LL	61.583	155.051	—	—
AR(1)	—	—	-1.900 * (0.058)	-2.020 ** (0.043)
AR(2)	—	—	-0.360 (0.715)	-0.270 (0.789)
汉森检验 (Hansen test)	—	—	51.150 (0.997)	44.790 (0.481)

注：***、**、* 分别代表在 1%、5%、10% 的水平上显著，括号内为 t 统计量值。汉森（Hansen）检验报告卡方值，括号内为伴随概率。AR(1)、AR(2) 分别为阿雷阿诺 - 巴恩德一阶差分方程的一阶和二阶序列相关检验，括号内为 Z 统计量的伴随概率。

7.2.2　NPL 的 SIR 估计

构建银行信贷结构的动态面板回归模型，考量当前银行信贷结构对风险水平带来的影响。构建的模型具体表达式如下：

$$NPL_{i,t} = a_0 + a_1 NPL_{i,t-1} + a_2 DLOAN_{i,t} + a_3 SIR_{i,t} + a_4 SLT_{i,t} + a_5 LR_{i,t}$$
$$+ a_6 IOIR_{i,t} + a_7 CIR_{i,t} + a_8 DLR_t + a_9 MS_t + a_{10} DKB_t + a_{11} IPO$$
$$+ a_{12} M2 + a_{13} JZLC + a_{14} ZBJL + a_{15} RGDP \qquad (7.7)$$

本节建立了包含信贷规模和信贷结构两者交互效应的 4 个动态面板模型，仍然采用两阶段的 FD - GMM 估计方法。表 7 - 4 显示，经过比较，模型 1 至模型 4 的 AR(1) 和 AR(2) 检验结果表明各个模型的残差均存在一阶自相关，不存在二阶自相关；同时汉森（Hansen）检验均接受 "所有工具变量都有效" 的原假设，表明模型的工具变量联合有效，故模型 1 至模型 4 均符合 FD - GMM 的估计要求。

从动态面板的估计结构来看，SIR 对 NPL 存在一定程度的显著正向影响关系。在 DLOAN 的均值处，当 SIR 增加 1 个百分点，NPL 会增加 0.015~0.019 个百分点，表明商业银行向第二产业的行业投放贷款时，会导致银行风险水平上升。DLOAN 对 NPL 同样存在一定程度的显著正向影响关系。在 SIR 的均值处，DLOAN 增加 1 个百分点，NPL 会增加 0.014 ~ 0.018 个百分点，表明商业银行贷款规模扩张时，依然会推高银行风险水平。SLT 对 NPL 虽然存在显著但是极其微弱的负向影响关系，这表明信贷投放规模和第二产业信贷结构调整二者之间呈现出极其微弱的替代效应，即随着第二产业信贷结构的增加，信贷投放规模放大对风险水平的影响会有所抑制，反之亦然，在这里同样可以忽略不计。

表 7 - 4   FD - GMM 方法的估计结果

变量	模型 1 OLS	模型 2 静态面板	模型 3 动态面板 (2 ~ 3 阶滞后项)	模型 4 动态面板 (2 阶滞后项)
NPL(-1)	0.492 *** (4.443)	0.296 *** (6.485)	0.402 *** (23.173)	0.448 *** (11.603)
SIR	0.001 (0.167)	- 0.014 (- 1.111)	0.015 *** (3.669)	0.019 *** (4.995)
DLOAN	- 0.003 (- 0.370)	- 0.017 (- 1.173)	0.014 *** (2.858)	0.018 *** (3.910)
SLT	- 0.000 (- 0.073)	0.000 (0.926)	- 0.000 (- 1.638)	- 0.000 *** (- 2.706)
LR	0.001 (0.167)	0.003 (0.487)	- 0.002 (- 1.415)	- 0.005 ** (- 2.553)
IOIR	- 0.007 (- 1.125)	- 0.003 (- 0.147)	- 0.011 * (- 1.939)	- 0.020 *** (- 3.431)
CIR	0.002 (0.477)	- 0.002 (- 0.183)	- 0.010 *** (- 3.884)	- 0.015 ** (- 2.638)
DLR	0.007 *** (3.057)	0.013 (1.615)	0.002 (1.279)	0.003 (1.133)
MS	0.023 (1.617)	0.175 (0.989)	0.071 * (1.810)	- 0.008 (- 0.312)
DKB	- 0.002 (- 0.513)	0.004 (0.676)	- 0.001 (- 1.259)	0.001 (0.620)
IPO	- 0.143 ** (- 2.240)	- 0.125 (- 0.338)	- 0.672 *** (- 3.352)	- 0.764 *** (- 3.686)

续表

变量	模型 1	模型 2	模型 3	模型 4
	OLS	静态面板	动态面板 (2~3 阶滞后项)	动态面板 (2 阶滞后项)
M_2	−0.009 (−0.482)	0.003 (0.182)	−0.003 (−1.323)	−0.008 ** (−2.113)
JZLC	−5.008 *** (−2.632)	−5.060 * (−1.815)	−6.441 *** (−16.733)	−5.872 *** (−12.350)
ZBJL	−0.021 (−0.435)	−0.025 (−0.476)	−0.009 * (−1.960)	−0.009 * (−1.750)
RGDP	0.068 (1.031)	0.059 (0.789)	0.079 *** (8.615)	0.090 *** (7.971)
常数项	15.091 *** (2.922)	15.462 ** (2.106)	—	—
观察值数	390	390	323	323
R^2	0.363	0.006	—	—
LL	−439.17	−392.042	—	—
AR(1)	—	—	−1.220 (0.223)	−1.180 (0.240)
AR(2)	—	—	−1.030 (0.302)	−1.030 (0.303)
汉森检验 (Hansen test)	—	—	44.560 (1.000)	36.060 (0.827)

注：* 表示在 10% 水平上显著，** 表示在 5% 水平上显著，*** 表示在 1% 水平上显著。

第8章

银行信贷结构的综合产出效应

本章主要包括四节内容：首先是介绍银行效率的 SFA 和 DEA 这两种基本测度方法；其次对 CCR、BBC、超效率 DEA、SSBM – DEA 以及三阶段 DEA 模型等扩展 DEA 模型的优劣点进行梳理；再次利用 SSBM 的三阶段 DEA 模型，测度和分析我国商业银行的技术效率、纯技术效率和规模效率；最后构建关于银行效率的动态面板模型，揭示第二产业占比变动对商业银行产生的综合效应。本章样本银行仍为 66 个商业银行，时间维度为 2008 ~ 2014 年，为平衡面板数据。

8.1 银行效率测度方法

效率是用以最小的资源消耗取得相等效果或以相同的资源获取最大效果的衡量指标。历往研究中对银行效率进行测度和分析，曾经采用单要素指标和组合要素指标。单要素指标包括净资产收益率、收入净利率、存贷比率等，在研究银行绩效的初期经常采用，其指标选择的随意性和指标反映的单一性的缺点也是显而易见的。组合要素指标是从界定银行的投入产出角度出发，考虑多个要素的影响，采取一定的数学方法对银行效率进行测度得到的指标。目前，研究多数采用组合要素指标，其中主要采用的是边界分析方法（frontier approach method，FAM），这种方法已经成为研究微观效率最普遍的方法。边界分析方法又有参数法（parametric method，PM）和非参数法（non-parametric method，NPM）两类。这两类方法的思路都是利用一组样本银行的投入产出观测值，从中找到它们的成本边界或利润边界，如果银行处在效率边界面，则称之为最有效率水平的银行，而其他银行的效率水平，视与效率边界面的相对位置确定其效率的大小。参数法主要包括随机边界方法（stochastic frontier approach，SFA）、厚边界分析法（thick frontier approach，TFA）、自由分布方法（distribution free approach，DFA）和递归厚边界法（recursive thick frontier approach，RTFA）。上述四种方法的主要区别表现在边界估计过程中，各种方法对非效率项和随机扰动项的分布假设和相关性假设存在不同规定。非参数分析法主要有数据包络分析（data envelopment analysis，DEA）和自由可置壳（free disposal hull，FDH）两种分析方法。在银行效率的研究中，参数方法以随机边界方法最为常用，非参数方法中数据包络法成为常选的方法。

8.1.1 随机边界方法（SFA）

对参数方法的主要步骤作以下表述：首先根据不同假设，界定一个生产函数作为需要估计的效率边界函数，然后利用选取的样本银行估算出效率边界函数的各个系数值，根据各个系数值再测算出银行效率值。

1977 年，缪森和伯洛克（Meeusen and Broeck），艾格纳等（Aigner et al.）以及巴特斯和科拉（Battese and Corra）分别在不同的三篇论文中，几乎同时独立地提出了随机边界分析方法，运用该方法对企业的技术效率进行了估算。三篇论文所建立的随机边界模型主要应用的是截面数据，模型的主要特点就是采用了组合误差项，组合误差项由两部分组成：第一个误差项代表技术的无效率，用于衡量技术的非有效性部分；第二个误差项代表传统的随机误差，用于控制统计噪声。通过对截面数据的随机边界分析，可以快速获取各个生产单元的概况。不久，施米特和西克尔斯（Schmidt and Sickles，1984）将单一的截面数据扩展到包含二元的面板数据，丰富了数据的信息量，增加了银行效率度量的准确性和可靠性，使随机边界分析方法在不同领域中得到更为广泛的应用。

早期的面板数据模型是建立在效率项为非时变的假设基础上，巴特斯和科里（Battese and Coelli，1995）创立的时变随机边界生产模型较好地解决了这一问题。巴特斯和科里采用单一阶段计算方法，使解释变量直接归并到非效率误差项中，同时估计效率值和相应的解释变量参数值，使该模型在实践中得到了广泛应用。该模型的基本表达式为：

$$Y_i = f(x_i, \beta) \exp(v_i) \exp(-u_i) \quad (8.1)$$

式（8.1），Y 为产出，其中 i = 1，2，…，N。x_i 代表投入向量，β 为待估的参数向量。依照巴特斯和科拉（1977）对技术非有效性误差项的半正态分布假设，v_i 表示样本个体经营过程中遇到的如宏观环境、自然条件等不可控因素，且有 $v_i \sim N(0, \sigma_v^2)$；$u_i$ 为样本个体的经营过程中技术无效率的部分，反映了样本个体的产出与生产可能性边界之间的距离，而且假定 u_i 服从截尾正态分布，即 $u_i \geq 0$，且 $u_i \sim N(m_i, \sigma_u^2)$。$u_i$、$v_i$ 相互独立，并且 u_i、v_i 与 x_i 之间也相互独立。技术效率损失函数可表示为：

$$m_i = \delta_0 + \sum_{K=1}^{n} \delta_K z_{K_i} + \omega_i \quad (8.2)$$

在式（8.2）中，ω_i 为服从极值分布的随机干扰项，z_K 为影响银行个体 i 技术效率的第 k 项外生变量，δ_0 和 δ_K 均为各自对应的待估系数。由于式（8.2）的误差项明显不满足古典假定条件，不能采用 OLS 方法展开估计，只能采用最大似然估计。遵循巴特斯和科拉（1977）提出的研究思路，令 $\sigma^2 = \sigma_v^2 + \sigma_u^2$ 和 $\gamma = \dfrac{\sigma_u^2}{(\sigma_v^2 + \sigma_u^2)}$，其中 γ 的取值在 0 与 1 之间，继而有 $y_i \leq f(x_i; \beta)$。当 γ 趋近于 1 时，说明组合误差主要由无效率项决定；当 γ 趋近于 0 时，说明组合误差主要由随机误差决定。估计上述模型时，可以先采用搜寻最优解的方式获得 γ 的一个初始值，然后运用最大似然估计得到所有系数的最大似然法估计值。同时，对 γ 估计值进行统计的显著性检验，观察银行个体之间的技术效率差异是否具有统计显著性，以此判断是否应该使用随机边界生产函数模型。于是，单个商业银行 i 的技术效率可以用式（8.3）计算（Kumbhakar and Lovell，2000）：

$$TE_i = \frac{Y_i}{e^{f(x_i; \beta) + v_i}} = \exp(-u_i) = \frac{Y_i}{Y_i^*} \quad (8.3)$$

其中，Y_i^* 是既定投入水平下的最大可能产出。

8.1.2　数据包络分析方法（DEA）

非参数方法最早由法伦（Farren，1957）提出，以后对技术处理方法的挖掘越来越深入。该方法的一个基本观点是，在生产经营过程中，企业既存在可控因素对效率产生影响的情形，还存在诸多不可控因素产生影响的情形，因此，其真正的生产函数形态很难准确判断，导致用参数方法对效率的研究存在着固有缺陷。而非参数分析方法并不需要预先设置某种具体的生产函数形式，也就不再涉及参数的估计过程，因此得到很多学者的青睐。在非参数分析方法中，DEA 方法又是使用频率较高的典型方法，该方法适用于多投入多产出的情况下对多目标决策单元实施业绩评价。DEA 方法通过保持决策单元（decision making units，DMU）投入数值或者产出数值固定不变，采用线性规划技术，确定相对有效的生产边界，然后将各个决策单元投影到生产边界上，比较出决策单元关于生产边界的偏离程度，从而测算效率值。通常，效率值等于1 的决策单元被称为相对有效的决策单元，效率值小于 1 的决策单元称为相对无效的决策单元。不过，采用 DEA 技术既有其天然优势，也存在客观不足。与参数估计方法比较，DEA 模型具有处理多投入多产出、单位不变性、权重客观性和效率相对性等优点，但是最初构建的 DEA 模型存在着对异常值极端敏感、无法有效分离随机误差的影响、无法进行显著性检验、估计效率值偏低、统计意义强而经济意义弱等不足，这些不足引起而来很多统计学家的研究兴趣，并对如何采取弥补措施提出来很多不同的见地，推动了 DEA 技术的发展。

最基本的 DEA 模型主要包括大家熟知的 CCR 模型、BCC 模型、FC 模型、CCWH 锥性模型以及加性 DEA 模型等。在使用基本的 CCR 模型和 BCC 模型估计效率的过程中，极易出现多个 DMU 的效率值同时为 1 的现象，导致这些DMU 效率无法进行有效比较。安德森和彼德森（Andersen and Petersen，1993）提出了一种基于超效率的 DEA 模型，解决了效率同时为 1 时的比较问题，从而对 DMU 的效率可以进行有效排序。随后思罗尔（Thrall，1996）又发现，超效率 DEA 模型在可变规模报酬（variable returns scale，VRS）的情形下，很容易出现估计溢出现象。

对另外一个问题进行探讨的是，由于传统的 DEA 模型是基于径向（radical）角度和线性分段（piece-wise linear）角度的一种效率度量理论，它能够确保效率边界的存在性，但却造成了投入要素的拥挤性（congestion characteristic）或松弛（slacks characteristic）性问题，导致效率测量存在较大的偏离度。针对这个问题，托恩（Tone，2001）提出一个以基于松弛测度（slacks-based measure，SBM）、以非径向（non-radial）方式估计效率的 DEA 模型，一般称为 SBM – DEA 模型，该模型较传统的 DEA 模型提出更为严格的前提条件。接着，托恩（2002）又提出修正的松弛变量基础效率模型，从而将超效率的 DEA 模型和 SBM – DEA 模型结合起来，形成了一种 SE – SBM 的综合 DEA 模型。这个模型一方面使有效 DMU 能够得以排序其效率，又能以非径向方式进行估计，同时解决了上述两种 DEA 单个模型的本质缺陷。法里和惠特克（Fare and Whittaker，1995）首次提出网络 DEA 概念，评价生产过程中单元效率与子单元效率之间的组合关系，随后许多学者提出并且改进了多种网络 DEA 模型（Lewis and Sexton，2004；Holod and Lewis，2011）。为了剥离出外部环境对效率值的影响，弗里德等（Fried et al.，1999）提出了四阶段 DEA 方法，但是该方法无法调整随机误差对效率的影响限制了其应用。弗里德等（2002）接着提出将 DEA 与 SFA 相结合的三阶段 DEA 方法，以调整环境变量与随机误差项等因素的多重影响。

综合来看，国内外学者进行的诸多研究，由于研究方法、研究视角、模型设定甚至是数据选择方面存在差异，以致研究结论难趋一致。进一步来看，研究变量上，银行效率的概念内涵及其测度方法近年来成为研究的热点，但是研究中投入指标的选择较少考虑反映环境压力因素。研究方法上，多数研究银行效率所采用的三阶段 DEA 方法仍然值得商榷，争议主要在于该方法没有解决投入松弛量的截断导致银行效率的估计形成偏误问题。

8.2　DEA 模型的演进

商业银行作为资金融通的中介机构，面临的经营环境远较其他类型企业复杂，其自身发展的稳定性和可持续性问题在整个国民经济发展中显得尤为突出。改革开放以来，中国银行资产持续增长，市场化程度逐渐提高，为促进宏观经济的快速发展做出重大贡献。不过，过去中国银行业的发展更多依靠的是大设机构、频繁增员，走外延式粗放型扩张的路子，这对扩大经济总量的增长起到一定的推动作用，但与当今中国经济增长日益强调的质量要求已不相适应。随着国内金融领域的逐渐开放，外资银行不断涌入中国市场，国内银行面临的市场竞争压力日渐变大。国内银行急需调整和优化业务结构，转变和发展经营方式，建立全面风险管理体系，切实提高银行的经营效率。

　　引入体现投入产出综合能力的经营效率这一变量，目的就是为了克服以往仅仅使用如资产利润率、资本收益率之类的单一指标评价银行业绩的局限性。使用经营效率指标，能够更全面考虑商业银行的生产经营、风险管理、发展战略等各种因素，更客观地反映和评价出商业银行的综合绩效。当然，利用效率评价方法，不仅可以获取单一银行的具体效率以及银行业的平均效率，还能够分析影响银行经营效率的重要因素，并能够给出提升经营效率的具体路径，实现各种资源的最优配置。

　　从微观层面来讲，效率的分类方法有很多种。本书所指银行的经营效率即为技术效率。这里需要对经济效率（economic efficiency，EE）、配置效率（allocative efficiency，AE）、技术效率（technical efficiency，TE）、纯技术效率（pure technical efficiency，PTE）和规模效率（scale efficiency，SE）5 个概念做出简要的介绍，以便更好理解它们之间的相互关系。这 5 种效率的关系用公式表达：经济效率等于配置效率与技术效率的乘积，技术效率等于纯技术效率与规模效率的乘积。简单举例说明，假定在分析银行效率的过程中，存在一个决策单元（decision making unit，DMU），即某一家商业银行的效率值逐渐趋向于 1，说明这个银行投入产出能力逐渐增强，其效率水平逐渐变高。如果某一个商业银行的效率值达到 1，表明其投入产出配置点处于最优生产边界面上，称为经济效率相对有效，其他效率值小于 1 的时候称为无效率，或者说存在效率损失。

　　英国经济学家法雷尔（Farrell，1957）曾将经济效率分为配置效率（又称为"价格效率"）和技术效率两部分。其中的配置效率指在一定的技术水平下和投入价格既定条件下对各种投入变量实现最优比例和有效配置的能力；技术效率指衡量投入既定条件下实现产出最大化或产出既定条件下实现投入最小化的经营能力，体现出既有技术发挥作用的程度。经济效率是指同时考虑技术效率和配置效率所能达到的生产能力。科里（1996）用图示的方法阐述了三种效率之间的关系，见图 8 - 1。下面结合科里的解释方法，假定存在一个商业银行最基本的生产状况，即银行只使用两种投入 X^1 和 X^2，一种产出 Y。图 8 - 1 中的 QQ 曲线为与银行的某一产出水平相对应的等产量线。可知，QQ 线上的投入组合为有效率点，QQ 线左下方的投入组合为不可能点，QQ 线右上方的投入组合为无效率点。WW 线为银行实现上述产出水平的等成本线，点

X^* 为 QQ 线与 WW 线的切线，点 X^* 是技术和配置同时有效的最佳产出。假定银行生产产出为 Y 时所使用的投入组合为点 X^A，那么产出 Y 实际由投入组合 aX^A 即可实现，可见 a 即为银行的技术效率；另外，产出 Y 还可由投入组合 bX^A 来实现，b 代表了银行的经济效率，而 b/a 为银行的配置效率。

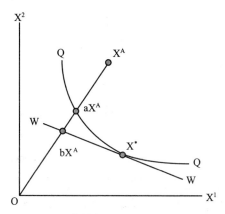

图 8-1　经济效率、配置效率与技术效率

如果放松不变规模报酬的假定，可以将技术效率分解为纯技术效率与规模效率，三种效率之间的关系见图 8-2。图中的 NEF 线为不变规模报酬的生产边界，BEC 曲线为可变规模报酬的生产边界。假设某一银行在处于 A 生产点，则银行的纯技术效率为 PTE = MB/MA，银行的规模效率为 SE = MN/MB。

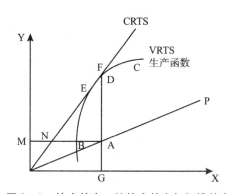

图 8-2　技术效率、纯技术效率与规模效率

法雷尔（1957）发表的《生产效率度量》一文中第一次提出技术效率，本章研究的银行经营效率指的也是技术效率。根据前面第 3 章的相关论述，对银行的技术效率实施测度以及对其影响因素进行分析采取的方法常用的是 SFA 方法或者 DEA 方法。由于更多的学者在效率评价的研究中愿意采用 DEA 方法，本章研究就从 DEA 模型的发展历程开始，对一些主流的 DEA 模型进行梳理和介绍。

8.2.1　DEA 模型的基本模型

DEA 模型由于无须事先确定具体的生产函数关系的优点，所运用的领域已经越来越广泛，供研究所用的 DEA 模型种类也越来越多，对模型的方法研究也越来越深入。如前所述，基本的 DEA 模型主要包括 CCR 模型、BCC 模型、FC 模型、CCWH 锥性模型以及加性 DEA 模型等。本章主要介绍其中常用的两种：CCR 模型和 BCC 模型。

8.2.1.1　CCR 模型

法雷尔（1957）最初建立的模型中只有一个产出指标，限制了其应用，查尼斯（Charnes），库珀和罗兹（Cooper and Rhodes，1978）将其扩展为多投入、多产出的状态，讨论不变规模报酬（constant returns to scale，CRS）生产可能集的情形，该模型简称为 CCR 模型，又称 C^2R 模型。

假设存在 p 个商业银行 DMU_j，其中 $j = 1，2，\cdots，p$，每个 DMU_j 都有 m 种投入指标和 n 种产出指标，其中 DMU_j 的投入表示为 $x_j = (x_{1j}，x_{2j}，\cdots，x_{mj})^T$，产出表示为 $y_j = (y_{1j}，y_{2j}，\cdots，y_{nj})^T$，权重系数表示为 $v = (v_1，v_2，\cdots，v_m)^T$，$u = (u_1，u_2，\cdots，u_n)^T$。而且 $x_{ij} > 0$，$y_{rj} > 0$，$v_i \geq 0$，$u_r \geq 0$，$i = 1，2，\cdots，m$；$r = 1，2，\cdots，n$；$j = 1，2，\cdots，p$。对应于 $v = (v_1，v_2，\cdots，v_m)^T$，$u = (u_1，u_2，\cdots，u_n)^T$，另外构造 $h_i = \dfrac{u^T y_i}{v^T x_i}$，用以反映 DMU_i 的技术效率，当 h_i 越大时，表明 DMU_i 能够用相对较少的投入得到相对较多的产出。以 $x_{ij} > 0$，$y_{rj} > 0$，$v_i \geq 0$，$u_r \geq 0$，$h_i \leq 1$ 等为约束条件，构建 CCR 模型，对 h_i 作最大化求解，即为数学规划问题：

$$
\begin{cases}
\max h_{j_0} = \dfrac{\sum\limits_{r=1}^{n} u_r y_{rj_0}}{\sum\limits_{i=1}^{m} v_i x_{ij_0}} = V_{\bar{P}} \\[4mm]
\text{s. t. } \dfrac{\sum\limits_{r=1}^{s} u_r y_{rj}}{\sum\limits_{i=1}^{m} v_i x_{ij}} \leqslant 1 \quad j = 1, 2, \cdots, p \\[4mm]
u_r \geqslant 0 \quad r = 1, 2, \cdots, n \\[2mm]
v_i \geqslant 0 \quad i = 1, 2, \cdots, m
\end{cases} \tag{8.4}
$$

式（8.4）目标函数具有凸性、锥性、无效性、最小性等的特点。运用对其进行查尼斯—库珀（Charess-Cooper）简单变换，设 $t = \dfrac{1}{v^T x_0}$，$\omega = tv$，$\mu = tu$，将式（8.4）转换为如下式（8.5）的多元线性规划形式：

$$
\begin{cases}
\max h_{j_0} = \mu^T y_0 - \mu_0 = V_P \\[2mm]
\text{s. t. } \omega^T x_j - \mu^T y_j + \mu_0 \geqslant 0 \quad j = 1, 2, \cdots, p \\[2mm]
\omega^T x_0 = 1 \\[2mm]
\omega \geqslant 0, \ \mu \geqslant 0, \ \mu_0 \in E^1
\end{cases} \tag{8.5}
$$

利用线性规划中的对偶原理，得到式（8.5）等价的对偶规划模型，又称为包络模型：

$$
\begin{cases}
\min \theta \\[2mm]
\text{s. t. } \sum\limits_{j=1}^{p} \lambda_j x_j \leqslant \theta x_0 \\[4mm]
\sum\limits_{j=1}^{p} \lambda_j y_j \leqslant y_0 \\[4mm]
\sum\limits_{j=1}^{p} \lambda_j = 1 \\[4mm]
\lambda_j \geqslant 0, \ j = 1, 2, \cdots, p, \ \theta \in E^1
\end{cases} \tag{8.6}
$$

再引入松弛变量 s^- 和 s^+，令 $s^- \geqslant 0$，$s^+ \geqslant 0$，将式（8.6）不等式约束形式转变为等式约束形式：

$$
\begin{cases}
\min \theta \\
\text{s. t.} \displaystyle\sum_{j=1}^{p} \lambda_j x_j + s^+ = \theta x_0 \\
\displaystyle\sum_{j=1}^{p} \lambda_j y_j - s^- = y_0 \\
\displaystyle\sum_{j=1}^{p} \lambda_j = 1 \\
\lambda_j \geqslant 0, \ j = 1, 2, \cdots, p \\
s^+ \geqslant 0, \ s^- \geqslant 0
\end{cases}
\tag{8.7}
$$

查尼斯和库珀在上述模型的基础上，引入非阿基米德无穷小量 ε，并且有 $\varepsilon \geqslant 0$，建立了含有 ε 的 CCR 模型如下：

$$
(P_\varepsilon)
\begin{cases}
\max \ \mu^T Y_0 - \mu_0 = V_{P\varepsilon} \\
\text{s. t.} \ \omega^T X_j - \mu^T Y_j + \mu_0 \geqslant 0 \quad j = 1, 2, \cdots, p \\
\omega^T X_0 = 1 \\
\omega^T \geqslant \varepsilon \hat{e}^T, \ \mu^T \geqslant \varepsilon e^T
\end{cases}
\tag{8.8}
$$

其中 $e_m^T = (1, 1, \cdots, 1)^T \in R^m$，$e_n^T = (1, 1, \cdots, 1)^T \in R^n$；$s^-$，$s^+$ 分别为输入输出松弛向量。同理，式（8.8）的对偶规划模型为：

$$
\begin{cases}
\min \left[\theta - \varepsilon (\hat{e}^T s^- + e^T s^+) \right] = V_{D\varepsilon} \\
\text{s. t.} \displaystyle\sum_{j=1}^{p} \lambda_j X_j + s^+ = \theta X_0 \\
\displaystyle\sum_{j=1}^{p} \lambda_j Y_j - s^- = Y_0 \\
\displaystyle\sum_{j=1}^{p} \lambda_j = 1 \\
\lambda_j \geqslant 0 \quad j = 1, 2, \cdots, p \\
s^+ \geqslant 0, \ s^- \geqslant 0
\end{cases}
\tag{8.9}
$$

式（8.5）和式（8.7）均存在可行解。假设某一商业银行的最优值分别为 $h_{j_0}^*$ 和 θ^*，则有 $h_{j_0}^* = \theta^* \leqslant 1$。若 $h_{j_0}^* = 1$，则称银行 DMU_{j_0} 为弱技术有效。如果式（8.5）的最优解中满足 $\omega^* > 0$，$\mu^* > 0$ 条件，并且 $h_{j_0}^* = 1$，则称银行 DMU_{j_0} 为技术有效。因此，银行 DMU_{j_0} 为弱技术有效的充要条件是式（8.7）

的 $\theta^* = 1$。DMU_{j_0} 为技术有效的充要条件是式（8.7）的 $\theta^* = 1$，且对于每个最优解中的 λ^*，都满足 $s^{*+} = 0$，$s^{*-} = 0$。

8.2.1.2 BCC 模型

CCR 模型的适用条件时假定所有的商业银行都在适当的规模上运行，但是，在现实经济生活中，CCR 模型的假定只是一种理想状态，有一些商业银行会由于不同因素（例如垄断竞争的存在、金融监管的存在等）的干扰，并不能在适当的规模下来运行，要么处于规模报酬递增（increasing return of scale，IRS）状态，要么处于规模报酬递减（decreasing return of scale，DRS）状态。如果不顾商业银行处于不规模的运行状态，运用 CRS 来估计模型，将会导致技术效率和规模效率产生混淆。班克、查尼斯和库珀（1984）将 CCR 模型进一步扩展为可变规模报酬（variable returns to scale，VRS）生产可能集的情形，将技术效率分离为纯技术效率和规模效率两个连乘因子，简称为 BCC 模型。

假设存在有 p 个商业银行 DMU_j，其中 j = 1, 2, …, p，每个 DMU_j 都有 m 种投入指标和 n 种产出指标，其中 DMU_j 的投入表示为 $x_j = (x_{1j}, x_{2j}, …, x_{mj})^T$，产出表示为 $y_j = (y_{1j}, y_{2j}, …, y_{nj})^T$，$u = (u_1, u_2, …, u_n)^T$，而且 $x_{ij} > 0$，$y_{rj} > 0$，$u_r \geqslant 0$，i = 1, 2, …, m；r = 1, 2, …, n；j = 1, 2, …, p。构建 BCC 模型：

$$\begin{cases} \max(\mu^T y_0 + \mu_o) = V_P, \\ s.t. \ \omega^T x_j - \mu^T y_j - \mu_0 \geqslant 0, \\ \quad j = 1, 2, …, p, \\ \omega^T x_0 = 1, \\ \omega \geqslant 0, \ \mu \geqslant 0 \end{cases} \tag{8.10}$$

如果式（8.10）存在最优解 ω^0，μ^0，μ_0^0，满足 $V_P = \mu^{0T} y_0 + \mu_0^0 = 1$，则称银行 DMU_{j_0} 为弱技术有效。如果满足 $\omega^0 > 0$，$\mu^0 > 0$，则称银行 DMU_{j_0} 为技术有效。

式（8.10）对应的对偶规划模型为：

$$\begin{cases} \min\theta = V_D, \\ s.t. \sum_{j=1}^{p} x_j\lambda_j + s^+ = \theta x_0, \\ \sum_{j=1}^{p} y_j\lambda_j - s^- = y_0, \\ \sum_{j=1}^{p} \lambda_j = 1, \\ s^- \geqslant 0, s^+ \geqslant 0, \lambda_j \geqslant 0, j = 1, 2, \cdots, p \end{cases} \tag{8.11}$$

对于式（8.11）的某一最优解 λ^0, s^{-0}, s^{+0}, θ^0, 如果有 $\theta^0 = 1$, 则银行 DMU_{j_0} 为弱技术有效；如果有 $\theta^0 = 1$, 而且 $s^{-0} = 0$, $s^{+0} = 0$, 则银行 DMU_{j_0} 为技术有效。

再次引入非阿基米德无穷小量 ε, 且有 $\varepsilon \geqslant 0$, 重新构建含有 ε 的 BCC 模型如下：

$$\begin{cases} \max(\mu^T y_0 + \mu_o) = V_{P_\varepsilon}, \\ s.t. \omega^T x_j - \mu^T y_j - \mu_0 \geqslant 0, j = 1, 2, \cdots, p, \\ \omega^T x_0 = 1, \\ \omega \geqslant \varepsilon \hat{\ell}, \\ \mu \geqslant \varepsilon \hat{\ell} \end{cases} \tag{8.12}$$

式（8.12）对应的对偶规划模型为：

$$\begin{cases} \min\theta - \varepsilon(\hat{\ell}^T s^- + \ell^T s^+), \\ s.t. \sum_{j=1}^{p} x_j\lambda_j + s^+ = \theta x_0, \\ \sum_{j=1}^{p} y_j\lambda_j - s^- = y_0, \\ \sum_{j=1}^{p} \lambda_j = 1, \\ s^- \geqslant 0, s^+ \geqslant 0, \lambda_j \geqslant 0, j = 1, 2, \cdots, p \end{cases} \tag{8.13}$$

其中，$\hat{\ell}^T = (1, 1, \cdots, 1) \in E^m$, $\ell^T = (1, 1, \cdots, 1) \in E^s$。对于式（8.13）的某一最优解 λ^0, s^{-0}, s^{+0}, θ^0, 如果有 $\theta^0 = 1$, 则银行 DMU_{j_0} 为弱技术有效；如果 $\theta^0 = 1$, 且有 $s^{-0} = 0$, $s^{+0} = 0$, 则银行 DMU_{j_0} 为技术有效。

8.2.2 超效率 DEA 模型

在运用 DEA 模型对银行的经营效率进行估计时，不管是 CCR 模型还是 BCC 模型，都会遇到一些商业银行的技术效率同时为 1 的现象，导致无法对技术效率进行有效排序和比较，从而可能对银行效率形成误判。安德森和彼德森（1993）在传统 DEA 模型基础上加以改进，提出了一种超效率（super-efficiency，SE）的 DEA 模型。超效率 DEA 模型允许银行的经营效率值大于 1，这样就解决了对银行的经营效率进行有效排序的问题。该模型构建的基本思路是将待计算的某一银行 DMU 先从参考集和 DEA 对偶线性规划模型中剔除，该银行 DMU 的投入和产出被其他银行 DMU 投入和产出的线性组合替代，进而再评价该银行的技术效率[①]。下面用图 8-3 来描述超效率 DEA 模型的基本原理。

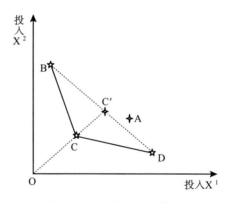

图 8-3 超效率 DEA 模型

图 8-3 中，B、C、D 三个点位于生产边界上，A 点在生产边界的右上方，B、C、D 点为商业银行的技术有效点，效率值均为 1，A 点为商业银行的技术无效点，效率值小于 1。当应用超效率 DEA 模型计算 A 点的技术效率时，可见相对于 A 点的生产边界并没有发生改变，仍然为 BCD 线；当应用超效率 DEA 模型计算 C 点的技术效率时，C 点将被排除在生产可能集之外，生产边界就变为 BD 线。CC′线段为 C 点的可改进距离，由此得到 C 点的改进比例，C

———————

① 除了在计算时将决策单元排除在外，超效率 DEA 模型形式与以前的 DEA 模型形式完全相同。

点的效率值变为 OC′/OC 而大于 1。对于超效率 DEA 模型，计算出的技术无效点的效率值与传统 DEA 模型一致，而各个银行 DMU 处于技术有效点的效率值会因改进比例的差异而体现出明显的不同，进而可以达到进行排序和比较的目的。

8.2.3　SSBM 的 DEA 模型

传统 DEA 模型和超效率 DEA 模型都是基于投入产出比例，利用线性规划方式计算技术效率值，该效率值也成为比例效率（ratio efficiency），或称为径向效率（radial efficiency）。思罗尔（1996）指出，SDEA 模型在可变规模报酬的情形下，很容易出现无法估计的现象。托恩（2001）提出一个以 SBM 为基础以非径向（non-radial）方式来估计效率的 DEA 模型，同时考虑投入与产出项的松弛度，称为 SBM – DEA 模型。由于 SBM – DEA 模型是以非径向的方式估计效率值，因此不会产生传统 DEA 模型无法估计的问题。托恩（2002）将 SBM – DEA 模型和 SDEA 模型结合起来，提出修正的松弛变量基础效率模型，即 SSBM – DEA 模型。该模型较好地解决了有效 DMU 的排序问题，并且以非径向方式来估计效率，保证不会出现估计溢出现象。

托恩（2002）首先定义了在不变报酬规模下的一个排除了 DMU (x_0, y_0) 的有限生产可能集合：

$$p/(x_0, y_0) = \left\{ (\bar{x}, \bar{y}) \,\middle|\, \bar{x} \geq \sum_{j=1, j \neq 0}^{n} \lambda_j x_j,\ \bar{y} \leq \sum_{j=1, j \neq 0}^{n} \lambda_j,\ \bar{y} \geq 0,\ \lambda \geq 0 \right\} \quad (8.14)$$

接着定义 $p/(x_0, y_0)$ 的子集合为：

$$\overline{p}/(x_0, y_0) = p/(x_0, y_0) \cap \{\bar{x} \geq x_0\ \text{and}\ \bar{y} \leq y_0\} \quad (8.15)$$

假设 $X > 0$，$Y > 0$，$p/(x_0, y_0)$ 为非空集合。设定指数 δ 为任一 DMU (x_0, y_0) 到 $(\bar{x}, \bar{y}) \in \overline{p}/(x_0, y_0)$ 的加权平均距离，有：

$$\delta = \frac{\dfrac{1}{m} \sum_{i=1}^{m} \dfrac{\bar{x}_i}{x_{i0}}}{\dfrac{1}{s} \sum_{r=1}^{s} \dfrac{\bar{y}_r}{y_{r0}}} \quad (8.16)$$

只有在 $(\bar{x}, \bar{y}) \in \overline{p}/(x_0, y_0)$ 时，即排除 DMU (x_0, y_0) 后实现对生产可能集合 P 完全没有影响时，才会有 $\delta = 1$，否则有 $\delta > 1$。将式（8.16）转换为线性规划模型形式求解：

$$\tau^* = \min \quad \tau = \frac{1}{m}\sum_{i=1}^{m}\frac{\tilde{x}_i}{x_{i0}}$$

$$\text{s. t.} \quad \frac{1}{s}\sum_{r=1}^{s}\frac{\tilde{y}_r}{y_{r0}}$$

$$\tilde{x} \geqslant \sum_{j=1,j\neq 0}^{n}\Lambda_j x_j \tag{8.17}$$

$$\tilde{y} \leqslant \sum_{j=1,j\neq 0}^{n}\Lambda_j y_j$$

$$\tilde{x} \geqslant t x_0 \text{ and } \tilde{y} \leqslant t y_0$$

$$\Lambda \geqslant 0, \quad \tilde{y} \geqslant 0, \quad t > 0$$

令式（8.17）的最佳解为（τ^*, t^*, Λ^*, $\tilde{x}^*$, $\tilde{y}^*$），则超效率 SBM – DEA 模型的最佳解为：

$$\delta^* = \tau^*, \quad \lambda^* = \Lambda^*/t^*, \quad \bar{x}^* = \tilde{x}^*/t^*, \quad \bar{y}^* = \tilde{y}^*/t^* \tag{8.18}$$

最后，将超效率 SBM 的 DEA 模型修正为可变规模报酬如下：

$$\delta^* = \min \quad \delta = \frac{\frac{1}{m}\sum_{i=1}^{m}\frac{\bar{x}_i}{x_{i0}}}{\frac{1}{s}\sum_{r=1}^{s}\frac{\bar{y}_r}{y_{r0}}}$$

$$\text{s. t.} \quad \bar{x} \geqslant \sum_{j=1,j\neq 0}^{n}\lambda_j x_j$$

$$\bar{y} \leqslant \sum_{j=1,j\neq 0}^{n}\lambda_j y_j$$

$$\sum_{j=1,\neq 0}^{n}\lambda_j = 1$$

$$\bar{x} \geqslant x_0 \text{ and } \bar{y} \leqslant y_0$$

$$\bar{y} \geqslant 0, \quad \lambda \geqslant 0$$

8.2.4 三阶段 DEA 模型

上述几种 DEA 模型仅仅探讨了银行生产经营中的技术管理因素，没有考虑也无法解决环境因素和随机因素给银行效率带来的可能影响，致使效率测算失真。现实情况是，银行存在效率损失至少有三重因素：内部管理不善、外部环境和随机误差，其中前一种因素属于内部因素，后两种因素属于外部因素。学者们曾用 SFA 方法对银行效率的外部影响因素进行了分析，但是无法剔除外部环境和随机因素的影响。弗里德等（Fried et al.，2002）提出的三阶段 DEA 方法吸收了 SFA 方法的优点，剔除了环境和随机误差的影响，使计算出的银行效率更为真实，有效解决了上述 DEA 模型存在的问题（蒋萍和王勇，2011）。三阶段 DEA 方法的具体步骤如下：

（1）第一阶段。采用传统的 DEA 模型进行分析，以 CCR 模型为例。假设存在 n 个商业银行 DMU，每个商业银行 DMU_j 有 m 种投入和 s 种产出，分别用投入 X_j 和产出 Y_j 表示。$X_{ij} > 0$ 表示第 j 个商业银行 DMU 的第 i 种投入，Y_{ij} 表示第 j 个商业银行 DMU 的第 r 种产出。构建投入导向下对偶规划形式的 CCR 模型：

$$\begin{cases} \min\left[\theta - \varepsilon\left(\sum_{j=1}^{m} s^- + \sum_{j=1}^{s} s^+\right)\right] = \nu_d(\varepsilon) \\ s.t. \quad \sum_{j=1}^{n} \lambda_j x_j + s^+ = \theta x_0 \\ \quad \sum_{j=1}^{n} \lambda_j y_j - s^- = y_0 \\ s^+ \geqslant 0, s^- \geqslant 0 \end{cases} \tag{8.19}$$

（2）第二阶段。第一阶段得出银行技术效率的初始值，还有各商业银行 DMU 的投入松弛变量，该变量受到内部管理、外部环境和随机误差三方面的影响。建立 SFA 回归模型，引入外部环境变量和复合随机误差项，对第一阶段得到的投入松弛变量进行 SFA 回归。本章以投入导向为例，构建关于投入松弛变量的 SFA 回归模型：

$$s_{ij} = f^j(z_j; \beta^j) + v_{ij} + u_{ij}, \ i = 1, 2, \cdots, m; \ j = 1, 2, \cdots, n \tag{8.20}$$

其中，s_{ij} 表示第 j 个商业银行 DMU 第 i 种投入的松弛变量，作为（8.20）模型的被解释变量。$z_j = (z_{1j}, z_{2j}, \cdots, z_{kj})$ 为 K 个可观测的外部环境变量，是模型的解释变量，β^j 为外部环境变量的待估系数，$f^j(z_j; \beta^j)$ 表示外部环境变量对投入松弛变量 s_{ij} 的综合影响，令 $f^j(z_j; \beta^j) = z_j\beta^j$。$v_{ij} + u_{ij}$ 为复合随机误差项，假设 $v_{ij} \sim N(0, \sigma_{vi}^2)$ 代表随机误差因素的影响；$u_{ij} \geqslant 0$ 反映内部管理无效率的影响，u_{ij} 服从半正态分布，即 $u_{ij} \sim N^+(\mu^i, \sigma_{ui}^2)$，而且 v_{ij} 与 u_{ij} 相互独立。引入 $\gamma = \dfrac{\sigma_{ui}^2}{\sigma_{ui}^2 + \sigma_{vi}^2}$，当 γ 趋近于 1 时，说明在无效率中，内部管理因素的

影响起主要作用；当 γ 趋近于 0 时，说明随机误差因素的影响起主要作用。

利用 SFA 回归模型的估计结果进一步对各个银行 DMU 的投入进行调整。调整的目的是将所有的银行 DMU 调整到相同的环境，首先需要从 SFA 回归模型的复合误差项中将随机误差因素分离出来。本章根据乔德罗等（Jond-row et al.，1982）提出的 JLMS 技术，得到管理因素 u_{ij} 的条件估计量：

$$\hat{E}(u_{ij} \mid u_{ij} + v_{ij}) = \sigma^* \left[\frac{\phi\left(\frac{\varepsilon_i \lambda}{\sigma}\right)}{1 - \Phi\left(-\frac{\varepsilon_i \lambda}{\sigma}\right)} + \frac{\varepsilon_i \lambda}{\sigma} \right], \ i = 1, 2, \cdots, m; \ j = 1, 2, \cdots, n$$

$$(8.21)$$

式（8.21）中，$\sigma^* = \frac{\sigma_u^2 \sigma_v^2}{\sigma^2}$，$\varepsilon_i = u_{ij} + v_{ij}$，$\lambda = \frac{\sigma_u}{\sigma_v}$，$\sigma^2 = \sigma_u^2 + \sigma_v^2$，$\phi$ 和 Φ 分别表示标准正态分布的密度函数和分布函数。然后得到随机误差因素的条件估计量：

$$\hat{E}\left[v_{ij} \mid v_{ij} + u_{ij}\right] = s_{ij} - z_j \hat{\beta}^j - \hat{E}\left[u_{ij} \mid v_{ij} + u_{ij}\right], \ i = 1, 2, \cdots, m; \ j = 1, 2, \cdots, n$$

$$(8.22)$$

为了将所有商业银行 DMU 调整到相同环境状态，同时考虑随机误差因素的影响，从而剥离出不同环境状态和随机误差对效率造成的影响，进而测算纯粹反映各银行 DMU 内部管理水平的效率值，需要对那些处于相对较好环境的商业银行 DMU 的投入量进行调整：

$$x_{ij}^A = x_{ij} + \left[\max_j(z_i \hat{\beta}_j) - z_i \hat{\beta}_j \right] + \left[\max_j(\hat{v}_{ij}) - \hat{v}_{ij} \right], \ i = 1, 2, \cdots, m; \ j = 1, 2, \cdots, n$$

$$(8.23)$$

x_{ij}^A 和 x_{ij} 分别是调整后和调整前的第 i 家银行 DMU 的第 j 个投入量。（8.23）式等号右边的第一个中括号调整的是使所有银行 DMU 均处于同等外部环境，第二个中括号调整的是使所有银行 DMU 处于同等自然状态。当然，每个银行 DMU 的投入调整量是不同的。

（3）第三阶段。对调整后的投入产出变量进行 DEA 分析。将第二阶段得出的调整后投入值 x_{ij}^A 与初始产出值 y_{rj} 再次带入第一阶段的 DEA 模型中，计算得到的效率值即为已经剔除了外部环境因素和随机误差因素的新的实际效率值，较第一阶段的效率值更为准确。

8.3　SSBM 的三阶段 DEA 模型估计

本书将以上所述的 DEA 方法予以综合，构造超效率 SBM 的三阶段 DEA 模型，可以克服单一 DEA 模型的传统缺陷，期望能够得到较为真实的银行经营效率以利于研究。

8.3.1　第一阶段：基于 SSBM – DEA 模型分析

8.3.1.1　投入和产出指标选择

运用 DEA 方法测算银行经营效率，首先要对各个银行 DMU 的投入与产出指标进行正确选择。当前，关于银行经营效率的研究中，对银行经营的投入项及产出项究竟如何选择并没有统一的意见。伯杰和汉弗莱（Berger and Humphrey，1991）认为，根据不同的银行经营管理理论就有不同的选择方法，目前被认可并常用的有生产法（production approach，PA）、中介法（intermediation approach，IA）和资产法（asset approach，AA）三种。本书认为银行经营的本质就是运用业务费用雇佣劳动力在固定的经营场所（固定资产）用储蓄者的钱（存款总额），花费业务成本和营业支出获得收入和利润。因此，选取的投入变量主要有固定资产净额（GDZC）、存款余额（CKYE）、业务成本（YWCB）和营业支出（YYZC）。业务成本包括利息支出和手续费及佣金支出，反映商业银行日常业务办理所发生的支出；营业支出包括营业税金及附加、业务及管理费用、资产减值损失、其他营业成本等，其中业务及管理费用包括职工费用[①]、折旧及摊销和业务费用等，职工费用反映了商业银行人力成本，折旧及摊销反映了商业银行固定资产及其他长期资产的成本，业务费用则反映了维持日常业务正常运营所发生的费用。选取的产出变量为平均资产收益率（ROAA）和资本充足率（CAR），这两个指标是商业银行作为营利性质企业所追求的主要指标。

投入指标项与产出指标项的描述性统计量见表 8 – 1。

[①]　农业银行 2003 ~ 2006 年职工费用取自现金流量表"支付给职工以及为职工支付的现金"数据。

表 8 - 1　　　　　　　　投入指标项与产出指标项的描述性统计量　　　　单位：亿元，%

统计量	GDZC	CKYE	YWCB	YYZC	ROAA	CAR
最大值	1721. 970	1555. 660	3705. 380	2992. 800	2. 390	38. 090
最小值	0. 206	0. 520	0. 445	1. 269	0. 150	7. 790
均值	97. 590	93. 005	229. 064	183. 759	1. 177	12. 775
标准差	294. 298	248. 120	547. 765	478. 752	0. 356	2. 429

班克等（Banker et al.，1989）认为，抽样的 DMU 样本个数最好大于投入指标个数加上产出指标个数总和的两倍。本书的 DMU 样本容量及投入与产出指标项选取均满足上述要求。

8.3.1.2　超效率 SBM - DEA 模型的估计结果分析

建立产出导向型的超效率 SBM - DEA 模型，估计后得到各商业银行的技术效率值及其纯技术效率值和规模效率值。计算结果分别见表 8 - 2、表 8 - 3 和表 8 - 4。2008 ~ 2014 年各商业银行的平均效率见表 8 - 5。

表 8 - 2　　　　　　　　各商业银行的技术效率计算结果

公司名称	2008 年	2009 年	2010 年	2011 年	2012 年	2013 年	2014 年
工商银行	0. 0008	0. 0007	0. 0007	0. 0006	0. 0005	0. 0005	0. 0004
农业银行	0. 0007	0. 0006	0. 0015	0. 0006	0. 0005	0. 0005	0. 0004
中国银行	0. 0010	0. 0009	0. 0009	0. 0007	0. 0006	0. 0006	0. 0005
建设银行	0. 0009	0. 0009	0. 0009	0. 0007	0. 0006	0. 0005	0. 0005
交通银行	0. 0031	0. 0023	0. 0019	0. 0017	0. 0016	0. 0012	0. 0014
中信银行	0. 0055	0. 0043	0. 0039	0. 0031	0. 0024	0. 0020	0. 0018
光大银行	0. 0065	0. 0058	0. 0049	0. 0043	0. 0035	0. 0031	0. 0028
华夏银行	0. 0068	0. 0055	0. 0047	0. 0050	0. 0044	0. 0037	0. 0036
平安银行	0. 0040	0. 0111	0. 0089	0. 0066	0. 0062	0. 0052	0. 0056
招商银行	0. 0044	0. 0034	0. 0031	0. 0025	0. 0023	0. 0019	0. 0016
浦发银行	0. 0046	0. 0044	0. 0040	0. 0033	0. 0029	0. 0027	0. 0023
兴业银行	0. 0081	0. 0066	0. 0062	0. 0046	0. 0038	0. 0032	0. 0024
民生银行	0. 0049	0. 0042	0. 0035	0. 0032	0. 0027	0. 0024	0. 0021
南京银行	0. 1417	0. 0696	0. 0487	0. 0376	0. 0303	0. 0225	0. 0141
北京银行	0. 0275	0. 0246	0. 0148	0. 0114	0. 0082	0. 0069	0. 0056
宁波银行	0. 0910	0. 0459	0. 0418	0. 0354	0. 0310	0. 0206	0. 0172

续表

公司名称	2008 年	2009 年	2010 年	2011 年	2012 年	2013 年	2014 年
渤海银行	0.0493	0.0263	0.0224	0.0247	0.0213	0.0160	0.0122
广发银行	0.0093	0.0066	0.0071	0.0066	0.0058	0.0040	0.0038
恒丰银行	0.0413	0.0535	0.0282	0.0251	0.0184	0.0124	0.0094
浙商银行	0.0580	0.0384	0.0342	0.0245	0.0200	0.0171	0.0120
天津银行	0.0497	0.0535	0.0408	0.0383	0.0310	0.0239	0.0237
河北银行	0.1397	0.1014	0.1124	0.1055	0.0801	0.0596	0.0576
沧州银行	0.7763	0.4747	0.3693	0.2978	0.2051	0.1398	0.1204
唐山银行	0.3054	0.6693	0.2493	0.2064	0.1320	0.1207	0.1083
张家口银行	0.4489	0.4119	0.3861	0.2600	0.2313	0.1265	0.0747
包商银行	0.1465	0.1116	0.0708	0.0539	0.0515	0.0341	0.0284
锦州银行	0.1568	0.1759	0.1249	0.0717	0.0716	0.0530	0.0806
营口银行	0.3394	0.3923	0.2637	0.1530	0.1089	0.0766	0.0654
阜新银行	1.0116	0.6048	0.3465	0.2348	0.1552	0.1402	0.1150
辽阳银行	0.2255	0.2090	0.2265	0.1916	0.1424	0.0998	0.0809
上海银行	0.0145	0.0234	0.0158	0.0166	0.0140	0.0109	0.0076
江苏银行	0.0230	0.0180	0.0165	0.0111	0.0285	0.0087	0.0076
杭州银行	0.0639	0.0466	0.0402	0.0320	0.0243	0.0206	0.0814
温州银行	0.1911	0.1759	0.1276	0.0992	0.0832	0.0673	0.0578
嘉兴银行	0.4106	0.3443	0.3012	0.2179	0.1527	0.1318	0.1147
湖州银行	0.4866	0.4864	0.3991	0.3123	0.2668	0.1849	0.0957
泰隆银行	0.3172	0.1928	0.1732	0.1471	0.1095	0.0761	0.0794
民泰银行	0.5819	0.3930	0.2729	0.2006	0.1165	0.0941	0.0976
徽商银行	0.0478	0.0535	0.0420	0.0312	0.0303	0.2396	0.0812
泉州银行	0.6231	0.5688	0.5588	0.4455	0.2985	0.2309	0.1697
南昌银行	0.2005	0.1580	0.1693	0.0989	0.0721	0.0567	0.0382
九江银行	0.6737	0.5701	0.2206	0.1327	0.1057	0.0884	0.0563
赣州银行	1.3639	0.6282	0.4711	0.3272	0.2009	0.1418	0.1088
齐鲁银行	0.1294	0.1091	0.0985	0.1059	0.0930	0.0716	0.0568
威海银行	0.2101	0.1601	0.0890	0.1072	0.1040	0.0875	0.1314
日照银行	0.1125	0.1091	0.1614	0.1472	0.1299	0.0923	0.0977
莱商银行	0.7314	0.4474	0.3015	0.2949	0.2276	0.1917	0.1513
东营银行	0.7778	0.7001	1.0615	0.9487	0.3378	0.2189	0.1405
郑州银行	1.2686	0.2082	0.2062	0.1437	0.1002	0.0707	0.1419
洛阳银行	0.1778	0.3009	0.2556	0.1855	0.1517	0.0974	0.0691
汉口银行	0.1514	0.1773	0.1374	0.0749	0.0751	0.0503	0.0525

公司名称	2008 年	2009 年	2010 年	2011 年	2012 年	2013 年	2014 年
长沙银行	0.1167	0.1189	0.1147	0.0799	0.0847	0.0633	0.0486
东莞银行	0.1107	0.1154	0.0943	0.0998	0.0623	0.0498	0.0473
北部湾银行	1.1722	0.4694	0.2062	0.1142	0.0916	0.0404	0.0271
桂林银行	0.6754	0.6729	0.5096	0.1784	0.1190	0.0746	0.0627
重庆银行	0.1202	0.1185	0.0781	0.0652	0.0533	0.2137	0.1105
成都银行	0.1210	0.1232	1.6580	0.0631	0.0488	0.0340	0.0256
攀枝花银行	1.1794	1.0459	0.4403	0.4593	0.3764	0.1552	0.1451
乐山银行	0.6574	0.7026	0.4549	0.3539	0.3097	0.2198	0.1650
德阳银行	0.3524	0.3360	0.3657	0.2229	0.2116	0.1390	0.1155
贵阳银行	0.1189	0.1280	0.1834	0.1116	0.0998	0.0814	0.0530
富滇银行	0.2352	0.1021	0.0832	0.0781	0.0737	0.0580	0.0677
曲靖银行	1.2467	0.9725	0.8699	0.7213	0.6900	0.6067	0.4621
西安银行	0.1695	0.2084	0.1878	0.1505	0.1250	0.0822	0.0645
厦门银行	0.3775	0.1569	0.1768	0.1270	0.1105	0.0851	0.0573
青岛银行	0.2600	0.2202	0.1204	0.0941	0.0722	0.0477	0.0458

表 8 - 3 　　　　　　　　　　各商业银行的纯技术效率计算结果

公司名称	2008 年	2009 年	2010 年	2011 年	2012 年	2013 年	2014 年
工商银行	0.5233	0.5005	0.5201	0.5731	0.5904	0.5715	0.6051
农业银行	0.3700	0.3866	0.4507	0.4743	0.5009	0.4852	0.5107
中国银行	0.5030	0.4479	0.4965	0.5137	0.5362	0.5090	0.5488
建设银行	0.5147	0.4873	0.5329	0.5955	0.6148	0.5851	0.6194
交通银行	0.5316	0.4648	0.4834	0.5011	0.5469	0.4784	0.5307
中信银行	0.5383	0.4025	0.4570	0.5106	0.5167	0.4932	0.4814
光大银行	0.3687	0.3857	0.4295	0.4328	0.4544	0.4344	0.4529
华夏银行	0.3059	0.3076	0.3547	0.4284	0.4234	0.3985	0.4375
平安银行	0.1143	0.3643	0.4061	0.4540	0.4383	0.3878	0.4271
招商银行	0.5181	0.4180	0.4645	0.5101	0.5446	0.4972	0.4958
浦发银行	0.3837	0.4040	0.4654	0.4979	0.4997	0.4588	0.4686
兴业银行	0.4691	0.4394	0.4584	0.4593	0.4967	0.4526	0.4639
民生银行	0.3600	0.4273	0.4260	0.4896	0.4878	0.4725	0.4582
南京银行	0.8776	0.5594	0.5762	0.5936	0.6069	0.5204	0.4791
北京银行	0.7397	0.5567	0.4898	0.4724	0.5049	0.4442	0.4461
宁波银行	0.6721	0.4358	0.5887	0.5944	0.6126	0.4844	0.4879

续表

公司名称	2008 年	2009 年	2010 年	2011 年	2012 年	2013 年	2014 年
渤海银行	0.2022	0.2066	0.2762	0.3945	0.4346	0.4685	0.4130
广发银行	0.3615	0.3186	0.4155	0.4486	0.4509	0.3618	0.3915
恒丰银行	0.3417	0.4022	0.4295	0.4654	0.4566	0.4224	0.4229
浙商银行	0.3874	0.3943	0.5251	0.4880	0.4705	0.4618	0.4091
天津银行	0.4874	0.4717	0.4411	0.4408	0.4900	0.4304	0.4800
河北银行	0.4352	0.3887	0.5288	0.5293	0.4854	0.4512	0.4284
沧州银行	0.9661	0.6022	0.5779	0.6891	0.5921	0.5295	0.5479
唐山银行	0.3841	1.1192	0.3573	0.3992	0.3919	0.3911	0.5072
张家口银行	0.4727	0.6438	0.8113	0.8149	0.8909	0.6479	0.4690
包商银行	0.5384	0.5151	0.5128	0.6025	0.6118	0.4710	0.4444
锦州银行	0.4249	0.5699	0.5539	0.5481	0.5570	0.4501	0.4495
营口银行	0.4543	0.5534	0.5572	0.5285	0.5366	0.4097	0.4180
阜新银行	1.0210	0.8034	0.5328	0.7289	0.6189	0.5402	0.5970
辽阳银行	0.3749	0.3924	0.4560	0.4707	0.5815	0.4606	0.5225
上海银行	0.3674	0.6245	0.5357	0.5949	0.5427	0.5135	0.5121
江苏银行	0.4317	0.3990	0.4224	0.4503	0.4988	0.4666	0.4859
杭州银行	0.4262	0.4202	0.4696	0.5217	0.4962	0.4712	0.4665
温州银行	0.5064	0.4924	0.4605	0.4812	0.4875	0.4479	0.4445
嘉兴银行	0.5182	0.4840	0.4920	0.4627	0.4151	0.4099	0.3561
湖州银行	0.4992	0.5470	0.4882	0.5441	0.5306	0.4382	0.2288
泰隆银行	0.4579	0.4230	0.4894	0.5387	0.4565	0.4514	0.3615
民泰银行	0.6932	0.6123	1.0643	0.6407	0.4672	0.4693	0.5567
徽商银行	0.4341	0.5400	0.4762	0.4582	0.5164	0.4915	0.4599
泉州银行	0.6441	0.5842	0.6198	0.6665	0.5935	0.6217	0.5530
南昌银行	0.4982	0.4519	0.6251	0.6155	0.5112	0.4777	0.3955
九江银行	0.7915	0.8069	0.5503	0.6278	0.6712	0.5512	0.4544
赣州银行	1.3962	0.6388	0.6674	1.0329	1.0125	0.7554	0.5709
齐鲁银行	0.5438	0.5439	0.6382	0.6193	0.6081	0.5395	0.5427
威海银行	0.4181	0.4398	0.2871	0.4283	0.5025	0.4681	0.4400
日照银行	0.1476	0.1971	0.4322	0.4417	0.5114	0.4220	0.5183
莱商银行	1.0605	0.9324	0.5920	0.7871	0.8332	0.7340	0.6115
东营银行	0.8236	0.7215	1.1090	1.1129	0.7878	0.6110	0.5187
郑州银行	1.0000	0.5550	0.5705	0.6727	0.7801	0.6359	0.5750
洛阳银行	0.3617	0.4767	0.4880	0.7276	0.6938	0.5537	0.4965
汉口银行	0.4813	0.5603	0.6198	0.6414	0.7887	0.6308	0.5910

公司名称	2008 年	2009 年	2010 年	2011 年	2012 年	2013 年	2014 年
长沙银行	0.4794	0.4220	0.4846	0.4610	0.5428	0.5007	0.4717
东莞银行	0.5141	0.4765	0.5289	0.5865	0.5807	0.4985	0.4960
北部湾银行	1.2909	0.6657	0.5953	0.5053	0.4900	0.1948	0.1233
桂林银行	0.6982	0.7612	0.6694	0.5165	0.5135	0.4683	0.4362
重庆银行	0.4679	0.5570	0.4932	0.4954	0.5393	0.5426	0.4530
成都银行	0.6252	0.5420	1.0000	0.6340	0.5653	0.5211	0.5235
攀枝花银行	1.1983	1.0000	0.6641	0.6888	0.6416	0.5643	0.5288
乐山银行	0.6922	1.0166	0.4956	0.5417	0.6760	0.7638	0.6036
德阳银行	0.3926	0.4387	0.5761	0.5907	0.6198	0.4569	0.3932
贵阳银行	0.3589	0.4335	0.7234	0.6186	0.7362	0.6497	0.6693
富滇银行	0.6382	0.3801	0.4459	0.5169	0.5015	0.4466	0.5998
曲靖银行	1.0000	1.0000	1.0208	0.8367	0.7839	1.0005	1.0048
西安银行	0.5656	0.6551	0.6070	0.5540	0.5631	0.5149	0.5096
厦门银行	0.4872	0.2407	0.3620	0.4911	0.4428	0.3630	0.3921
青岛银行	0.6408	0.5725	0.4341	0.5407	0.5145	0.4266	0.4291

表 8 - 4　　　　　　　　　各商业银行的规模效率计算结果

公司名称	2008 年	2009 年	2010 年	2011 年	2012 年	2013 年	2014 年
工商银行	0.1454	0.1489	0.1352	0.1015	0.0900	0.0821	0.0692
农业银行	0.1804	0.1652	0.3219	0.1184	0.1005	0.0934	0.0859
中国银行	0.2032	0.1985	0.1732	0.1332	0.1181	0.1091	0.0979
建设银行	0.1706	0.1747	0.1597	0.1210	0.0977	0.0894	0.0809
交通银行	0.5765	0.4949	0.3938	0.3441	0.2884	0.2603	0.2621
中信银行	1.0252	1.0649	0.8631	0.5988	0.4724	0.4096	0.3769
光大银行	1.7510	1.5062	1.1436	0.9941	0.7686	0.7042	0.6129
华夏银行	2.2178	1.7950	1.3207	1.1612	1.0364	0.9284	0.8312
平安银行	3.4888	3.0577	2.1843	1.4602	1.4183	1.3511	1.3085
招商银行	0.8486	0.8050	0.6763	0.4874	0.4144	0.3845	0.3266
浦发银行	1.1871	1.0812	0.8529	0.6616	0.5878	0.5857	0.4898
兴业银行	1.7243	1.5055	1.3535	0.9934	0.7660	0.7073	0.5253
民生银行	1.3667	0.9881	0.8162	0.6487	0.5532	0.5027	0.4484
南京银行	16.1490	12.4417	8.4452	6.3335	4.9946	4.3190	2.9514
北京银行	3.7112	4.4276	3.0122	2.4239	1.6275	1.5571	1.2657
宁波银行	13.5349	10.5255	7.1036	5.9557	5.0554	4.2530	3.5185

续表

公司名称	2008 年	2009 年	2010 年	2011 年	2012 年	2013 年	2014 年
渤海银行	24.3752	12.7330	8.1061	6.2567	4.9095	3.4208	2.9553
广发银行	2.5590	2.0637	1.7197	1.4739	1.2956	1.0968	0.9621
恒丰银行	12.0722	13.3110	6.5660	5.3920	4.0390	2.9318	2.2206
浙商银行	14.9586	9.7483	6.5217	5.0155	4.2475	3.7124	2.9384
天津银行	10.1913	11.3407	9.2598	8.6803	6.3196	5.5512	4.9448
河北银行	32.1077	26.0950	21.2479	19.9308	16.4973	13.2123	13.4473
沧州银行	80.3535	78.8274	63.8989	43.2216	34.6446	26.3990	21.9707
唐山银行	79.5291	59.8045	69.7638	51.6887	33.6806	30.8582	21.3608
张家口银行	94.9619	63.9765	47.5941	31.9017	25.9648	19.5279	15.9340
包商银行	27.2071	21.6565	13.8101	8.9468	8.4225	7.2338	6.3935
锦州银行	36.9158	30.8599	22.5509	13.0728	12.8488	11.7654	17.9204
营口银行	74.7106	70.9003	47.3264	28.9465	20.3008	18.6869	15.6408
阜新银行	99.0705	75.2723	65.0266	32.2159	25.0696	25.9500	19.2547
辽阳银行	60.1379	53.2638	49.6772	40.7152	24.4824	21.6701	15.4806
上海银行	3.9569	3.7473	2.9481	2.7880	2.5811	2.1243	1.4932
江苏银行	5.3207	4.4995	3.8964	2.4638	5.7048	1.8608	1.5682
杭州银行	14.9927	11.0972	8.5690	6.1302	4.9026	4.3759	17.4511
温州银行	37.7390	35.7322	27.7056	20.6060	17.0653	15.0163	13.0021
嘉兴银行	79.2506	71.1325	61.2203	47.0974	36.7793	32.1585	32.2098
湖州银行	97.4815	88.9329	81.7448	57.3933	50.2848	42.1982	41.8295
泰隆银行	69.2749	45.5810	35.3972	27.2988	23.9839	16.8613	21.9750
民泰银行	83.9410	64.1836	25.6398	31.3044	24.9301	20.0523	17.5232
徽商银行	11.0055	9.9098	8.8233	6.8192	5.8730	48.7458	17.6616
泉州银行	96.7481	97.3617	90.1627	66.8356	50.2959	37.1369	30.6937
南昌银行	40.2379	34.9736	27.0921	16.0701	14.1059	11.8589	9.6531
九江银行	85.1232	70.6522	40.0887	21.1306	15.7529	16.0388	12.3846
赣州银行	97.6843	98.3365	70.5829	31.6774	19.8438	18.7731	19.0551
齐鲁银行	23.8039	20.0655	15.4382	17.1050	15.2980	13.2686	10.4638
威海银行	50.2659	36.3991	30.9963	25.0211	20.6947	18.6953	29.8538
日照银行	76.2088	55.3621	37.3535	33.3397	25.4054	21.8807	18.8427
莱商银行	68.9618	47.9862	50.9345	37.4659	27.3153	26.1229	24.7483
东营银行	94.4328	97.0349	95.7173	85.2401	42.8749	35.8196	27.0768
郑州银行	126.8587	37.5109	36.1387	21.3608	12.8435	11.1129	24.6703
洛阳银行	49.1470	63.1229	52.3851	25.4870	21.8614	17.5969	13.9195
汉口银行	31.4462	31.6435	22.1757	11.6749	9.5255	7.9700	8.8878

公司名称	2008 年	2009 年	2010 年	2011 年	2012 年	2013 年	2014 年
长沙银行	24. 3424	28. 1879	23. 6781	17. 3274	15. 6120	12. 6407	10. 3087
东莞银行	21. 5286	24. 2213	17. 8327	17. 0135	10. 7350	9. 9915	9. 5275
北部湾银行	90. 8059	70. 5172	34. 6316	22. 5939	18. 6913	20. 7351	22. 0036
桂林银行	96. 7338	88. 3987	76. 1369	34. 5497	23. 1650	15. 9312	14. 3764
重庆银行	25. 6818	21. 2673	15. 8444	13. 1693	9. 8798	39. 3828	24. 3883
成都银行	19. 3530	22. 7205	165. 8042	9. 9578	8. 6291	6. 5209	4. 8847
攀枝花银行	98. 4216	104. 5916	66. 2967	66. 6858	58. 6611	27. 4993	27. 4321
乐山银行	94. 9699	69. 1140	91. 7864	65. 3329	45. 8228	28. 7763	27. 3449
德阳银行	89. 7696	76. 5946	63. 4811	37. 7319	34. 1448	30. 4191	29. 3778
贵阳银行	33. 1382	29. 5217	25. 3506	18. 0362	13. 5524	12. 5344	7. 9202
富滇银行	36. 8610	26. 8600	18. 6574	15. 1102	14. 6926	12. 9807	11. 2858
曲靖银行	124. 6661	97. 2475	85. 2128	86. 2103	88. 0223	60. 6341	45. 9925
西安银行	29. 9681	31. 8181	30. 9370	27. 1582	22. 1943	15. 9645	12. 6536
厦门银行	77. 4859	65. 1878	48. 8494	25. 8636	24. 9532	23. 4566	14. 6225
青岛银行	40. 5749	38. 4695	27. 7420	17. 4004	14. 0285	11. 1796	10. 6840

表 8 - 5　　　　　　　　　　调整前 2008～2014 年各商业银行效率

效率	银行类型	2008 年	2009 年	2010 年	2011 年	2012 年	2013 年	2014 年
技术效率	大型银行	0. 0013	0. 0011	0. 0012	0. 0009	0. 0008	0. 0006	0. 0007
	股份制银行	0. 0169	0. 0142	0. 0109	0. 0094	0. 0078	0. 0061	0. 0050
	城商行	0. 3945	0. 3001	0. 2645	0. 1775	0. 1333	0. 1042	0. 0842
	总均值	0. 2960	0. 2255	0. 1984	0. 1336	0. 1004	0. 0785	0. 0635
纯技术效率	大型银行	0. 4885	0. 4574	0. 4967	0. 5315	0. 5578	0. 5258	0. 5629
	股份制银行	0. 3626	0. 3725	0. 4257	0. 4649	0. 4729	0. 4425	0. 4435
	城商行	0. 6204	0. 5760	0. 5751	0. 5930	0. 5897	0. 5164	0. 4908
	总均值	0. 5635	0. 5300	0. 5420	0. 5651	0. 5661	0. 5037	0. 4877
规模效率	大型银行	0. 0026	0. 0024	0. 0024	0. 0016	0. 0014	0. 0013	0. 0012
	股份制银行	0. 0563	0. 1292	0. 0980	0. 0704	0. 0561	0. 0477	0. 0428
	城商行	0. 5667	0. 4774	0. 4175	0. 2781	0. 2185	0. 1917	0. 1689
	总均值	0. 4312	0. 3622	0. 3150	0. 2104	0. 1654	0. 1449	0. 1276

（1）银行经营效率综合分析。从图 8 - 4 来看，2008～2014 年间，中国商业银行的平均技术效率呈 2008～2011 年快速下降、2012～2014 年稳步下降的两阶段变动特征。整体来看，中国商业银行的技术水平相对较低，综合平均值仅为 0.1566；规模效率与技术效率呈现基本趋同的下降态势，综合平均值仅

为 0. 2510，处于较低水平；平均纯技术效率则表现出波动性缓慢下降的特征，综合平均值为 0. 5369。中国商业银行的纯技术效率小于规模效率，这意味着银行的技术无效率更多的是来源于规模无效率。

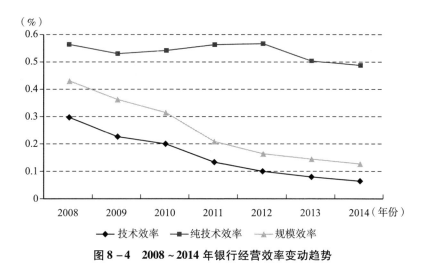

图 8 - 4　2008 ~ 2014 年银行经营效率变动趋势

（2）不同类型银行效率分析：

①技术效率。从图 8 - 5 来看，2008 ~ 2014 年间中国商业银行的平均技术效率不断走低，主要原因来自城商行快速下降的影响，从 2008 年的 0. 3945 下降到 2014 年的 0. 0842，而股份制银行和大型银行的技术效率由于偏低，使得变化幅度并不明显。相比之下，城商行的技术效率要远远高于股份制银行和大型银行，城商行的平均技术效率为 0. 2083，而股份制银行为 0. 0100，大型银行更是仅有 0. 0009，表现出极低的经营效率。

②纯技术效率。观察图 8 - 6 可见，2008 ~ 2014 年间中国商业银行的平均纯技术效率由发散都逐渐收敛，并表现出波动性缓慢下降的特征，三类银行的走势与平均走势大致相同。分类型来看，2008 ~ 2012 年间，城商行的纯技术效率要略高于大型银行，大型银行又略高于股份制银行。2013 ~ 2014 年间，城商行的纯技术效率开始有所下降，2014 年为 0. 4908；大型银行先降后升，2014 年的纯技术效率为 0. 5629，超过了城商行；股份制银行则一直表现平稳，2014 年为 0. 4435，仍然比大型银行和城商行要低。

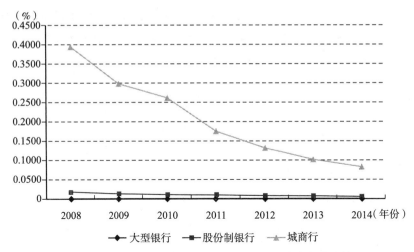

图 8 – 5　2008～2014 年不同规模银行技术效率变动趋势

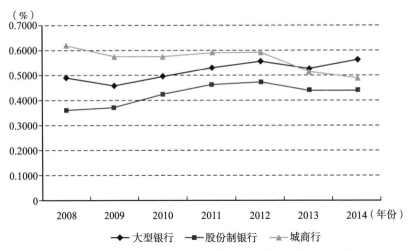

图 8 – 6　2008～2014 年不同规模银行纯技术效率变动趋势

③规模效率。从图 8 – 7 可知，2008～2014 年间中国商业银行的平均规模
效率与技术效率走势基本相同，呈逐年下降的特征。分类型来看，城商行的规
模效率一直高于股份制银行，股份制银行又高于大型银行。2008～2012 年间，
城商行的规模效率下降速度要远高于其他银行，从 2008 年的 0.5667 下降到
2014 年的 0.1689。股份制银行大致保持在 0.05～0.13 之间，大型银行更低，
大致在 0.001～0.003 之间。

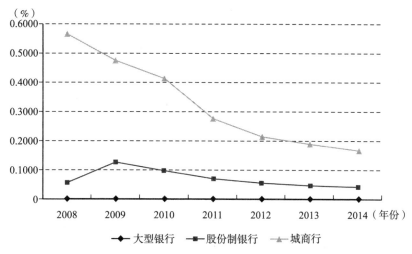

图 8 – 7　2008 ~ 2014 年不同规模银行规模效率变动趋势

（3）不同模型的测算结果比较。在假定不变规模报酬的条件下，表 8 – 6 列示基于 CCR 模型、SBM 模型及超效率 SBM 模型，2008 ~ 2014 年 66 家商业银行的平均技术效率，用以比较三种 DEA 模型的估计差别。从表 8 – 6 中可以看出，基于超效率 SBM 模型测算的技术效率值与基于 SBM 模型测算的技术效率值非常接近，排序基本一致。基于超效率 SBM 的 DEA 模型所测算的技术效率值，明显小于基于 CCR 模型测算的技术效率值，这与托恩（2001）的证明结论相同。

从排序结果来看，三种模型的排序基本一致，说明三种模型得出的银行效率相对高低的结论还是可以接受的。超效率 SBM 的 DEA 模型的估计结果更为可信。

表 8 – 6　　　　　　　　　三种模型的技术效率测度及排序

公司名称	CCR		SBM		SSBM	
	技术效率	排序	技术效率	排序	技术效率	排序
工商银行	0.0007	66	0.0006	66	0.0006	66
农业银行	0.0008	65	0.0007	65	0.0007	65
中国银行	0.0008	64	0.0007	63	0.0007	63
建设银行	0.0009	63	0.0007	64	0.0007	64
交通银行	0.0022	62	0.0018	62	0.0019	62

公司名称	CCR		SBM		SSBM	
	技术效率	排序	技术效率	排序	技术效率	排序
中信银行	0.0039	60	0.0032	60	0.0033	59
光大银行	0.0052	57	0.0043	57	0.0044	57
华夏银行	0.0054	56	0.0047	56	0.0048	56
平安银行	0.0086	53	0.0067	53	0.0068	53
招商银行	0.0036	61	0.0027	61	0.0027	61
浦发银行	0.0042	59	0.0034	58	0.0034	58
兴业银行	0.0065	55	0.0048	55	0.0050	55
民生银行	0.0043	58	0.0032	59	0.0033	60
南京银行	0.0576	43	0.0477	44	0.0521	43
北京银行	0.0153	52	0.0132	52	0.0142	52
宁波银行	0.0460	45	0.0378	45	0.0404	45
渤海银行	0.0340	47	0.0231	49	0.0246	49
广发银行	0.0070	54	0.0059	54	0.0062	54
恒丰银行	0.0300	49	0.0248	48	0.0269	48
浙商银行	0.0334	48	0.0273	47	0.0292	47
天津银行	0.0409	46	0.0357	46	0.0373	46
河北银行	0.1036	39	0.0900	38	0.0938	38
沧州银行	0.3977	10	0.3154	9	0.3405	8
唐山银行	0.3284	14	0.2447	15	0.2559	17
张家口银行	0.3449	13	0.2552	14	0.2771	15
包商银行	0.0843	41	0.0663	42	0.0710	42
锦州银行	0.1312	31	0.1028	34	0.1049	34
营口银行	0.2135	21	0.1848	20	0.1999	21
阜新银行	0.4368	8	0.3427	7	0.3726	7
辽阳银行	0.1781	25	0.1577	23	0.1680	23
上海银行	0.0164	51	0.0139	51	0.0147	51
江苏银行	0.0180	50	0.0153	50	0.0162	50
杭州银行	0.0526	44	0.0492	43	0.0442	44
温州银行	0.1395	29	0.1078	31	0.1146	30
嘉兴银行	0.2893	19	0.2244	19	0.2390	20
湖州银行	0.3935	11	0.2969	10	0.3188	11
泰隆银行	0.1910	24	0.1476	24	0.1565	24
民泰银行	0.3596	12	0.2359	18	0.2509	18
徽商银行	0.0820	42	0.0765	41	0.0751	41

公司名称	CCR		SBM		SSBM	
	技术效率	排序	技术效率	排序	技术效率	排序
泉州银行	0.4800	5	0.3877	4	0.4136	5
南昌银行	0.1276	35	0.1041	33	0.1134	31
九江银行	0.3240	15	0.2395	16	0.2639	16
赣州银行	0.4732	6	0.3770	6	0.4631	4
齐鲁银行	0.1236	36	0.0927	37	0.0949	37
威海银行	0.1394	30	0.1289	27	0.1270	27
日照银行	0.1640	26	0.1198	28	0.1215	29
莱商银行	0.4905	4	0.3220	8	0.3351	9
东营银行	0.6615	2	0.5411	2	0.5979	2
郑州银行	0.2996	18	0.2560	12	0.3056	12
洛阳银行	0.2106	22	0.1671	22	0.1769	22
汉口银行	0.1289	33	0.0996	35	0.1027	35
长沙银行	0.0992	40	0.0845	39	0.0896	39
东莞银行	0.1068	38	0.0796	40	0.0828	40
北部湾银行	0.3043	16	0.2553	13	0.3030	13
桂林银行	0.3990	9	0.2954	11	0.3275	10
重庆银行	0.1281	34	0.1106	30	0.1085	33
成都银行	0.2083	23	0.1811	21	0.2962	14
攀枝花银行	0.5433	3	0.4680	3	0.5431	3
乐山银行	0.4700	7	0.3857	5	0.4090	6
德阳银行	0.3024	17	0.2361	17	0.2490	19
贵阳银行	0.1419	28	0.1063	32	0.1109	32
富滇银行	0.1103	37	0.0965	36	0.0997	36
曲靖银行	0.8458	1	0.7454	1	0.7956	1
西安银行	0.1618	27	0.1325	26	0.1411	26
厦门银行	0.2194	20	0.1436	25	0.1559	25
青岛银行	0.1311	32	0.1144	29	0.1229	28

从第一阶段得到的结果来看，规模无效是制约银行效率不高的主要因素，但是在没有考虑外部环境和随机误差的影响下纯技术效率值有没有被高估，规模效率又有没有被低估，这仍需要我们进一步的分析。

8.3.2 第二阶段：SFA 模型的建立与分析

以第一阶段建立的超效率 SBM 模型中各投入变量的松弛变量为因变量，以商业银行的环境变量为自变量建立 SFA 回归模型，实现消除外部环境因素和随机误差因素对商业银行经营效率形成的影响的目的。外部环境变量主要指的是那些影响银行经营效率但不在银行主观控制范围之内的一些外部因素，以及银行在短期内很难改变的一些个体特征变量。选取的外部环境变量分为银行个体特征变量和经济变量两部分。个体特征变量包括市场份额（MS）和所有制形式（SYZ）；经济变量包括实际经济增长率（RGDP）、存贷基准利差（JZLC）和存款准备金率（ZBJL）。从银行数据来看，66 家银行市场份额的排名变动并不大，因此将其纳入外部环境变量。对于所有制形式（SYZ），这个虚拟变量每年数据也几乎没有变化，因此将其纳入环境变量考察。

建立 SFA 模型，估计结果如表 8 - 7 所示。

表 8 - 7　　　　　　　　　　第二阶段 SFA 回归结果

变量	系数	固定资产净额松弛变量	存款余额松弛变量	业务成本松弛变量	营业支出松弛变量
常数项	β_0	4628.608 *** (133.939)	13560.366 *** (13468.297)	33559.709 *** (89.393)	-15206.265 *** (-62.032)
MS	β_1	560.464 *** (2.254)	1100.357 *** (1100.941)	-47.475 (-0.4528)	643.509 *** (10.623)
SYZ	β_2	12359.209 *** (179.416)	-2280.885 *** (-2280.902)	2744.840 *** (56.247)	-146.548 (-0.536)
RGDP	β_3	1547.251 *** (14.334)	565.442 *** (382.420)	-878.136 *** (-8.432)	-362.752 *** (-3.371)
JZLC	β_4	-12284.148 *** (-95.166)	-6031.385 *** (-5669.349)	-8546.136 *** (-821.575)	8033.416 *** (72.472)
ZBJL	β_5	1084.491 *** (22.260)	-14.830 *** (-7.301)	-7.457 (-0.091)	-436.327 *** (-8.768)
γ	—	0.909 *** (188.521)	0.000 (0.000)	0.891 *** (115.393)	0.555 *** (18.275)
Log 函数值		-4575.115	-4335.899	-4652.043	-4420.019
LR 单边检验		490.650 ***	—	520.454 ***	116.179 ***

注：*** 表示在 1% 水平上显著，括号内为 t 统计量值。

　　由于第二阶段的 SFA 模型是以各商业银行 DMU 投入松弛变量作为因变量，以外部环境变量为自变量，所以当自变量的回归系数为负数时，说明增加外部环境变量值能够减少投入松弛量，有利于提高银行经营效率；回归系数为正数时，情况正好相反。由表 8－7 可知，四个投入松弛变量的模型中，大部分的外部环境变量通过了显著性检验，说明模型的自变量选取较为合理；γ 值除了存款余额松弛变量的模型，其他均通过了 1% 的显著性检验。其中，固定资产净额松弛变量、业务支出松弛变量、营业支出松弛变量三个模型的 γ 值均在 50% 以上，说明管理无效率和运气等因素占了大部分比例，管理无效率和运气对差额的联合影响不能被忽视。而且有三个模型的 LR 单边检验均通过了 1% 的显著性检验，复合误差项中存在技术非效率，说明第二阶段进行 SFA 分析是有必要的。具体来看：

　　（1）市场份额。一般而言，市场份额增加表示银行在市场上的控制能力变强，有利于充分发挥规模经济效应，改善竞争环境，银行利润增加，有利于银行的未来经营发展。但是如果市场份额增加，只是增加了银行在行业中的垄断地位，不能有效发挥规模经济效应，银行成本控制能力下降，对经营效率反而造成不利影响。市场份额在固定资产净额松弛变量、营业支出松弛变量两个模型中具有显著性，市场份额的高低与投入冗余变量之间呈正向关系，表明市场份额的提高，导致为达到效率生产边界所需要减少的投入冗余量增大，固定资产和营业支出的冗余增加，对提升银行经营效率形成不利影响。一般而言，当商业银行的市场份额上升时，固定资产净额、营业支出均会有相应的增加，但是管理效率方面并没有得到有效的跟进，甚至会有所下降，导致各投入变量的冗余量增加，银行经营效率随之下降。

　　（2）所有制形式。所有制形式与各投入冗余变量呈反向关系，说明带有国有产权性质的商业银行与非国有银行相比，固定资产和业务成本的冗余增加，投入量利用程度较低，降低了银行经营效率；营业支出的冗余减少，投入量利用程度较高，提高了银行经营效率。

　　（3）实际经济增长率。实际经济增长率对固定资产净额松弛变量有显著的正向影响，对业务成本松弛变量和营业支出松弛变量有显著的负向影响，说明实际经济增长率，导致了固定资产冗余量增加，固定资产余额没有得到有效利用，有损于银行经营效率；业务成本和营业支出的冗余量减少，则有利于改善银行经营效率。

（4）基准利差。基准利差扩大，促使固定资产和业务成本的冗余量减少，分别提高了固定资产和业务成本的利用效率，提高了银行经营效率。基准利差扩大，导致营业支出的冗余量增加，导致银行经营效率降低。

（5）准备金率。准备金率的提高对和营业支出松弛变量产生显著的负向影响，表明提高准备金率，会促使商业银行加强运营成本管理，节省营业支出，进一步促进银行经营效率的提高，但是对业务成本管理没有明显的促进作用，对固定资产管理反而起到阻碍作用。

8.3.3 第三阶段：调整后的 SSBM - DEA 模型估计

对商业银行的四个投入变量的数据重新进行调整，并将调整后的投入变量值和原始产出值再次代入第一阶段的 SSBM - DEA 模型，得到剔除外部环境变量和随机误差因素影响的新的银行经营效率值。将第一阶段的银行经营效率值和第三阶段的银行经营效率值同时置于表 8 - 8 当中，便于进行比较性分析。

各商业银行的调整后纯技术效率计算结果、规模效率计算结果分别见表 8 - 9 和表 8 - 10。

表 8 - 8　　　　　　　　各商业银行的调整后技术效率计算结果

公司名称	2008 年	2009 年	2010 年	2011 年	2012 年	2013 年	2014 年
工商银行	0.4450	0.4456	0.4804	0.5172	0.5686	0.6444	0.8419
农业银行	0.2973	0.3056	0.3963	0.3453	0.3438	0.3216	0.3233
中国银行	0.4535	0.4172	0.4775	0.4915	0.5391	0.5807	0.7590
建设银行	0.4090	0.3960	0.4272	0.4428	0.4369	0.4135	0.4409
交通银行	0.5520	0.4954	0.5409	0.6045	0.7029	0.7160	1.5804
中信银行	0.5188	0.3882	0.4369	0.4711	0.4774	0.4466	0.4363
光大银行	0.3834	0.4054	0.4637	0.4850	0.5343	0.5612	0.6658
华夏银行	0.3008	0.3014	0.3446	0.4147	0.4083	0.3826	0.4181
平安银行	0.1131	0.3597	0.3991	0.4421	0.4256	0.3751	0.4124
招商银行	0.4862	0.3984	0.4376	0.4593	0.4830	0.4364	0.4332
浦发银行	0.3716	0.3901	0.4452	0.4703	0.4658	0.4237	0.4274
兴业银行	0.4559	0.4285	0.4437	0.4369	0.4640	0.4213	0.4283
民生银行	0.3501	0.4109	0.4061	0.4521	0.4443	0.4270	0.4127
南京银行	0.8759	0.5577	0.5735	0.5897	0.6016	0.5150	0.4732

续表

公司名称	2008 年	2009 年	2010 年	2011 年	2012 年	2013 年	2014 年
北京银行	0.7316	0.5513	0.4838	0.4651	0.4933	0.4336	0.4329
宁波银行	0.6702	0.4344	0.5859	0.5903	0.6075	0.4792	0.4829
渤海银行	0.2020	0.2063	0.2753	0.3922	0.4314	0.4635	0.4079
广发银行	0.3565	0.3128	0.4063	0.4372	0.4380	0.3495	0.3764
恒丰银行	0.3408	0.4013	0.4272	0.4614	0.4525	0.4171	0.4158
浙商银行	0.3867	0.3929	0.5222	0.4845	0.4655	0.4571	0.4040
天津银行	0.4858	0.4704	0.4395	0.4391	0.4873	0.4276	0.4765
河北银行	0.4349	0.3884	0.5282	0.5286	0.4845	0.4500	0.4274
沧州银行	0.7172	0.5608	0.5732	0.6874	0.5920	0.5290	0.5471
唐山银行	0.3287	0.7760	0.2925	0.3993	0.3917	0.3910	0.5062
张家口银行	0.4206	0.6372	0.7857	0.8121	0.8906	0.6467	0.4678
包商银行	0.5379	0.5144	0.5113	0.5997	0.6094	0.4688	0.4419
锦州银行	0.4249	0.5693	0.5531	0.5465	0.5554	0.4489	0.4488
营口银行	0.4546	0.5538	0.5571	0.5281	0.5360	0.4091	0.4172
阜新银行	0.5259	0.6608	0.5312	0.7286	0.6182	0.5395	0.5960
辽阳银行	0.3752	0.3832	0.4425	0.4706	0.5810	0.4601	0.5215
上海银行	0.3641	0.6170	0.5273	0.5852	0.5333	0.5045	0.4993
江苏银行	0.4289	0.3958	0.4184	0.4435	0.4957	0.4573	0.4744
杭州银行	0.4253	0.4190	0.4678	0.5179	0.4916	0.4662	0.4657
温州银行	0.5061	0.4922	0.4601	0.4806	0.4867	0.4471	0.4434
嘉兴银行	0.4931	0.4741	0.4923	0.4627	0.4151	0.4098	0.3558
湖州银行	0.4147	0.4809	0.4759	0.5443	0.5309	0.4384	0.2222
泰隆银行	0.4564	0.4229	0.4890	0.5382	0.4560	0.4507	0.3615
民泰银行	0.5702	0.5973	1.0154	0.6403	0.4667	0.4685	0.5556
徽商银行	0.4328	0.5381	0.4743	0.4559	0.5133	0.4918	0.4592
泉州银行	0.5676	0.4954	0.5447	0.6342	0.5937	0.6214	0.5526
南昌银行	0.4979	0.4517	0.6243	0.6138	0.5098	0.4765	0.3942
九江银行	0.6908	0.6740	0.5501	0.6268	0.6697	0.5499	0.4533
赣州银行	0.8760	0.5338	0.6370	0.9783	1.0120	0.7540	0.5698
齐鲁银行	0.5431	0.5429	0.6364	0.6179	0.6066	0.5379	0.5405
威海银行	0.4183	0.4396	0.2863	0.4279	0.5019	0.4674	0.4398
日照银行	0.1313	0.1849	0.4323	0.4416	0.5109	0.4215	0.5175
莱商银行	0.8937	0.8229	0.5926	0.7602	0.8079	0.7333	0.6107
东营银行	0.6799	0.6183	0.7888	1.0055	0.7876	0.6108	0.5182
郑州银行	0.5073	0.5545	0.5701	0.6716	0.7775	0.6333	0.5742

公司名称	2008 年	2009 年	2010 年	2011 年	2012 年	2013 年	2014 年
洛阳银行	0.3622	0.4381	0.4883	0.7269	0.6927	0.5524	0.4950
汉口银行	0.4810	0.5598	0.6188	0.6389	0.7849	0.6270	0.5879
长沙银行	0.4790	0.4217	0.4839	0.4600	0.5414	0.4991	0.4700
东莞银行	0.5134	0.4759	0.5279	0.5850	0.5783	0.4964	0.4939
北部湾银行	1.1987	0.6199	0.5951	0.5048	0.4893	0.1880	0.1201
桂林银行	0.4339	0.5626	0.6085	0.5162	0.5129	0.4674	0.4353
重庆银行	0.4674	0.5562	0.4921	0.4939	0.5370	0.5425	0.4525
成都银行	0.6242	0.5413	0.5361	0.6314	0.5627	0.5177	0.5186
攀枝花银行	0.6138	0.5630	0.5994	0.6567	0.6118	0.5639	0.5283
乐山银行	0.3643	0.5207	0.4531	0.5242	0.6758	0.7631	0.6029
德阳银行	0.3541	0.4367	0.5469	0.5904	0.6194	0.4567	0.3874
贵阳银行	0.3585	0.4332	0.7226	0.6173	0.7340	0.6476	0.6650
富滇银行	0.6380	0.3741	0.4452	0.5159	0.5005	0.4456	0.5979
曲靖银行	0.4391	0.4335	0.4188	0.5741	0.6608	0.6049	0.7990
西安银行	0.5650	0.6547	0.6067	0.5535	0.5623	0.5137	0.5080
厦门银行	0.4574	0.2171	0.3358	0.4907	0.4425	0.3579	0.3913
青岛银行	0.6391	0.5724	0.4338	0.5399	0.5134	0.4254	0.4278
均值	0.4893	0.4795	0.5088	0.5494	0.5563	0.4946	0.4987

表 8 – 9　　　　　　　　　各商业银行的调整后纯技术效率计算结果

公司名称	2008 年	2009 年	2010 年	2011 年	2012 年	2013 年	2014 年
工商银行	0.5233	0.5068	0.5580	0.6315	0.6993	0.7847	1.0207
农业银行	0.3700	0.3866	0.4507	0.4743	0.5009	0.4852	0.5107
中国银行	0.5030	0.4599	0.5279	0.5545	0.6107	0.6498	0.8224
建设银行	0.5147	0.4873	0.5329	0.5955	0.6148	0.5851	0.6194
交通银行	0.5619	0.5023	0.5472	0.6070	0.7103	0.7225	1.0000
中信银行	0.5383	0.4025	0.4570	0.5106	0.5167	0.4932	0.4814
光大银行	0.5547	0.9934	0.4639	0.4854	0.5360	0.6467	1.0000
华夏银行	0.3059	0.3076	0.3547	0.4284	0.4234	0.3985	0.4375
平安银行	0.1143	0.3643	0.4061	0.4540	0.4383	0.3878	0.4271
招商银行	0.5181	0.4180	0.4645	0.5101	0.5446	0.4972	0.4958
浦发银行	0.3837	0.4040	0.4654	0.4979	0.4997	0.4588	0.4686
兴业银行	0.4691	0.4394	0.4584	0.4593	0.4967	0.4526	0.4639
民生银行	0.3600	0.4273	0.4260	0.4896	0.4878	0.4725	0.4582

续表

公司名称	2008 年	2009 年	2010 年	2011 年	2012 年	2013 年	2014 年
南京银行	0.8776	0.5594	0.5762	0.5936	0.6069	0.5204	0.4791
北京银行	0.7397	0.5567	0.4898	0.4724	0.5049	0.4442	0.4461
宁波银行	0.6721	0.4358	0.5887	0.5944	0.6126	0.4844	0.4879
渤海银行	0.2020	0.2066	0.2762	0.3945	0.4346	0.4685	0.4130
广发银行	0.3615	0.3186	0.4155	0.4486	0.4509	0.3618	0.3915
恒丰银行	0.3417	0.4022	0.4295	0.4654	0.4566	0.4224	0.4229
浙商银行	0.3874	0.3943	0.5251	0.4880	0.4705	0.4618	0.4091
天津银行	0.4874	0.4717	0.4411	0.4408	0.4900	0.4304	0.4800
河北银行	0.4352	0.3887	0.5288	0.5293	0.4854	0.4512	0.4284
沧州银行	0.8765	0.6325	0.5735	0.6876	0.5921	0.5295	0.5479
唐山银行	0.3582	0.8507	0.3185	0.4002	0.3919	0.3911	0.5072
张家口银行	0.4841	0.6372	0.7907	0.8155	0.8909	0.6479	0.4690
包商银行	0.5384	0.5151	0.5128	0.6025	0.6118	0.4710	0.4444
锦州银行	0.4249	0.5699	0.5539	0.5481	0.5570	0.4501	0.4495
营口银行	0.4967	0.5863	0.5572	0.5285	0.5366	0.4097	0.4180
阜新银行	0.9667	0.7416	0.5626	0.7289	0.6189	0.5402	0.5970
辽阳银行	0.3848	0.3903	0.4497	0.4707	0.5815	0.4606	0.5225
上海银行	0.3674	0.6245	0.5357	0.5949	0.5427	0.5135	0.5121
江苏银行	0.4317	0.3990	0.4224	0.4503	0.4988	0.4666	0.4859
杭州银行	0.4262	0.4202	0.4696	0.5217	0.4962	0.4712	0.4665
温州银行	0.5064	0.4924	0.4605	0.4812	0.4875	0.4479	0.4445
嘉兴银行	0.5571	0.5306	0.5071	0.4646	0.4157	0.4099	0.3563
湖州银行	0.5069	0.5674	0.5115	0.5617	0.5485	0.4439	0.2245
泰隆银行	0.5099	0.4230	0.4894	0.5387	0.4565	0.4514	0.3615
民泰银行	0.6647	0.6020	1.0181	0.6407	0.4672	0.4693	0.5567
徽商银行	0.4341	0.5400	0.4762	0.4582	0.5164	0.5100	0.4599
泉州银行	0.7869	0.6785	0.7221	0.6785	0.5973	0.6217	0.5530
南昌银行	0.4982	0.4519	0.6251	0.6155	0.5112	0.4777	0.3955
九江银行	0.7937	0.7218	0.5503	0.6278	0.6712	0.5512	0.4544
赣州银行	0.9996	0.6330	0.6763	1.0319	1.0125	0.7554	0.5709
齐鲁银行	0.5438	0.5439	0.6382	0.6193	0.6081	0.5395	0.5427
威海银行	0.4295	0.4398	0.2868	0.4283	0.5025	0.4681	0.4400
日照银行	0.1437	0.1916	0.4331	0.4417	0.5114	0.4220	0.5183
莱商银行	0.9998	0.8867	0.5992	0.7877	0.8148	0.7340	0.6115
东营银行	0.8116	0.7160	0.9973	1.1087	0.7878	0.6110	0.5187

公司名称	2008 年	2009 年	2010 年	2011 年	2012 年	2013 年	2014 年
郑州银行	0.9825	0.5550	0.5705	0.6727	0.7801	0.6359	0.5750
洛阳银行	0.3644	0.4665	0.5112	0.7276	0.6938	0.5537	0.4965
汉口银行	0.4813	0.5603	0.6198	0.6414	0.7887	0.6308	0.5910
长沙银行	0.4794	0.4220	0.4846	0.4610	0.5428	0.5007	0.4717
东莞银行	0.5141	0.4765	0.5289	0.5865	0.5807	0.4985	0.4960
北部湾银行	1.1988	0.6371	0.5953	0.5053	0.4900	0.1881	0.1201
桂林银行	0.6473	0.6462	0.6401	0.5165	0.5135	0.4683	0.4362
重庆银行	0.4679	0.5570	0.4932	0.4954	0.5393	0.5426	0.4530
成都银行	0.6252	0.5420	0.5371	0.6340	0.5653	0.5211	0.5235
攀枝花银行	0.9986	0.9675	0.6572	0.6882	0.6410	0.5643	0.5288
乐山银行	0.9908	0.6384	0.5186	0.5678	0.6760	0.7638	0.6036
德阳银行	0.4167	0.4591	0.5831	0.5907	0.6198	0.4569	0.3890
贵阳银行	0.3589	0.4335	0.7234	0.6186	0.7362	0.6497	0.6693
富滇银行	0.6382	0.3750	0.4459	0.5169	0.5015	0.4466	0.5998
曲靖银行	0.9906	0.8079	0.5586	0.6983	0.7401	0.6968	0.8531
西安银行	0.5656	0.6551	0.6070	0.5540	0.5631	0.5149	0.5096
厦门银行	0.5300	0.2359	0.3510	0.4911	0.4428	0.3580	0.3921
青岛银行	0.6420	0.5725	0.4341	0.5407	0.5145	0.4266	0.4291
均值	0.5614	0.5246	0.5300	0.5677	0.5719	0.5115	0.5111

表 8 - 10　　　　　　　　　各商业银行的调整后规模效率计算结果

公司名称	2008 年	2009 年	2010 年	2011 年	2012 年	2013 年	2014 年
工商银行	0.8505	0.8792	0.8609	0.8190	0.8132	0.8213	0.8248
农业银行	0.8036	0.7903	0.8794	0.7281	0.6864	0.6629	0.6330
中国银行	0.9016	0.9072	0.9045	0.8863	0.8827	0.8936	0.9229
建设银行	0.7945	0.8127	0.8017	0.7436	0.7106	0.7067	0.7119
交通银行	0.9824	0.9863	0.9886	0.9960	0.9896	0.9910	1.5804
中信银行	0.9638	0.9645	0.9561	0.9227	0.9239	0.9056	0.9063
光大银行	0.6911	0.4082	0.9995	0.9992	0.9969	0.8678	0.6658
华夏银行	0.9835	0.9797	0.9715	0.9680	0.9642	0.9601	0.9556
平安银行	0.9889	0.9872	0.9829	0.9738	0.9710	0.9673	0.9657
招商银行	0.9386	0.9531	0.9420	0.9004	0.8868	0.8778	0.8738
浦发银行	0.9686	0.9656	0.9567	0.9446	0.9323	0.9235	0.9121
兴业银行	0.9718	0.9752	0.9680	0.9512	0.9341	0.9310	0.9232

公司名称	2008 年	2009 年	2010 年	2011 年	2012 年	2013 年	2014 年
民生银行	0.9727	0.9615	0.9533	0.9233	0.9107	0.9038	0.9006
南京银行	0.9981	0.9969	0.9953	0.9934	0.9913	0.9896	0.9875
北京银行	0.9891	0.9904	0.9878	0.9845	0.9771	0.9761	0.9706
宁波银行	0.9972	0.9968	0.9952	0.9931	0.9917	0.9894	0.9896
渤海银行	0.9998	0.9983	0.9966	0.9943	0.9928	0.9894	0.9876
广发银行	0.9863	0.9819	0.9778	0.9747	0.9712	0.9661	0.9615
恒丰银行	0.9974	0.9976	0.9947	0.9916	0.9910	0.9874	0.9833
浙商银行	0.9980	0.9966	0.9944	0.9929	0.9892	0.9898	0.9875
天津银行	0.9968	0.9972	0.9964	0.9962	0.9945	0.9936	0.9928
河北银行	0.9994	0.9991	0.9990	0.9986	0.9981	0.9973	0.9977
沧州银行	0.8183	0.8866	0.9995	0.9997	0.9998	0.9992	0.9987
唐山银行	0.9177	0.9121	0.9185	0.9978	0.9995	0.9997	0.9980
张家口银行	0.8687	1.0000	0.9936	0.9958	0.9997	0.9981	0.9976
包商银行	0.9990	0.9985	0.9970	0.9953	0.9961	0.9953	0.9945
锦州银行	0.9999	0.9991	0.9985	0.9971	0.9971	0.9973	0.9985
营口银行	0.9153	0.9445	0.9998	0.9993	0.9988	0.9986	0.9981
阜新银行	0.5440	0.8911	0.9442	0.9996	0.9988	0.9989	0.9982
辽阳银行	0.9751	0.9819	0.9841	0.9999	0.9991	0.9989	0.9982
上海银行	0.9909	0.9879	0.9843	0.9837	0.9826	0.9825	0.9751
江苏银行	0.9933	0.9919	0.9905	0.9849	0.9938	0.9800	0.9762
杭州银行	0.9980	0.9971	0.9960	0.9927	0.9908	0.9896	0.9984
温州银行	0.9994	0.9996	0.9991	0.9987	0.9984	0.9980	0.9977
嘉兴银行	0.8851	0.8936	0.9708	0.9960	0.9986	0.9998	0.9984
湖州银行	0.8181	0.8477	0.9305	0.9691	0.9679	0.9876	0.9897
泰隆银行	0.8951	1.0000	0.9993	0.9989	0.9990	0.9984	0.9998
民泰银行	0.8579	0.9920	0.9973	0.9993	0.9989	0.9984	0.9979
徽商银行	0.9971	0.9966	0.9961	0.9949	0.9940	0.9643	0.9984
泉州银行	0.7213	0.7302	0.7544	0.9348	0.9939	0.9996	0.9992
南昌银行	0.9995	0.9995	0.9988	0.9973	0.9973	0.9974	0.9967
九江银行	0.8704	0.9338	0.9997	0.9983	0.9977	0.9976	0.9975
赣州银行	0.8763	0.8432	0.9418	0.9481	0.9995	0.9981	0.9981
齐鲁银行	0.9987	0.9981	0.9972	0.9978	0.9975	0.9970	0.9959
威海银行	0.9741	0.9996	0.9981	0.9991	0.9987	0.9985	0.9995
日照银行	0.9139	0.9650	0.9982	0.9998	0.9991	0.9988	0.9986
莱商银行	0.8939	0.9280	0.9889	0.9652	0.9916	0.9992	0.9987

公司名称	2008 年	2009 年	2010 年	2011 年	2012 年	2013 年	2014 年
东营银行	0.8377	0.8635	0.7910	0.9069	0.9997	0.9998	0.9989
郑州银行	0.5163	0.9992	0.9993	0.9984	0.9967	0.9960	0.9986
洛阳银行	0.9938	0.9392	0.9551	0.9990	0.9984	0.9977	0.9970
汉口银行	0.9994	0.9992	0.9984	0.9960	0.9952	0.9941	0.9947
长沙银行	0.9991	0.9993	0.9986	0.9978	0.9975	0.9967	0.9965
东莞银行	0.9985	0.9987	0.9981	0.9975	0.9960	0.9958	0.9957
北部湾银行	0.9999	0.9730	0.9996	0.9990	0.9986	0.9995	0.9994
桂林银行	0.6703	0.8707	0.9506	0.9994	0.9987	0.9982	0.9979
重庆银行	0.9988	0.9986	0.9978	0.9970	0.9957	0.9999	0.9988
成都银行	0.9984	0.9987	0.9981	0.9959	0.9954	0.9935	0.9907
攀枝花银行	0.6146	0.5820	0.9121	0.9542	0.9544	0.9993	0.9991
乐山银行	0.3677	0.8155	0.8736	0.9232	0.9998	0.9992	0.9989
德阳银行	0.8498	0.9513	0.9379	0.9994	0.9993	0.9995	0.9958
贵阳银行	0.9988	0.9992	0.9989	0.9978	0.9970	0.9967	0.9936
富滇银行	0.9996	0.9976	0.9986	0.9981	0.9980	0.9976	0.9968
曲靖银行	0.4433	0.5366	0.7497	0.8221	0.8928	0.8681	0.9365
西安银行	0.9991	0.9995	0.9996	0.9990	0.9985	0.9977	0.9969
厦门银行	0.8630	0.9201	0.9566	0.9993	0.9992	0.9997	0.9979
青岛银行	0.9954	0.9998	0.9992	0.9984	0.9979	0.9972	0.9970
均值	0.9036	0.9346	0.9635	0.9697	0.9727	0.9695	0.9759

8.3.3.1 调整前后技术效率分析

经过对外部环境和随机误差影响因素的调整，商业银行的三种效率在调整后均存在一定的变化，外部环境和随机误差因素确实对银行的技术效率产生了重要影响。因此利用三阶段 DEA 方法剔除外部环境和随机误差因素，重测银行的经营效率是必要的。综合来看，中国商业银行的规模效率大于纯技术效率，说明银行的技术无效率来源于纯技术效率，而非规模无效。

（1）技术效率。由图 8 - 8 可知，2008 ~ 2014 年，调整前的技术效率呈逐渐下降态势，调整后的技术效率则是在相对高位持平，基本上在 0.4 ~ 0.6 之间波动，均值为 0.5109。

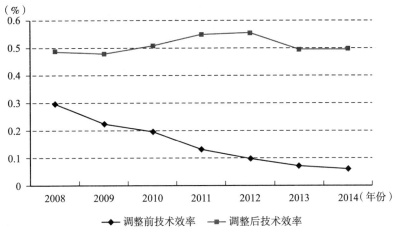

图 8 - 8　银行年度的技术效率调整前后对照

（2）纯技术效率。由图 8 - 9 可知，2008 ~ 2014 年，调整前的纯技术效率和调整后的纯技术效率走势基本一致。而且，纯技术效率基本上也在 0.4 ~ 0.6 之间波动，均值为 0.5397。

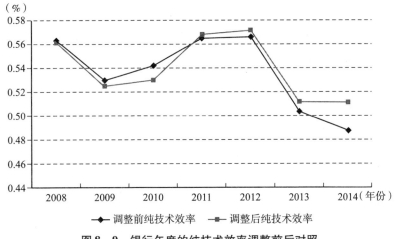

图 8 - 9　银行年度的纯技术效率调整前后对照

（3）规模效率。由图 8 - 10 可知，2008 ~ 2014 年间，调整前的规模效率呈下降态势，调整后的规模效率的走势较为平稳，基本上在 0.9 ~ 1.0 之间波动，均值为 0.9556，说明调整前的规模效率受到环境因素的影响而发生变动。

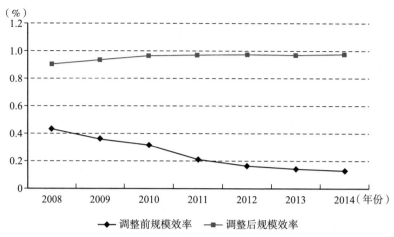

图8-10　银行年度的规模效率调整前后对照

8.3.3.2　不同类型银行效率分析

（1）技术效率。从图8-11来看，2008~2012年间，城商行的技术效率要略高于大型银行，大型银行又略高于股份制银行。2013~2014年间，城商行的技术效率开始有所下降，2014年为0.4842；大型银行快速上升，2014年的技术效率为0.7891，超过了城商行；股份制银行则一直表现平稳，2014年为0.4365，仍然比大型银行和城商行低。而在第一阶段估计时，大型银行和股份制银行的技术效率被严重低估。同时，城商行技术效率相对平稳的走势被扭曲。

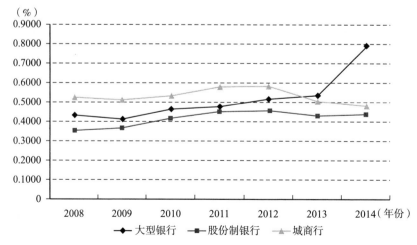

图8-11　2008~2014年不同规模银行技术效率变动趋势

（2）纯技术效率。观察图 8 - 12 可见，2008～2011 年间，城商行的纯技术效率要略高于大型银行，大型银行又略高于股份制银行。2012～2014 年间，城商行的纯技术效率开始下降，2014 年为 0.4875；大型银行出现上升势头，2014 年的纯技术效率达到 0.7946，超过了城商行；股份制银行也有所上升，2014 年为 0.4891，赶上了城商行的水平。与第一阶段的估计结果相比，纯技术效率的估计偏差并不大。从比较结果来看，由于纯技术效率的提高，大型银行的技术效率从 2013 年超过了其他银行，这与早期的研究结论已经有了较大的变化（王聪和谭政勋，2007）。

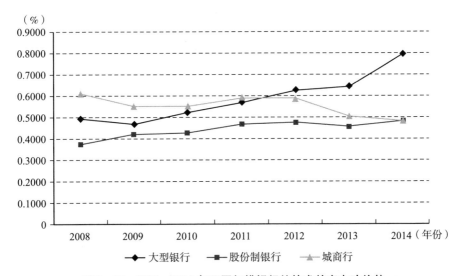

图 8 - 12　2008～2014 年不同规模银行纯技术效率变动趋势

（3）规模效率。从图 8 - 13 可知，三类银行的规模效率相差不大，走势略有不同。城商行的规模效率先缓慢上升然后保持不变，2014 年的效率值为 0.9942。大型银行的规模效率小幅度波动，2014 年略升为 0.9346。股份制银行的规模效率平中有降，2014 年为 0.9186。而在第一阶段估计时，大型银行和股份制银行的规模效率同样被严重低估。同时，城商行技术效率相对平稳的走势也被扭曲。

由此可见，在第一阶段，由于环境和随机因素的影响，银行效率的纯技术无效本质却被拉低的规模效率所掩盖。剥离环境和随机因素的影响后，能够更加真实地看出技术效率值和规模效率值较第一阶段得到较大提升，说明商业银

行的技术效率和规模效率被低估,这恰恰是由所处的外部环境或是运气比较差
所导致。因此,影响银行因素的真正原因在于银行的纯技术效率低下,大多数
银行的经营决策与管理水平仍然较为欠缺,这与第一阶段所得到的结果正好相
反。银行依靠规模扩张提高银行利率的策略已经没有利用空间,只有学习发达
国家商业银行的先进管理经验和技术,提高自身的纯技术效率,才能改善银行
效率。

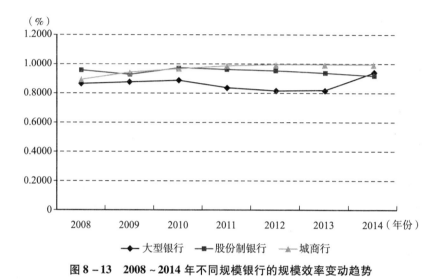

图 8 – 13　2008～2014 年不同规模银行的规模效率变动趋势

8.4　银行效率影响因素的文献综述

8.4.1　外在不可控的宏观影响因素

商业银行作为我国金融市场的重要支柱,其健康发展不仅关系到我国金融
的稳定而且深刻影响着经济的稳定,商业银行效率是其竞争力的核心指标和集
中体现。关于银行经营效率国内外已有了广泛而深入的研究,本章从宏微观两
个角度对银行效率影响因素进行文献梳理。

8.4.1.1　产权制度因素

传统的产权制度理论认为，私有银行的所有者拥有剩余索取权，他们持有较强的动机参与监督或者经营，有助于提高银行的效率和效益。多数学者认为由于缺少市场约束和对银行管理者过失进行惩罚的有力措施，管理者们没有较强的内在动力去改善银行效率，产权制度成为国有银行效率低下的关键原因。法马和詹森（Fama and Jensen，1983）对此持有另一种观点：对经营者其他一些监督方式（例如经理人市场的激烈竞争、董事会、监事会等）的存在足以抑制经营者的道德风险行为。科尔凯什和迈尔斯（Corkish and Miles，1994）认为非私营银行同样存在多种环境压力，产权制度因素不能成为私营银行高效的理由，银行产权结构与效率不存在必然的直接关系。黛蒙德和迪布维格（Diamond and Dybvig，1983）进一步提出，由于体制保护的原因，私有银行更容易面临挤提风险，而国有银行能够较好地回避这种风险，从这个角度来看，国有银行的经营效率相对更高。伯杰和梅斯特（Berger and Mester，1997）对 122 篇关于银行效率的文献进行归纳，发现发展中国家的外资银行效率高于国内银行，不过在发达国家情况正好相反。萨菲（Sathye，2003）对印度银行的实证研究表明，外资参股会给当地银行带来现代的业务经营水平和先进的管理经验，国内的纯私有银行由于经营水平的差距致使其效率要低于外资银行不过。韦尔（Weill，2004）认为，CEECS[①]银行与西方国家银行部门在效率水平上的差距可能更多的是由于管理行为上的缺陷，而非产权结构上的不同。博宁等（Bonin et al.，2005）依据 11 个转轨国家的银行数据样本进行了实证研究，也证明自身的私有化并非必然会提高银行效率。耶尔德勒姆和菲利帕托斯（Yildirim and Philippatos，2007）对 11 个拉美国家在 1993 ~ 2000 年银行业效率的研究同样发现，允许外资参股有利于本国银行业效率的提高。斯泰科拉斯（Staikouras）、马马扎克斯和菲利帕基（Mamatzakis and Filippaki，2008）采用 SFA 方法，测算和比较了 6 个东南欧国家银行 1998 ~ 2003 年之间的效率，结果再次表明外资占有较高比例的效率水平较高。兰辛克等（Lensink et al.，2008）考察 105 个国家 1995 ~ 2003 年间 2095 个商业银行的效率与其外资股权的关系，结果表明不

[①]　20 世纪 90 年代，波兰、匈牙利、捷克、斯洛伐克和斯洛文尼亚等中欧国家与东欧国家（central and eastern european countries，CEECs）。

同产权结构的银行之间效率存在较大的差异。

国内学者谢平和焦瑾璞（2002）指出，中国商业银行业的国家所有制形式垄断特点，使国家实际上成为最后担保人，承当无限责任，导致国有银行的外部竞争压力和内部发展动力严重匮乏，国有银行效率低下。张健华（2003）应用改进的 DEA 模型对我国国有银行和股份制银行在 1997～2001 年间的效率情况进行了研究，研究结果表明股份制商业银行效率比国有银行的效率要高。朱南等（2004），郑鸣和张燕（2004）的研究也得出相同的结论。陈敬学和别双枝（2004）对我国商业银行 1994～2002 年的规模效率进行了实证研究。重点指出我国国有商业银行由于产权制度性质和市场垄断性质，导致其经营效率一直较低。刘汉涛（2004）测度对我国国有银行、股份制银行和城市商业银行 2000～2002 年的效率展开分析，也得出了基本相同的结论。郑录军和曹延求（2005）、姚树洁等（2011）的研究多次证明了产权制度成为银行效率的重要影响因素。

8.4.1.2 金融发展政策

涉及金融发展水平与银行效率之间的关系问题研究，境外的相关文献并不多见，国内文献更是稀少。在发达国家中，给银行经营提供自由空间，形成银行间的竞争进而改进银行效率的观点得到了大多数人的认同。伯杰（1992）研究了挪威银行体系的效率特征，发现在金融市场放松管制之后，银行效率呈"U"型变化，先下降，然后转为上升。穆克吉等（Mukherjee et al.，2001）对金融自由化后英国 201 家的商业银行在 1984～1990 年间的效率进行了测算，发现银行效率同样呈"U"型变化，在 1984～1985 年间先有所下降，在 1986～1990 年间逐渐上升。扎伊姆（Zaim，1995）比较了土耳其银行在实行金融自由化前后的效率变化，研究结果支持"金融自由化有助于银行效率提高"的观点。不过，伯杰和汉弗莱（Berger and Humphrey，1997）认为扎伊姆的结果由于数据的缺陷缺乏可靠性。而（Isik and Hassan，2002）详细检验了土耳其在实施金融自由化以后，商业银行效率均有大幅提高，技术进步的作用却不明显。根据对分段以后各个时期的数据分析，艾西克和哈桑（Isik and Hassan）发现银行效率呈 J 曲线的特征：在金融发展的初期，银行效率增加得很慢，经历一段适应和消化时期，银行的效率开始快速增加。斯特姆和威廉斯（Sturm and Williams，2004）对澳大利亚的研究发现，放松金融管制对银行效率有正向影响。关于发展中国家的银行效率研究，吉尔伯特和威尔逊（Gilbert and Wilson，1998）对韩国放松金融管制前后银行效率的变化情况进行了研究，研究时间阶段为 1980 ~ 1994 年。研究结果表明，在放松金融管制以后，银行效率有了大幅增加。徐（Shyu，1998）对我国台湾银行体系展开的研究也进一步证明，金融自由化确实有利于一国银行效率的提高。

也有一些研究得出与上述不同的结论。鲍尔等（Bauer et al.，1993）发现美国在 20 世纪 80 年代早期的放松管制，对银行效率的改善几乎没有什么作用。惠洛克和威尔逊（Wheelock and Wilson，1999）的研究证实在 1984 ~ 1993 年期间，英国银行效率反而有所下降。

8.4.2　内在可控的微观影响因素

部分学者从银行自身角度寻找效率的影响因素，这些影响因素为银行内在可控的微观因素，即银行可以通过对这些微观因素，例如自身的经营战略、业务规模和结构、风险水平的调整和优化，达到提高银行效率的目的。研究成果中，多数分析注重的是银行财务指标的特征，由于研究国别、研究期限存在差异，研究结论也不尽相同。

8.4.2.1　资产负债指标

伯杰等（1993）通过实证分析，指出美国银行业规模对银行效率产生正向影响，而赫马林和华勒斯（Hermalin and Wallace，1994）的分析进一步证实银行资产规模与效率之间存在显著的负相关关系。迪昂（Deyong，1997）对美国银行业 1984 ~ 1993 年的效率影响因素方面展开研究，同样发现银行资产规模对效率存在正向效应。杰克逊和费特希（Jackson and Fethi，2000）对土耳其银行的技术效率展开研究，发现银行规模对效率的正向作用明显。达拉特（Darrat，2002）对科威特银行展开研究，发现的却是银行规模对效率具有显著的负向影响，而自有资金比率对效率没有显著的影响关系。国内学者刘汉涛（2004）证明中国商业银行的技术效率损失根源在于规模效率。孙秀峰和迟国泰（2010）认为，国内商业银行分支机构资产、存贷比以及贷款占比等资产类的相关指标能够对银行的各类效率产生较大的影响。

8.4.2.2 资本管理水平

伯杰和汉弗莱（1997）专门对资本充足率与银行效率之间的关系展开研究，结果表明两者正向相关。杰克逊和费特希（2000）在对土耳其银行1998年的技术效率研究当中，却发现资本充足率对技术效率的高低似乎没有什么作用。哈克和赞尼奥斯（Harker and Zenios, 2000）对金融效率的影响因素进行了分析，结果认为如果监管当局对银行实行资本充足约束，会降低银行的运营效率。格里戈里扬和马诺尔（Grigorian and Manole, 2002）的研究中是通过对17个转轨经济体的银行效率进行了综合比较，结果发现自有资金比率对效率存在着显著的正向影响。罗西等（Rossi et al., 2005）、阿里夫等（Ariff et al., 2008）的研究甚至认为资本充足率的提高不利于商业银行效率。弗蒂奥斯（Fotios, 2008）同样研究认为，较高的资本总额是可以增加银行效率的。国内学者张健华和王鹏（2009）根据中国银行1999～2008年的数据以及产出定位的距离函数，从盈利能力和业务扩张能力等多个角度，采用随机前沿分析方法对我国不同类型银行的技术效率及其影响因素进行了研究，发现金融体制变革对中国银行业技术效率的提高起着重要的推动作用。李红远和李金博（2009）收集了全球677家商业银行的公开数据进行研究，认识到严厉的资本充足监管对银行效率具有不可忽视的影响。蒋浩等（2009）、林丰德（2010）的研究结果表明当资本充足限制越严格，我国银行的平均效率越低。钱海刚等（2009）研究指出：商业银行的效率与资本充足率之间并不存在明确的关系。刘星和张建斌（2010）的研究表明资本充足率的提高有利于商业银行效率。王莉等（2012）利用改进的科帕茨基和万霍斯（Kopecky and Vanhoose, 2004）模型分析得出：资本充足率与银行效率存在着非线性关系，当资本充足率处于7%～11%时，资本充足率对于银行效率将会产生正向影响，如果继续提高则没有太大意义。

8.4.2.3 业务结构指标

在商业银行业务结构的研究方面，国内外近年来的研究文献并不多。国外的一些研究已经把商业银行的非传统业务（non-traditional activities）作为银行效率的重要影响因素加以分析。（Kolari and Zardkoohi, 1987）设计出一种"双产品业务范围效率模型"（model for degree of scope efficiency for two outputs），将美国约 600 家银行按各类业务的所占比例分为农村类、城市类、批发类和零售类四类银行，然后对其分别进行业务范围效率假说检验，经过对检验结果的比较表明无论哪一类银行，经营多种组合业务都比经营单一业务的效率要高。实际分析过程中，阿尔滕巴斯等（Altunbas et al.，2000）以表外业务的名义价值代表非传统业务，分析了非传统业务比例的变动对银行效率产生的影响。欧洲中央银行（ECB，2000）曾经测算出，欧洲商业银行的非利息收入占总收入的比重在 1989～1998 年间由 26% 上升至 41%。罗西（Rosie，2003）对欧盟国家 1994～1998 年的数据为研究对象，认为非利息收入的增加会稳步提升商业银行的经营绩效。斯蒂罗（Stiroh，2004）测算出，美国商业银行的非利息收入占总收入的比重从 20 世纪 80 年代的不到 19% 上升至 21 世纪初的 43% 以上。迄今，欧美一些大银行非利息收入占总收入的比重已经超过 50%，成为商业银行最重要的收入来源。文森佐（Vincenzo，2008）研究了意大利银行 1993～2003 年的数据，结果发现非利息收入种类数的增加有效提高了银行尤其一些中小银行的经风险调整后的绩效。乔维塔（Joyeeta，2010）利用印度东北部 60 家银行的 2003～2007 年财务数据，得出非利息收入对银行绩效具有正向作用的结论。

国内学者魏国雄（2003）、郑晓敏（2003）、曲迎波（2006）、李成青（2010）、张明志（2011）、张革（2012）等从定性角度，针对国内商业银行业务结构失衡的现状，提出银行业务管理中存在的问题和有针对性的优化业务结构策略。王菁等（2008）认为，我国商业银行的业务结构，长期以来利息收入占银行总收入的 80% 以上，非利息收入占比较低，不过非利息收入的增长率总体上要高于利息收入的增长率。在商业银行业务结构与银行效率关系的研究方面，迟国泰等（2006）以定量方法研究认为，非利息收入占比的提高对我国商业银行综合技术效率存在正面影响。孙秀峰和迟国泰（2010）利用 14 家中国商业银行 1998～2007 年的面板数据，构建联立方程组分析不同内生因素对银行效率的影响，最后得出结论：国内商业银行扩大非信贷业务比重有利于提高效率。吴有红和张金清（2013）运用 SFA 方法，测度和比较了我国 14 家主要商业银行和全球规模较大的 100 家商业银行的效率水平，结果认为商业银行采取优化业务结构的措施，会内在地提高银行效率。

8.5 综合产出效应估计

8.5.1 单位根检验

表 8 - 11 的检验结果表明，四种检验方法均拒绝了原假设，即变量并不存在单位根。可以认为 TE 为 I(0) 单整变量，选择上述变量直接进行模型估计不会存在虚假回归现象。

表 8 - 11   变量平稳性检验结果

变量	LLC	IPS	ADF	PP	结论
TE	- 12. 837 *** (0. 000)	- 2. 424 *** (0. 008)	73. 975 *** (0. 000)	101. 979 *** (0. 000)	平稳

注: *** 表示在 1% 水平上显著。

8.5.2 动态面板模型估计

构建银行信贷结构的动态面板回归模型，考量当前银行信贷结构对经营效率带来的影响，这里研究的银行经营效率是已经扣除外部环境变量和随机误差因素影响以后形成的效率。构建的模型具体表达式如下：

$$TE_{i,t} = a_0 + a_1 TE_{i,t-1} + a_2 DLOAN_{i,t} + a_3 SIR_{i,t} + a_4 SLT_{i,t} + a_5 LR_{i,t} + a_6 IOIR_{i,t} +$$
$$a_7 CIR_{i,t} + a_8 DLR_t + a_9 MS_t + a_{10} DKB_t + a_{11} IPO + a_{12} M2 + a_{13} JZLC +$$
$$a_{14} ZBJL + a_{15} RGDP \tag{8.24}$$

本节建立了包含信贷规模和信贷结构两者交互效应的 4 个动态面板模型，仍然采用两阶段的 FD - GMM 估计方法。表 8 - 12 显示，经过比较，模型 1 至模型 4 的 AR(1) 和 AR(2) 检验结果表明各个模型的残差均存在一阶自相关，不存在二阶自相关；同时 Hansen 检验均接受"所有工具变量都有效"的原假设，表明模型的工具变量联合有效，故模型 1 至模型 4 均符合 FD - GMM 的估计要求。

从动态面板的估计结果来看，SIR 对 TE 存在微弱的正向影响关系。在 DLOAN 的均值处，当 SIR 增加 1 个百分点，TE 会增加 0.000 ~ 0.002 个百分点，表明商业银行向第二产业的行业投放贷款时，会导致银行效率上升。DLOAN 对 TE 存在着正向影响关系，但是并不显著。从估计参数来看，在 SIR 的均值处，DLOAN 增加 1 个百分点，TE 会在 - 0.001 ~ 0.001 个百分点之间，表明商业银行贷款规模扩张时，银行效率正负变动并不确定。SLT 对 TE 同样存在着不显著且微弱的正向影响关系，这里可以不予考虑。

表 8 - 12　　　　　　　　　FD - GMM 方法的估计结果

变量	模型 1 OLS	模型 2 静态面板	模型 3 动态面板 (2 ~ 3 阶滞后项)	模型 4 动态面板 (2 阶滞后项)
TE(- 1)	0.608 *** (8.576)	0.308 *** (5.075)	0.240 *** (8.186)	0.147 *** (3.372)
SIR	0.001 (0.440)	0.002 (1.530)	0.000 (0.418)	0.002 * (1.831)
DLOAN	0.000 (- 0.069)	0.001 (0.664)	- 0.001 (- 0.793)	0.001 (0.949)
SLT	0.000 (- 0.020)	0.000 (- 1.005)	0.000 (0.367)	0.000 (- 1.391)
LR	0.001 * (1.804)	0.001 (1.485)	0.002 *** (8.058)	0.003 *** (6.641)
IOIR	0.001 (0.642)	0.001 (0.485)	- 0.001 (- 0.613)	- 0.001 (- 0.450)
CIR	- 0.003 *** (- 3.172)	- 0.007 *** (- 5.219)	- 0.008 *** (- 13.237)	- 0.007 *** (- 7.112)
DLR	0.000 (- 0.023)	- 0.001 (- 0.552)	0.001 *** (3.037)	0.003 *** (3.640)
MS	- 0.004 (- 1.364)	- 0.080 *** (- 3.907)	- 0.065 *** (- 5.011)	- 0.065 *** (- 10.099)
DKB	0.001 (1.280)	0.000 (0.511)	0.001 ** (2.304)	0.000 (0.155)
IPO	- 0.004 (- 0.278)	- 0.024 (- 0.557)	- 0.106 *** (- 2.723)	- 0.055 (- 1.613)
M2	0.001 (0.197)	- 0.002 (- 1.189)	- 0.003 *** (- 3.093)	- 0.004 *** (- 5.505)

续表

变量	模型 1	模型 2	模型 3	模型 4
	OLS	静态面板	动态面板 (2～3 阶滞后项)	动态面板 (2 阶滞后项)
JZLC	0.207 (0.384)	0.952 *** (2.900)	1.013 *** (12.570)	0.992 *** (11.809)
ZBJL	0.017 * (1.689)	0.000 (0.028)	0.001 (1.131)	0.000 (-0.030)
RGDP	0.022 * (1.718)	0.001 (0.088)	-0.001 (-0.276)	-0.001 (-0.503)
常数项	-0.847 (-0.645)	-2.264 *** (-2.632)	—	—
观察值数	390	390	323	323
R^2	0.491	0.109		
LL	375.294	446.323		
AR(1)	—	—	-2.420 ** (0.016)	-2.020 ** (0.034)
AR(2)	—	—	-0.360 (0.715)	-1.290 (0.195)
汉森检验 (Hansen test)	—	—	57.060 (0.984)	38.110 (0.757)

注：* 表示在10%水平上显著，** 表示在5%水平上显著，*** 表示在1%水平上显著。

第*9*章

结论与建议

9.1 主要结论

（1）从产业角度来看，长期以来，商业银行贷款投放主要集中在第二产业和第三产业，而且第三产业投放占比一直高于第二产业，差距也在不断扩大。细分至行业，商业银行的信贷结构中，行业贷款最多仍然是第二产业的制造业，其次是第三产业的批发零售业和房地产业。最终导致信贷产业集中度和第二产业内集中度偏高。

从政府调控角度来看，政府宏观调控政策会直接或间接决定商业银行贷款行业投向。当前经济主要是为了调结构保增长，政府会出台相应的经济政策，引导银行在第二产业和第三产业之间寻找一个平衡的信贷资金投放比例。政府首先，倾向于支持资金密集型行业，而资金密集型行业主要分布在基础产业和设施项目，如钢铁业、建筑业、电信和交通等，包括房地产业。其次，政府还要依靠投资和消费拉动经济增长，而第三产业中的房地产业和批发零售业得到了大量的信贷资金支持。

从商业银行角度来看，银行首先考虑的是如何采取措施保证自己的收入水平。经验数据表明，第二产业的融资利率一般要高于第三产业。当净利差收窄、税负水平加重，导致业绩压力变大时，银行就会在可控的不良贷款率范围内，寻求贷款利率较高的第二产业内行业，将部分信贷资金投向例如制造业。当资本充足要求压力变大时，银行又会考虑将部分资金投向不良贷款率较低的行业，例如贷款利率较低的房地产业。

（2）实证分析表明：第一，由于利率市场化改革不断推进，存款利率放开使得净利差缩小，对商业银行的盈利能力有着显著的负向影响。负向政策效应更多地指向诸如城市商业银行这样的小规模银行，小规模银行对利率市场化改革更为敏感，规模较大的银行对政策消化能力较强。第二，尽管资本监管政策形成较高的资本充足要求，所有商业银行纷纷寻求其他方式补充资本或者内在地降低风险水平，也不会轻易采取缩减信贷规模的方式来提高资本充足率。第三，当前"营改增"政策对银行绩效产生负向影响，主要原因是免税项目范围过窄，抵扣项目不足。

银行对净利差冲击尚有一定的承受能力，但是对当前的资本监管要求和税后负担承受能力不足。即使在这样的情况下，从银行的自身意愿来看，由于缩减信贷规模会导致盈利水平和信贷风险水平同时下降，因此一般情况下银行都不倾向于缩减信贷规模。当通过增加第二产业占比来调整信贷结构时，银行在提高信贷风险水平的同时，也提高了银行盈利水平。这样，银行可以在信贷结构和信贷规模之间进行双向调整，共同对银行的盈利水平和风险水平产生影响。

（3）本书继续测度了银行的经营效率，以考量信贷结构变动对银行盈利水平和风险水平的综合影响。结果表明：第一，银行技术效率偏低，主要原因在于纯技术效率低下，说明银行经营决策与管理水平较为欠缺。由于经营管理水平的提高导致纯技术效率大幅改善，现阶段大型银行的技术效率明显超过了城商行和股份制银行。第二，增加第二产业占比只能够使银行效率有微弱的提升。银行效率有限的增量说明，银行如果通过增加第二产业占比来调整信贷结构，使盈利水平和信贷风险水平均有上升，但是盈利水平上升对银行利率产生的预期提升效应会略高于信贷风险水平上升对银行利率产生的非预期下降效应。在尚不需考虑风险水平上升导致资本监管压力的前提下，银行会继续加大对第二产业的信贷投资。但是当前日渐趋严的资本监管迫使银行正视自身的风险管理，选择风险水平较低的第三产业投放信贷资金。这样就会有一部分信贷资金，在三大经济政策的影响下，主动或者被动地在第二产业和第三产业的部分行业间进行短期或者长期的转移性调整。

9.2　政　策　建　议

改革开放以来，中国银行资产持续增长，市场化程度逐渐提高，为促进宏观经济的快速发展做出重大贡献。不过，过去中国银行业的发展更多依靠的是大设机构、频繁增员，走外延式粗放型扩张的路子，片面扩大资产规模，却忽视了信贷结构的优化管理。不合理的信贷投向结构，同样严重影响到银行业的可持续发展能力。近年来，随着金融市场化改革的不断深化，国内商业银行依靠政府扶持的优势逐渐消失，银行业普遍拥有的高盈利状态难以维系，甚至会出现剧烈下降和分化。开放的金融市场对银行的定价体系、资金运作、系统建设、业务创新等方面提出了更高的要求。市场化改革是一把"双刃剑"，对于银行来说既是严峻的挑战，也蕴涵着难得的发展机遇。对此，本书提出以下建议：

（1）对于政府而言，要想引导银行调整信贷结构，实现调整产业结构、稳定经济增长的政策目的，必须将货币政策、资本政策和税收政策综合考虑，相互配合，充分发挥各自的乘数效应，实现三管齐下的政策协同效应，而不是各行其政，甚至出台的政策彼此冲突、相互打架，导致市场上出现偏读误读而无所适从的局面。

①在利率市场化已经基本完成的今天，央行仍然可以通过调整基准利差来间接影响银行的净利差水平。当经济处于上升时期，银行信贷投放冲动高涨，更多的资金流向高收益的行业，其潜在的高风险往往被当期的低风险状态所掩盖，此时央行有责任提高基准利差，引导资金流出这些潜在高危的行业。当经济处于衰退时期，银行缺乏信贷投放热情而慎贷惜贷，市场上的信贷资金短缺，会加剧经济衰退，此时央行有责任降低基准利差，引导资金流入具有经济复苏驱动能力的高盈利行业，从而实现和保证经济增长的稳健性和持续性。

②对于资本监管政策，为了实现我国产业结构优化和稳定经济增长的调控目的，第一，可以考虑进一步细化资本监管制度，引导信贷资金流向。例如针对当前房地产业与部分过剩产能制造业等既有风险不高但是潜在风险较高、与我国产业导向有偏的高市场份额行业信贷，应该设定较高的风险权重，抑制信贷过度集中；而对于信息服务业和科教文卫教育等风险较低又关系民生的低市

场份额行业信贷，可以适当降低其资本要求，促进该行业的快速发展。第二，针对不同类型银行设定差别化监管标准，定向调节其信贷行为。资本监管约束下，异质性银行的信贷行为差异明显。城市商业银行的承受能力最差，可以考虑适当降低城商行的资本监管标准。

③鉴于当前我国银行业的税负本已经较重，且近年来多数银行净利润增速不断放缓甚至出现下降势。为了避免有效降低银行税负水平，营造更加合理的税收环境，第一，当前政府必须尽快明确存款利息的抵扣项目，例如先以固定比例来计算扣除商业银行对个人存款支付的利息，实现真正打通银行业增值税的抵扣链条。第二，政府在保持增值税税率不变的情况下，可以进一步扩大免税范围，比如加大对有市场发展前景的先进制造业、战略性新兴产业、现代新兴技术产业和传统产业改造升级等领域的政策扶持力度，加大对农业、服务业、绿色环保低碳行业以及小微企业等的税收优惠倾斜力度，引导商业银行调整信贷结构，降低增值税税负水平。第三，在"营改增"过程中，应对银行采取差异化政策，对股份制银行和城商行给予更多的税减政策，平缓"营改增"对地方政府经济的冲击。

（2）对商业银行而言，要及时审时度势，顺应经济政策，把握风险和收益的平衡，积极调整信贷结构，在满足资本监管要求的基础上，努力降低税负水平，增厚银行的盈利能力，增强银行的市场竞争力。

①利率市场化改革给不同类型的银行带来程度不同的不利影响。第一，银行应积极调整信贷结构，保持合理的净利差水平。一方面，银行既要改善服务方式，以质换量，形成自身的品牌效应，稳定和扩大客户基础；又要不断创新金融产品，丰富存贷款产品线，满足客户的差异化需求。另一方面，银行应着眼于我国的产业结构调整，利用税收优惠及产业政策，抑制片面追求高风险资产的动机，在风险可控的基础上调整行业、区域和客户的信贷结构，积极发展中小微企业融资、农村客户融资和个人消费贷款等业务，分享改革政策的红利，以保持合理的净利差水平。第二，中小银行发挥自身灵活的转型优势，尽快实施差异化经营。随着利率市场化的不断发展，中小银行面临着更加激烈的竞争局势。中小银行应逐渐摆脱依靠大客户的同质化经营模式，减少对传统大客户的过度依赖，充分发挥地方特色优势和对中小客户议价能力强的优势，扩大对中小企业的信贷投入，开发新的客户群，比如中小企业客户、零售客户，追求差异化经营，在未来的金融市场立于不败之地。

②当前的资本监管政策对银行的资本要求只有越来越严，银行由于自身的原因基本上丧失了对政策的承受能力，只能采取增资或者调整业务结构等方式被动地接受这种压力。当前银行为了实现业绩要求，只能在资本充足要求之上小心把控自己的资本充足水平，避免触碰资本红线，对资本更多是被动"调整"而非针对风险的主动"管理"，这样银行很容易陷入"监管套利"的怪圈，这对银行以后的资本风险管理水平的提高极为不利。随着国内信息技术的发展、金融自由化趋势和金融竞争的日益加剧，银行业的传统业务模式和产品结构会越来越不适应市场和客户的变化。因此，银行应该转变资本管理理念，尽快领会国际和国内资本监管规则本质，努力学习先进的资本管理技术和经验，全面考虑各项信贷业务的监管资本要求和风险度，及时调整信贷结构，以资本为基础建立多层次的风险限额体系，实行风险差别化管理，引导信贷资金流向风险评级优良和效益前景良好的行业，逐步从综合产出效率低的行业退出。

③当前"营改增"政策并没有改变中国商业银行税负程度较重的现状，反而增大了大部分银行的税收负担。具体来看，"营改增"政策给股份制银行和城商行带来的负向利润冲击比大型银行更大，而且在短期内银行基本上没有应对措施，只能被动承担"营改增"给其带来沉重的改革成本。第一，商业银行务必看清经济发展形势，顺应产业政策，改变经营发展模式，优化行业信贷结构，尽可能地提高银行的税收承受能力。例如可以适当增加农村经济的金融供给，获取支农优惠形成的产业红利；或对高危行业实施动态监控措施，并主动预防和控制地方政府融资平台和房地产企业的信贷风险；等等。第二，银行需要进一步提高控制营业支出的能力，降低银行的治理成本，多渠道化解税负支付压力，提升经营效率水平，以此应对"营改增"政策带来的冲击。

附　　录

附录一

TPR $= \alpha = (T_y + T_s)/(P + T_y)$，CIR $= \beta = C_y/R_y$，其中 C_y 为业务及管理费，R_y 为营业收入。其中 T_y 为营业税金及附加，有 $T_y = 0.055R_1$，R_1 为实际的利息收入，由于国内银行利息收入远远大于手续费及佣金收入，这里简化不考虑手续费及佣金收入。由于上市银行的收入支出比较为稳定，简化起见这里直接使用 $E_1/R_1 = 0.45$，E_1 为利息支出，于是有 $T_y = 0.1R_y$。T_s 为所得税费用，有 $T_s = 0.25P$。P 为利润总额，有 $P = R_y - T_y - \beta R_y - A - B$，A 为资产减值损失和其他业务成本之和，B 为营业外收支。

$$\begin{aligned} TPR &= \alpha = (T_y + T_s)/(P + T_y) \\ &= (0.1R_y + 0.25P)/(P + 0.1R_y) \\ &= \frac{0.325R_y - 0.25\beta R_y - 0.25(A + B)}{R_y - \beta R_y - A - B} \\ &= \frac{0.075R_y}{R_y - \beta R_y - A - B} + 0.25 \end{aligned}$$

由式可见，假定 R_y、A 和 B 不变的情况下，当 β 上升时 α 也随之上升。

附录二

由于税负支付率为：$TPR_{j,t}$ =（营业税金及附加 + 所得税费用）/（税前利润 + 营业税金及附加），可以得到以下公式推导：

令 TPR $= \alpha$，营业税金及附加的综合税率 $= \tau_1$，所得税税率 $= \tau_2$。由于营业税计税基础所指营业收入含贷款利息收入、金融商品转让收入、手续费及佣金收入及其他经营收入等，而且不含金融企业往来利息收入；其中，贷款利息收入和金融商品转让收入占国内银行营业收入的绝大部分，故令贷款

利息收入 $= x_1$，手续费及佣金收入 $= x_2$，$\beta = \dfrac{x_2}{x_1}$，则有营业税金及附加 $= x_2 + x_1 = (1 + \beta) x_1$，其他收入忽略不计。另有贷款利息支出 $= y_1$，则 $\gamma_1 = \dfrac{y_1}{x_1}$，国内银行的 γ_1 一般在 40% ~ 50% 之间；手续费及佣金支出 $= y_2$，则 $\gamma_2 = \dfrac{y_2}{x_2}$，国内银行的 γ_2 一般在 7% ~ 9% 之间。还令 $y_3 =$ 其他营业支出 = 营业支出 - 营业税金及附加 = 业务及管理费 + 资产减值损失 + 其他业务成本，$\gamma_3 = \dfrac{y_3}{x_1}$，国内银行的 γ_3 一般在 30% ~ 40% 之间。忽略营业外收支项目，则有：

$$
\begin{aligned}
\alpha &= \frac{(x_1 + x_2)\tau_1 + [x_1 - y_1 + x_2 - y_2 - (x_1 + x_2)\tau_1 - y_3]\tau_2}{(x_1 + x_2)\tau_1 + x_1 - y_1 + x_2 - y_2 - (x_1 + x_2)\tau_1 - y_3} \\
&= \frac{(1 + \beta)x_1\tau_1 + [x_1 - \gamma_1 x_1 + \beta x_1 - \beta\gamma_2 x_1 - (1 + \beta)x_1\tau_1 - \gamma_3 x_1]\tau_2}{(1 + \beta)x_1\tau_1 + x_1 - \gamma_1 x_1 + \beta x_1 - \beta\gamma_2 x_1 - (1 + \beta)x_1\tau_1 - \gamma_3 x_1} \\
&= \frac{(1 + \beta)\tau_1 + [1 - \gamma_1 + \beta - \beta\gamma_2 - (1 + \beta)\tau_1 - \gamma_3]\tau_2}{(1 + \beta)\tau_1 + 1 - \gamma_1 + \beta - \beta\gamma_2 - (1 + \beta)\tau_1 - \gamma_3} \\
&= \frac{\beta(\tau_1 + \tau_2 - \gamma_2\tau_2 - \tau_1\tau_2) + \tau_1 + \tau_2 - \gamma_1\tau_2 - \tau_1\tau_2 - \gamma_3\tau_2}{\beta(1 - \gamma_2) + 1 - \gamma_1 - \gamma_3}
\end{aligned}
$$

一般 τ_1 和 τ_2 由国家税收政策决定，可以视为外生变量。γ_1、γ_2 和 γ_3 有商业银行的经营管理能力决定，假定短期内不会有大的改变。则有：

$$
\begin{aligned}
\frac{\partial \alpha}{\partial \beta} &= \left[\frac{\beta(\tau_1 + \tau_2 - \gamma_2\tau_2 - \tau_1\tau_2) + \tau_1 + \tau_2 - \gamma_1\tau_2 - \tau_1\tau_2 - \gamma_3\tau_2}{\beta(1 - \gamma_2) + 1 - \gamma_1 - \gamma_3} \right]' \\
&= \frac{-\tau_1(1 - \tau_2, \gamma_1 + \gamma_3 - \gamma_2)}{[\beta(1 - \gamma_2) + 1 - \gamma_1 - \gamma_3]^2}
\end{aligned}
$$

由于在国内商业银行，目前的 $\gamma_1 + \gamma_3$ 远远大于 γ_2，又有 $0 \leqslant \tau_1$，$\tau_2 < 1$，所以 $\partial\alpha/\partial\beta$ 是负值，即在满足假定的条件基础上，当中间业务收入比重上升时，会使商业银行的税负支付率下降。

参考文献

[1] 阿尔弗雷德·马歇尔. 经济学原理 [M]. 北京：人民日报出版社，2009.

[2] 阿瑟·塞西尔·庇古. 福利经济学 [M]. 北京：华夏出版社，2007.

[3] 安体富，王在清. 中国银行业税制：问题、借鉴与改革 [J]. 财政研究，2004（2）：15-18.

[4] 巴曙松，刘孝红，牛播坤. 转型时期中国金融体系中的地方治理与银行改革的互动研究 [J]. 金融研究，2005（5）：25-37.

[5] 巴曙松. 我国利率市场化对商业银行的影响分析 [J]. 华中师范大学学报（社科版），2013（7）：27-37.

[6] 财政部，国家税务总局. 关于金融机构同业往来等增值税政策的补充通知（财税 [2016] 70 号）[EB/OL]. http：//szs. mof. gov. cn/zhengwuxinxi/zhengcefabu/201606/t20160629_2342531. html. 2016-7-1.

[7] 财政部，国家税务总局. 关于进一步明确全面推开"营改增"试点金融业有关政策的通知（财税 [2016] 46 号）[EB/OL]. http：//szs. mof. gov. cn/zhengwuxinxi/zhengcefabu/201604/t20160429_1972658. html. 2016-4-29.

[8] 财政部，国家税务总局. 关于全面推开营业税改征增值税试点的通知（财税 [2016] 36 号）[EB/OL]. http：//szs. mof. gov. cn/zhengwuxinxi/zhengcefabu/ 201603/t20160324_1922515. html. 2016-3-23.

[9] 曹凤岐，杨乐. 银行信贷调配与区域经济增长 [J]. 金融研究，2014（6）：50-66.

[10] 曹廷求，朱博文. 银行治理影响货币政策传导的银行贷款渠道吗？——来自中国银行业的证据 [J]. 金融研究，2013（1）：107-121.

[11] 曹永琴. 中国货币政策行业非对称效应研究——基于30个行业面板数据的实证研究 [J]. 上海经济研究，2011（1）：3-15.

[12] 柴用栋, 齐培潇, 柴丽娜. 利率非对称性调整对中小银行盈利增长的影响 [J]. 金融论坛, 2013 (9): 12-16.

[13] 陈宝熙, 林玢. 银行业务结构与流转税税负关系的实证分析 [J]. 税务研究, 2008 (2): 79-82.

[14] 陈鸿祥. 当前银行业税收制度存在的问题及建议——以盐城市银行业为例 [J]. 海南金融, 2008 (8): 28-31.

[15] 陈敬学, 别双枝. 我国商业银行规模经济效率的实证分析及建议 [J]. 金融论坛, 2004 (10): 46-51.

[16] 陈昆亭, 周炎, 龚六堂. 信贷周期: 中国经济 1991~2010 年 [J]. 国际金融研究, 2011 (12): 20-28.

[17] 陈晓光, 张宇麟. 信贷约束、政府消费与中国实际经济周期 [J]. 经济研究, 2010 (12): 48-59.

[18] 陈雨露, 马勇. 地方政府的介入与农信社信贷资源错配 [J]. 经济理论与经济管理, 2010 (4): 19-24.

[19] 陈宗胜, 董飞跃, 任重. 利率市场化条件下的商业银行利差: 2000~2008 [J]. 学习与探索, 2009 (6): 137-140.

[20] 迟国泰, 孙秀峰, 芦丹. 中国商业银行成本效率实证研究 [J]. 经济研究, 2005, 40 (6): 104-114.

[21] 迟国泰, 孙秀峰, 郑杏果. 中国商业银行收入结构与收入效率研究 [J]. 系统工程学报, 2006 (6): 574-582.

[22] 楚尔鸣, 何鑫. 统一货币政策能为不同行业带来相同的产出效应吗?——基于投资的角度对工业行业 36 个分类进行研究 [J]. 经济问题探索, 2014 (8): 55-62.

[23] 崔光灿. 资产价格、金融加速器与经济稳定 [J]. 世界经济, 2006 (11): 59-96.

[24] 戴金平, 金永军. 货币政策的行业非对称效应 [J]. 世界经济, 2006 (7): 46-55.

[25] 代军勋, 马理, 黄宪. 资本约束下的银行贷款行为和规模——基于资本特质性的分析 [J]. 经济评论, 2009 (6): 41-47.

[26] 杜清源, 龚六堂. 带"金融加速器"的 RBC 模型 [J]. 金融研究, 2005 (4): 16-30.

[27] 杜荣耀, 胡海鸥. 准备金率和资本充足率影响商业银行贷款规模的机制分析 [J]. 上海金融, 2011, (1): 52 - 55.

[28] 樊纲, 张曙光. 经济效率与经济潜在总供给 [J]. 中国社会科学院研究生院学报, 1990 (10): 11 - 22.

[29] 方福前, 詹新宇. 我国产业结构升级对经济波动的熨平效应分析 [J]. 经济理论与经济管理, 2011 (9): 5 - 16.

[30] 方燕, 白先华. 中国商业银行经营效率分析——三阶段 DEA 之应用 [J]. 中央财经大学学报, 2008 (6): 41 - 46.

[31] 冯科, 何理. 我国银行上市融资、信贷扩张对货币政策传导机制的影响 [J]. 经济研究, 2011 (2): 51 - 62.

[32] 干春晖, 郑若谷, 余典范. 中国产业结构变迁对经济增长和波动的影响 [J]. 经济研究, 2011 (5): 4 - 17.

[33] 甘小丰. 中国商业银行效率的 SBM 分析——控制宏观和所有权因素 [J]. 金融研究, 2007 (10): 58 - 69.

[34] 戈德史密斯. 金融结构与金融发展 [M]. 上海: 上海三联书店. 上海人民出版社, 1990.

[35] 格利, 肖. 金融理论中的货币 [M]. 上海: 三联书店. 上海人民出版社, 1994.

[36] 国家税务总局. 中国税收基本法规汇编 (1949 年 10 月 ~ 1999 年 9 月) [M]. 北京: 中国财政经济出版社, 1999.

[37] 郭伟. 资产价格波动与银行信贷: 基于资本约束视角的理论与经验分析 [J]. 国际金融研究, 2010, (4): 22 - 31.

[38] 郭小群, 杨剑波, 彭本红. 银行业上市公司盈利能力持续性的影响因素 [J]. 金融论坛, 2010 (9): 31 - 37.

[39] 郭友, 莫倩. 资本约束与信贷挤压 [J]. 金融研究, 2006 (7): 137 - 145.

[40] 黄卫华. "营改增"对我国商业银行税负效应影响 [J]. 中南财经政法大学学报, 2014 (2): 79 - 85.

[41] 黄宪, 鲁丹. 银行业资本监管对中国宏观经济波动效应的实证研究 [J]. 经济评论, 2008 (3): 48 - 53.

[42] 黄宪, 吴克保. 我国商业银行对资本约束的敏感性研究——基于对

中小企业信贷行为的实证分析 [J]. 金融研究, 2009 (11): 107 - 122.

［43］黄宪, 余丹, 杨柳. 我国商业银行 X 效率研究——基于 DEA 三阶段模型的实证分析 [J]. 数量经济技术经济研究, 2008 (7): 80 - 91.

［44］贺建清. 金融监管的博弈分析 [J]. 上海立信会计学院学报, 2009 (3): 81 - 87.

［45］吉红云, 干杏娣. 我国货币政策的产业结构调整效应——基于上市公司的面板数据分析 [J]. 上海经济研究, 2014 (2): 3 - 11.

［46］贾康, 程瑜. 论"十二五"时期的税制改革——兼谈对结构性减税与结构性增税的认识 [J]. 税务研究, 2011 (1): 3 - 8.

［47］贾康, 赵全厚. 中国财税体制改革 30 年回顾与展望 [M]. 北京: 人民出版社, 2008.

［48］蒋浩, 纪延光, 聂锐. 我国银行业技术效率演进的实证分析 [J]. 管理学报, 2009 (6): 839 - 845.

［49］蒋萍, 王勇. 全口径中国文化产业投入产出效率研究——基于三阶段 DEA 模型和超效率 DEA 模型的分析 [J]. 数量经济技术经济研究, 2011 (12): 69 - 81.

［50］蒋瑛琨, 刘艳武, 赵振全. 货币渠道与信贷渠道传导机制有效性的实证分析 [J]. 金融研究, 2005 (5): 70 - 79.

［51］金昱. NIM 及其变动趋势与中国银行业盈利水平 [J]. 金融论坛, 2014 (3): 53 - 59.

［52］卡尔·马克思. 马克思恩格斯全集 (第 1 卷至第 46 卷) [M] 北京: 人民出版社, 1979.

［53］卡尔·马克思. 资本论 (第 1 卷至第 3 卷) [M] 北京: 人民出版社, 1979.

［54］卡尔·门格尔. 国民经济学原理 [M]. 上海: 上海人民出版社, 2001.

［55］里昂·瓦尔拉斯. 纯粹经济学要义 [M]. 北京: 商务印书馆, 2013.

［56］李成青. 新经济形势下商业银行信贷结构调整的思考 [J]. 金融管理与研究, 2010 (3): 29 - 33.

［57］李庚寅, 张宗勇. 我国银行业的市场结构、税收负担与绩效 [J]. 审计与经济研究, 2005, 20 (4): 73 - 78.

［58］李恒，赵晶．我国银行税负效应比较分析［J］．上海金融学院学报，2006（4）：55－64．

［59］李红远，李金博．中央银行监管政策与商业银行经营效率［J］．金融理论与实践，2009（3）：77－81．

［60］李懋，柳银军，龙小宁．所有制类型对我国企业借贷成本的影响及民营企业的应对措施［J］．管理评论，2009，21（9）：77－85．

［61］李伟，铁卫．税收负担影响中国银行业经营绩效的实证分析［J］．统计与信息论坛，2009（7）：82－86．

［62］李文泓．关于宏观审慎监管框架下逆周期政策的探讨［J］．金融研究，2009（7）：7－24．

［63］李文宏．中国银行业税制结构的选择［J］．国际金融研究，2005（2）：62－67．

［64］李扬，杨思群．中小企业融资与银行［M］．上海：上海财经大学出版社，2001．

［65］李扬，张晓晶．中国主权资产负债表及其风险评估（上）［J］．经济研究，2012（6）：4－19．

［66］李扬．中国城市金融生态环境评价［M］．北京：人民出版社，2005．

［67］厉以宁．经济学的伦理问题——效率与公平［J］．经济学动态，1996（7）：3－13．

［68］厉以宁，渝京．厉以宁解读公平、效率和宽容［J］．新财经，2009（3）：24－25．

［69］李志赟．银行结构与中小企业融资［J］．经济研究，2002（6）：38－45．

［70］李志辉，聂召．银行业市场结构与分配效率、生产效率关系研究［J］．南开经济研究，2011（6）：140－150．

［71］连玉君．中国商业公司投资效率研究［M］．经济管理出版社，2009．

［72］梁琪，申琳，郝项超．当前营业税制对我国银行业竞争力的影响——基于国际比较的分析［J］．财贸经济，2010（7）：19－25．

［73］林丰德．资本充足要求下中国商业银行的效率问题［D］．天津：南开大学博士论文，2009．

［74］林毅夫，姜烨．经济结构、银行业结构与经济发展——基于分省面

板数据的实证分析 [J]. 金融研究, 2006 (1): 7 - 22.

[75] 林毅夫, 孙希芳. 信息、非正规金融与中小企业融资 [J]. 经济研究, 2005 (7): 35 - 44.

[76] 林毅夫, 孙希芳. 银行业结构与经济增长 [J]. 经济研究, 2008 (9): 31 - 45.

[77] 刘斌. 资本充足率对我国贷款和经济影响的实证研究 [J]. 金融研究, 2005 (11): 18 - 30.

[78] 刘汉涛. 对我国商业银行效率的测度: DEA 方法的应用 [J]. 经济科学, 2004 (6): 48 - 58.

[79] 刘孟飞, 张晓岚, 张超. 我国商业银行业务多元化、经营绩效与风险相关性研究 [J]. 国际金融研究, 2012 (8): 59 - 69.

[80] 刘尚希. 基于国家治理的新一轮财政改革 [J]. 当代经济管理, 2013, 35 (12): 24 - 27.

[81] 刘树成. 现代经济词典 [M]. 南京: 凤凰出版社, 2005.

[82] 刘涛雄, 王伟. 银行信贷结构对货币政策有效性的影响 [J]. 清华大学学报 (哲学社会科学版), 2013, 28 (3): 138 - 148.

[83] 刘伟, 张辉. 货币政策和传导机制研究进展及启示——当代西方经济学视角 [J]. 北京大学学报 (哲学社会科学版), 2012 (1): 91 - 102.

[84] 刘星, 张建斌. 我国商业银行成本效率和利润效率研究 [J]. 当代财经, 2010 (3): 63 - 69.

[85] 刘轶, 刘银, 周嘉伟. 资本监管、风险偏好与银行信贷行业选择 [J]. 资本监管研究, 2013 (11): 1 - 20.

[86] 刘佐. 中国现行金融税制的问题及改革对策 [J]. 财政研究, 2002 (10): 18 - 22.

[87] 刘佐. 新中国银行税制的发展与展望 [J]. 经济研究参考, 2010 (23): 38 - 44.

[88] 卢锋, 刘维奇. 基于 DEA 方法的我国商业银行效率研究 [J]. 山西大学学报 (哲学社会科学版), 2011, 34 (2): 129 - 132.

[89] 卢洪友, 连玉君, 卢盛峰. 中国医疗服务市场中的信息不对称程度测算 [J]. 经济研究, 2011 (4): 94 - 106.

[90] 陆静, 阿拉腾苏道, 尹宇明. 中国商业银行盈利能力的影响因素:

基于 1997～2010 年数据的实证分析 [J]. 金融论坛，2013 (1)：3 - 14.

[91] 路君平，汪慧娇. 银行业税收负担比较分析及其对银行经营绩效的影响 [J]. 财政研究，2008 (2)：53 - 55.

[92] 麦金农. 经济发展中的货币与资本（中译本）[M]. 上海：上海三联书店，上海人民出版社，1997.

[93] 米什金. 货币金融学. 第四版中译本 [M]. 北京：中国人民大学出版社，1998.

[94] 默顿·米勒，金融创新与市场的波动性 [M]. 北京：首都经济贸易出版社，2002.

[95] 尼古拉斯·R. 拉迪. 中国未完成的经济改革 [M]. 北京：中国发展出版社，1999.

[96] 潘敏，张依茹. 股权结构会影响商业银行信贷行为的周期性特征吗——来自中国银行业的经验证据 [J]. 金融研究，2013 (4)：29 - 42.

[97] 裴平，熊鹏. 中国货币政策传导机制研究 [M]. 中国金融出版社，2009.

[98] 彭继增，吴玮. 资本监管与银行贷款结构——基于我国商业银行的经验研究 [J]. 金融研究，2014 (3)：123 - 137.

[99] 彭琦，邹康，赵子铱. 1993～2003 年中国银行业效率的实证分析——基于 DEA 测度技术的运用 [J]. 经济评论，2005 (4)：82 - 89.

[100] 钱海刚，王常雄，孔貌. 我国银行业资本充足监管有效性分析——以商业银行为例 [J]. 金融理论与实践，2009 (4)：52 - 56.

[101] 钱先航，曹廷求，李维安. 晋升压力、官员任期与城市商业银行的贷款行为 [J]. 经济研究，2011 (12)：72 - 85.

[102] 秦宛顺，欧阳俊. 中国商业银行业市场结构、效率和业绩 [J]. 经济科学，2001 (4)：34 - 45.

[103] 曲迎波. 信贷结构失衡：表现、诱因与政策建议 [J]. 郑州大学学报（哲学社会科学版），2006，39 (5)：89 - 92.

[104] 萨缪尔森·诺德豪斯. 经济学（第 16 版）[M]. 北京：华夏出版社，1998.

[105] 萨伊. 政治经济学概论 [M]. 北京：商务印书馆，1963.

[106] 盛松成，童士清. 商业银行存贷利差：扩大还是缩小？[J]. 金融

研究，2007（11）：13-19.

[107] 施文泼，贾康. 增值税"扩围"改革与中央和地方财政体制调整
[J]. 财贸经济，2010（11）：46-52.

[108] 斯蒂格利茨，格林沃尔德. 通往货币经济学的新范式 [M]. 北京：
中信出版社，2005：137-150.

[109] 宋立. 我国货币政策信贷传导渠道存在的问题及其解决思路 [J].
管理世界，2002（2）：29-38.

[110] 宋瑞敏. 我国银行业发展的税收制约分析 [J]. 税务与经济，2006
（3）：85-88.

[111] 孙必标. 信贷结构调整简论 [M]. 北京：中国金融出版社，1991.

[112] 孙红，王乾斌，李丽君. 递延所得税信息与银行信贷决策——基
于银行信贷配给和定价的研究 [J]. 中大管理研究，2011，6（2）：83-102.

[113] 孙莉. 改革营业税制度，降低金融企业营业税负担 [J]. 财政研究，
2007（8）：47-50.

[114] 孙森，张翼，邢尧. 中国银行业存贷利差偏低抑或过高之辨 [J].
现代财经，2012（4）：5-10.

[115] 孙秀峰，迟国泰. 中国商业银行效率的内生影响因素研究与实证
[J]. 预测，2010，129（2）：5-13.

[116] 索彦峰，陈继明. 中国货币政策的区域效应研究——来自信用观
点的解释 [J]. 当代经济科学，2007，29（6）：1-9.

[117] 谭政勋. 中国银行业效率结构与制度研究 [D]. 广州：暨南大学
博士论文，2008.

[118] 童锦治，吕雯. 我国银行业实际税负水平对其盈利能力影响的实
证研究 [J]. 税务与经济，2010（2）：79-85.

[119] 托马斯·G. 罗斯基. 经济效益与经济效率 [J]. 经济研究，1993
（6）：38-40.

[120] 王兵，朱宁. 不良贷款约束下的中国银行业全要素生产率增长研
究 [J]. 经济研究，2011（5）：32-46.

[121] 王朝才，许军，汪昊. 从对经济效率影响的视角谈我国增值税扩
围方案的选择 [J]. 财政研究，2012（7）：28-33.

[122] 王聪，谭政勋. 我国商业银行效率结构研究 [J]. 经济研究，2007

（7）：110－123.

［123］王国刚. 中国货币政策调控的操作机理：2001～2010［J］. 中国社会科学，2012（4）：62－82.

［124］王聪. 金融税制和国有商业银行税赋（上）［J］. 武汉金融，2003（8）：8－13.

［125］王军. 银行业税负调查分析与相关改革建议——基于江苏的案例［J］. 金融纵横，2008（8）：27－32.

［126］王莉，李勇，王满仓. 中国商业银行 SBM 效率实证分析——基于修正的三阶段 DEA 模型［J］. 上海经济研究，2012（6）：3－15.

［127］王敏，龙腾飞. 我国银行业税收负担比较分析［J］. 涉外税务，2010（8）：22－25.

［128］王菁，周好文. 中国银行业收入结构变革对收益的影响［J］. 金融论坛，2008（10）：15－19.

［129］王擎，吴玮. 资本监管与银行信贷扩张——基于中国银行业的实证研究［J］. 经济学动态，2012（3）：63－66.

［130］王胜邦，陈颖. 中国商业银行资本监管：制度变迁和效果评价. 国际金融研究，2009（5）：78－86.

［131］王胜邦. 商业银行资本监管的新框架——资本监管制度改革述评［J］. 银行家，2010（10）：30－34.

［132］王胜邦. 资本约束对商业银行信贷扩张和经济增长的影响：分析框架和典型案例［J］. 产业经济研究，2007（4）：44－52.

［133］王晓明. 银行信贷与资产价格的顺周期关系研究［J］. 金融研究，2010（3）：45－55.

［134］王雅炯. 资本监管、中小企业信贷业务与信贷市场结构演进［J］. 金融论坛，2013（2）：22－28.

［135］王哲. 我国商业银行税负水平研究［J］. 经济研究参考，2012（55）：71－82.

［136］严成樑，李涛，兰伟. 金融发展、创新与二氧化碳排放［J］. 金融研究，2016（1）：14－30.

［137］维尔弗雷多·帕累托. 政治经济学手册［M］. 北京：商务印书馆，1986.

［138］威廉姆·斯坦利·杰文斯.政治经济学理论［M］.北京：商务印书馆，2011.

［139］威廉·配第.赋税论［M］.北京：商务印书馆，1963.

［140］魏国雄.对商业银行信贷结构调整的理性思考［J］.中国金融，2003（21）：36 - 37.

［141］魏煜，王丽.中国商业银行效率研究：一种非参数的分析［J］.金融研究，2000（3）：88 - 96.

［142］文远华.中国经济转型时期信贷配给问题研究［M］.上海：上海三联书店、上海人民出版社，2005：62 - 186

［143］吴有红，张金清.商业银行效率的测度及其影响因素——基于跨国数据的比较分析［J］.金融监管研究，2013（7）：62 - 75.

［144］奚君羊，曾振宇.我国商业银行的效率分析——基于参数估计的经验研究.国际金融研究，2003（5）：17 - 21.

［145］肖欣荣，伍永刚.美国利率市场化改革对银行业的影响［J］.国际金融研究，2011（1）：69 - 75.

［146］肖兴志，彭宜钟，李少林.中国最优产业结构：理论模型与定量测算［J］.经济学（季刊），2012，12（1）：135 - 162.

［147］谢平，焦谨璞.我国商业银行改革［M］.北京：经济科学出版社，2002：6 - 80.

［148］徐传谌，齐树天.中国商业银行 X 效率实证研究［J］.经济研究，2007（3）：106 - 116.

［149］徐高，林毅夫.资本积累与最优银行规模［J］.经济学（季刊），2008，7（2）：533 - 548.

［150］徐洁，吴祥纲.中国银行业税收负担与银行"三性"关系实证分析——基于中国 16 家商业银行数据［J］.中国流通经济，2013（4）：124 - 128.

［151］徐明东，陈学彬.中国微观银行特征与银行贷款渠道检验［J］.管理世界，2011（5）：24 - 38.

［152］徐沛.金融发展理论的演进和中国金融体制改革的反思［J］.金融论坛，2002（7）：11 - 17.

［153］徐涛.中国货币政策的行业效应分析［J］.世界经济，2007（2）：

23 - 31.

[154] 薛建宇. 国有商业银行效率现状分析与改革建议 [J]. 经济与管理, 2005 (2)：67 - 69.

[155] 亚当·斯密. 国民财富的性质和原因的研究 [M]. 北京：商务印书馆, 1981.

[156] 阎庆民. 中国银行业监管效率分析 [J]. 金融研究, 2002 (8)：75 - 81.

[157] 闫肃. 中国金融业税收政策研究 [D]. 北京：财政部财政科学研究所博士论文, 2012.

[158] 闫先东. 我国银行税制的改革取向 [J]. 金融研究, 2009 (6)：197 - 206.

[159] 杨默如. 我国金融业改征增值税的现实意义、国际经验借鉴与政策建议 [J]. 财贸经济, 2010 (8)：42 - 50.

[160] 杨子晖. 财政政策与货币政策对私人投资的影响研究——基于有向无环图的应用分析 [J]. 经济研究, 2008 (5)：81 - 93.

[161] 姚树洁, 姜春霞, 冯根福. 中国银行业的改革与效率：1995～2008 [J]. 经济研究, 2011 (8)：4 - 14.

[162] 姚宇, 章晶芝. 信贷规模与配置结构对城镇化发展的驱动力研究 [J]. 北华大学学报（社会科学版）, 2014, 15 (5)：23 - 26.

[163] 叶藜. 中国货币政策产业异质性及其决定因素——基于上市公司面板数据的实证分析 [J]. 财经论丛, 2010 (1)：50 - 56.

[164] 伊特韦尔等. 新帕尔格雷夫经济学大词典 [M]. 北京：经济科学出版社, 1992.

[165] 尹龙. 金融创新理论的发展与金融监管体制演进 [J]. 金融研究, 2005 (3)：7 - 15.

[166] 殷孟波, 翁舟杰, 梁丹. 解读中小企业贷款难理论谜团的新框架 [J]. 金融研究, 2008 (5)：99 - 106.

[167] 尹音频, 杨飞. 上市金融企业税负水平的比较与思考 [J]. 上海金融, 2011 (5)：103 - 107.

[168] 袁庆禄. 监管当局与商业银行对资本充足率形成的影响测度 [J]. 上海经济研究, 2014 (5)：38 - 46.

［169］袁庆禄.“营改增”背景下中国商业银行的税收承受能力度量 ［J］. 财经科学，2014（11）：1－11.

［170］袁庆禄. 中国资本监管对银行信贷规模的影响分析——基于动态 面板模型的 GMM 估计 ［J］. 经济问题，2012（2）：87－90.

［171］袁庆禄. 资本充足监管下的银行资本与风险调整行为——基于面 板联立方程的经验估计 ［J］. 金融论坛，2012（4）：49－55.

［172］袁晓玲，张宝山. 中国商业银行全要素生产率的影响因素研究 ［J］. 数量经济技术经济研究，2009（4）：93－104.

［173］约瑟夫·熊彼特. 经济发展理论 ［M］. 北京：商务印书馆，1990.

［174］张辉. 中国经济增长的产业结构效应和驱动机制 ［J］. 北京：北京 大学出版社，2013.

［175］张健华. 我国商业银行效率研究的 DEA 方法及 1997～2001 年效率 的实证分析 ［J］. 金融研究，2003（3）：11－25.

［176］张琦，陈晓红，蔡神元.“规模歧视”与中小企业信贷融资——基 于湖南中小企业问卷调查数据的实证 ［J］. 系统工程，2008.26（10）：61－66.

［177］张晓玫，罗鹏. 信贷增长、金融发展与宏观经济波动 ［J］. 国际金 融研究，2014（5）：14－23.

［178］张晓朴，郑笔锋，文竹. 我国利率市场化对小型银行的影响和应 对研究 ［J］. 金融监管研究，2014（8）：19－29.

［179］张洋. 中国银行业效率的动态实证分析 ［J］. 金融论坛，2011 （12）：51－56.

［180］张勇，黄旭平. 银行个体特征、外部融资成本和贷款行为的差异 性——来自中国银行业微观数据的经验证据 ［J］. 上海金融，2011（3）： 11－18.

［181］张宗益，郑志丹. 融资约束与代理成本对商业公司非效率投资的 影响——基于双边随机边界模型的实证度量 ［J］. 管理工程学报，2012（2）： 119－126.

［182］赵尚梅，杜华东，车亚斌. 城市商业银行股权结构与绩效关系及 作用机制研究 ［J］. 财贸经济，2012（7）：39－48.

［183］赵胜民，方意，王道平. 金融信贷是否中国房地产、股票价格泡 沫和波动的原因——基于有向无环图的分制 ［J］. 金融研究，2011（12）：

62 - 76.

[184] 赵旭. 中国银行业效率研究 [D]. 浙江：浙江大学博士论文，2001.

[185] 赵以邗，张诚，胡修林. 金融业营业税对我国银行业发展的影响分析 [J]. 武汉金融，2009（7）：16 - 21.

[186] 郑录军，曹廷求. 我国商业银行效率及其影响因素的实证分析 [J]. 金融研究，2005（1）：91 - 101.

[187] 郑鸣，张燕. 中国银行业效率的实证研究 [J]. 厦门大学学报（哲学社会科学版），2004，166（6）：106 - 114.

[188] 郑晓敏. 商业银行信贷结构调整中应把握的几个问题 [J]. 中国金融，2003（3）：23 - 24.

[189] 郑一萍. 金融资源约束下政策性银行的可持续发展问题研究 [D]. 厦门：厦门大学博士论文，2006.

[190] 中国银监会. 利率市场化改革研究工作小组. 利率市场化改革与商业银行转型研究 [J]. 金融监管研究，2012（11）：1 - 12.

[191] 中国银监会《商业银行资本管理办法》课题组. 建立多层次资本监管要求 [J]. 中国金融，2012（7）：19 - 21.

[192] 中国银监会. 商业银行资本充足率管理办法（2004 年第 2 号文）[EB/OL]. http：//www. cbrc. gov. cn/chinese/home/jsp/docView. jsp？docID = 303. 2004. 2.

[193] 中国银监会. 中国银行业实施新监管标准的指导意见（银监发 [2011] 44 号文）[EB/OL]. http：//www. cbrc. gov. cn/chinese/home/jsp/docView. jsp？docID = 20110503615014F8D9DBF4F4FFE45843249ABE00. 2011. 4.

[194] 中国人民银行研究局. 金融业税收在国民经济中的地位及作用 [J]. 金融会计，2003（4）：62 - 63.

[195] 周方召，符建华，仲深. 股票市场发展、银行信贷规模与产业结构升级——来自中国省级层面面板数据的证据 [J]. 投资研究，2013，32（4）：100 - 110.

[196] 祝继高，饶品贵，鲍明明. 股权结构、信贷行为与银行绩效——基于我国城市商业银行数据的实证研究 [J]. 金融研究，2012（7）：3 - 7.

[197] 朱南，卓贤，董屹. 关于我国国有商业银行效率的实证分析与改革策略 [J]. 管理世界，2004（2）：18 - 26.

［198］ Aigner D. J. , Lovell C. A. K. , and Schmidt P. Formulation and Estimation of Stochastic Frontier Production Function Model ［J］. Journal of Econometrics, 1977, 6 (1): 21 - 37.

［199］ Altunbas Y. , Liu M. H. , Molyneux P. , and Seth R. Efficiency and Risk in Japanese Banking ［J］. Journal of Banking and Finance, 2000, 24 (10): 1605 - 1626.

［200］ Andersen P. , and Petersen. N. C. A Procedure for Ranking Units in Date Envelopment Analysis ［J］. Management Science, 1993 (39): 1261 - 1264.

［201］ Ariff M. , and Can L. Cost and Profit Efficiency of Chinese Banks: A Non-Parametric Analysis ［J］. China Economic Review, 2008, 19 (2): 260 - 273.

［202］ Ashenfelter O. , and Card D. Using the Longitudinal Structure of Earnings to Estimate the Effect of Training Programs ［J］. Review of Economics and Statistics, 1984, 67 (4): 648 - 660.

［203］ Banker R. D. , Charnes A. , and Cooper W. W. Some Models for Estimating Technical and Scale Inefficiencies in Data Envelopment Analysis ［J］. Management Science, 1984, 30 (9): 1078 - 1092.

［204］ Arellano M. , and Bond S. Some Tests of Specification for Panel Data: Monte Carlo Evidence and an Application to Empolyment Equations ［J］. The Review of Economic Studies, 1991, 58 (2): 277 - 297.

［205］ Altunbas Y. , Fazylov O. , and Molyneux P. Evidence on the Bank Lending Channel in Europe ［J］. Journal of Banking & Finance, 2002, 26 (11): 2093 - 2110.

［206］ Andries N. , and Billon S. The Effect of Bank Ownership and Deposit Insurance on Monetary Policy Transmission ［J］. Journal of Banking and Finance, 2010, 34 (12): 3050 - 3054.

［207］ Arena M. , Reinhart C. M. , and Vazquez F. The Lending Channel in Emerging Economics: Are Foreign Banks Different? ［J］. Social Science Electronic Publishing, 2007 (2): 20 - 50.

［208］ Battese G. E. , and Corra G. S. Estimation of a Production Frontier Model: With Application to the Pastoral Zone off Eastern Australia ［J］. Austrlian Joural of Agricultural Economic, 1977, 21 (3): 169 – 179.

[209] Battese G. E., and Coelli T. A Model for Technical Inefficiency Effects in a Stochastic Frontier Production Function for Panel data [J]. Empirical Economics, 1995 (20): 325 – 332.

[210] Banker R. D., Charnes A., Cooper W. W., Swarts J., and Thomas D. A. An Introduction to Data Envelopment Analysis with Some of Its Models and Their Uses [M]. Research in Governmental and Non-Profit Accounting, JAI Press Greenwich, 1989 (5): 125 – 163.

[211] Baumol W. J. Macroeconomics of Unbalanced Growth: The Anatomy of Urban Crisis [J]. The American Economic Review, 1967 (57): 415 – 426.

[212] Bernanke B. S., and Blinder A. S. Credit, Money, and Aggregate Demand [J]. American Economic Review, 1988, 78 (2): 435 – 439.

[213] Bernanke B. S., Gertler M. Banking in General Equilibrium [R]. National Bureau of Economic Research Cambridge. Mass, 1985.

[214] Bernanke B. S., Gertler M. Inside the Black Box: The Credit Channel of Monetary Policy Transmission [J]. Journal of Economic Perspectives, 1995, 9 (4): 27 – 48.

[215] Bernanke, B. S. and Lown C. S. The Credit Crunch [J]. Brookings Paper on Economic Activity, 1991 (2): 205 – 224.

[216] Bencivenga V., and Smith R. Financial Intermediation and Endogenous Growth [J]. Review of Economic Studies, 1991, 58 (2): 195 – 209.

[217] Berg S. A., Forsund F. R., Hjalmarsson L., and Souminen M. Banking Efficiency in Nordic Countries [J]. Journal of Banking and Finance, 1993 (17): 371 – 388.

[218] Berger A. N., and Humphrey D. B. The Dominance of Inefficiencies Over Scale and Product Mix Economies in Banking [J]. Journal of Monetary Economics. 1991, 28 (1): 117 – 148.

[219] Berger A. N., Hancock D., and Humphrey D. B. Bank Efficiency Derived From the Profit Function [J]. Journal of Banking and Finance, 1993, 17 (1): 317 – 347.

[220] Berger A. N., and Humphrey D. B. Efficiency of Financial Institutions:

International Survey and Directions for Future Research [J]. European Journal of Operational Research, 1997 (98): 175 - 212.

[221] Berger A. N. , Kunt A. D. , Levine R. , and Haubrich J. G. Bank Concentration and Competition: An Evolution in the Making. Journal of Money Credit & Banking, 2004, 36 (3b): 433 -451.

[222] Berger A. N. , Klapper L. F. , Peria M. S. M. , and Zaidi R. Bank Ownership Type and Banking Relationships [J]. Journal of Financial Intermediation, 2006, 17 (1): 37 -62.

[223] Berger A. N. , and Mester L. J. Inside the Black Box: What Explains Differences in the Efficiency of Financial Institutions [J]. Journal of Banking and Finance, 1997 (21): 895 -947.

[224] Bhaumik S. K. , Dang V. , and Kutan A. M. Implications of Bank Ownership for the Credit Channel of Monetary Policy Transmission: Evidence from India [J]. Journal of Banking & Finance, 2011, 35 (9): 2418 -2428.

[225] Bhaumik S. K. , Piesse J. Does Lending Behaviour of Banks in Emerging Economies Vary by Ownership? —Evidence from the Indian Banking Sector [J]. Economic Systems, 2006, 32 (2): 177 -196.

[226] Blinder S. A. , Ehrmann M. , and Fratzscher M. Central Bank Communication and Monetary Policy: A Survey of Theory and Evidence [R]. National Bureau of Economic Research, 2008.

[227] Bonin J. P. , Hasan I. , and Wachtel P. Bank Performance, Efficiency, and Ownership in Transition Economics [J]. Journal of Banking and Finance, 2005 (29): 31 -53.

[228] Bougheas S. , Mizen P. , and Yalcin C. Access to External Finance: Theory and Evidence on the Impact of Monetary Policy and Firm-specific Characteristics [J]. Journal of Banking and Finance, 2006, 30 (1): 199 -227.

[229] Boyreau D. G. Financial Intermediation and Growth: Chinese Style [R]. Policy Research Working paper 3027. World Bank, 2003.

[230] Brock P. L. , Liliana R. S. Understanding the Behavior of Banking Spreads in Latin America [J]. Journal of Development Economics, 2000 (63): 113 -114.

[231] Chang S. K. Simulation Estimation of Two-tiered Dynamic Panel Tobit Models with an Application to the Labor Supply of Married Women [J]. Journal of Applied Econometrics, 2011, 26 (5): 854 – 871

[232] Charnes A., Cooper W. W., and Rhodes E. Measuring the Efficiency of Decision Making Units [J]. European Journal of Operational Research, 1978 (6): 429 – 444.

[233] Chiuri M., Ferri G., and Majnoni G. The Macroeconomic Impact of Bank Capital Requirements in Emerging Economies: Past Evidence to Assess the Future [J]. Journal of Banking and Finance, 2002 (26): 881 – 904.

[234] Diamond D. W., and Dybvig P. H. Bank Runs, Deposit Insurance, and Liquidity [J]. Journal of Political Economy, 1983, 91 (3): 401 – 419.

[235] Drake L., and Hall M. J. B. Efficiency in Japanese Banking: An Empirical Analysis [J]. Journal of Banking and Finance, 2003, 27 (5): 891 – 917.

[236] Elyasiani E. and Mehdian S. M. A Nonparametric Approach to Measurement of Efficiency and Technological Change: The Case of Large U. S. Commercial Banks [J]. Journal of Financial Services Research, 1990, 4 (2): 157 – 168.

[237] European Central Bank. E. U. Banks' Income Structure [R]. Banking Supervision Committee. April, 2000.

[238] Evanoff D., and Israilevich P. Productive efficiencyin banking [J]. Economic Perspectives, Federal Reserve Bank of Chicago, 1991 (7/8): 11 – 31.

[239] Fare R., and Whittaker G.. An Intermediate Input Model of Dairy Production Using Complex Surviy Data [J]. Journal of Agricultural Economics, 1995, 46 (2): 201 – 213.

[240] Farrell M. J. The Measurement of Productive Efficiency [J]. Journal of the Royal Statistical Society. 1957, 120 (3): 253 – 290.

[241] Favero C., and Papi L. Technical Efficiency and Scale Efficiency in the Italian Banking Sector: A Non-parametric Approach [J]. Applied Economics, 1995 (27): 385 – 395.

[242] Ferri G., Kalmi P., and Kerola E. Does Bank Ownership Affect Lending Behavior? Evidence from the Euro Area [J]. Journal of Banking & Finance, 2014 (48): 194 – 209.

[243] Financial Service Authority of U. K. The Turner Review: A Regulatory Response to the Global Banking Crisis [EB/OL]. March. www. fsa. gov. uk, 2009.

[244] Fotios P. Estimating the Technical and Scale Efficiency of Greek Commercial Banks: The Impact of Credit Risk, Off-Balance Sheet Activities, and International Operations [J]. Research in International Business and Finance, 2008, 22 (3): 301 –318.

[245] Francis W. B. , and Osborne M. Capital Requirements and Bank Behavior in the UK: Are There Lessons for International Capital Standards? [J]. Journal of Banking Finance, 2012, 36 (3): 803 –816.

[246] Fried H. O. , Lovell C. A. K. , Schmidt S. S. , and Yaisawarng S. Accounting for Environmental Effects and Statistical Noise in Data Envelopment Analysis [J]. Journal of Productivity Analysis, 2002 (17): 121 –136.

[247] Fried H. O. , Schmidt S. S. , and Yaisawamg S. Incorporating the Operating Environment into a Nonparametric Measure of Technical Efficiency [J]. Journal of Productivity Analysis, 1999, 12 (3): 249 –267.

[248] Furlong F. T. , and Keely M. C. Capital Regulation and Bank Risk-taking: A Note [J]. Journal of Banking and Finance, 1989 (13): 883 –891.

[249] Georgopoulos G. , Hejazi W. Financial Structure and the Heterogeneous Impact of Monetary Policy across Industries [J]. Journal of Economics & Business, 2009, 61 (1): 1 –33.

[250] Gertler M. , Gilchrist S. Monetary Policy, Business Cycles, and the Behavior of Small Manufacturing Firms [J]. Quarterly Journal of Economics, 1993, 109 (2): 309 –340.

[251] Hovakimian A. , and Kane E. J. Effectiveness of Capital Regulation at U. S. Commercial Banks, 1985 to 1994 [J]. Journal of Finance, 2001, 55 (4): 51 –68.

[252] Kolari J. W. , and Zardkoohi A. Bank Costs, Structure, and Performance [M]. Lexington Books, 1987.

[253] Gilbert R. A. , and Wilson P. W. Effects of Deregulation on the Productivity of Korean Banks [J]. Journal of Economics and Business, 1988, 50 (2): 133 –155.

[254] Goldsmith R. W. Financial Structure and Development [M]. New Haven, CT: Yale University Press, 1969.

[255] Grigorian D. A., and Manole V. Determinants of Commercial Bank Performance in Transition: An Application of Data Development Analysis [R]. Working Paper of IMF, 2002.

[256] Hancock, D., Laing A. J., and Wilcox J. A. Bank Capital Shocks: Dynamic Effects on Securities, Loans and Capital [J]. Journal of Banking and Finance, 1995, 19 (3): 661 – 677.

[257] Hancock D., and Wilcox J. The Credit Crunch and the Availability of Credit to Small Business [J]. Journal of Banking and Finance, 1998, 22 (6): 983 – 1014.

[258] Harker A., and Zenios A. Efficiency of Financial Institutions [J]. Journal of Banking and Finance, 2000, 25 (6): 323 – 356.

[259] Heckman J. J., Ichimura I., and Todd P. E. Matching as an Economic Evaluation Estimator [J]. Review of Economic Studies, 1998, 65 (2): 261 – 294.

[260] Hermalin B. E, and Wallace N. E. The Determinants of Efficiency and Solvency in Savings and Loans [J]. The Rand Journal of Economics, 1994, 25 (3): 361 – 381.

[261] Heuvel V. D, and Skander J. The Welfare Cost of Bank Capital Requirements [J]. Journal of Monetary Economics, 2008, 55 (3): 298 – 320.

[262] Holod D., and Lewis H. F. Resolving the Deposit Dilemma: A New DEA Bank Efficiency Model [J]. Journal of Banking and Finance, Elsevier, 2011, 35 (11): 2801 – 2810.

[263] Iannotta G., Nocera G., and Sironi A. Ownership Structure, Risk and Performance in the European Banking Industry [J]. Journal of Banking & Finance, 2007, 31 (7): 2127 – 2149.

[264] Institute of International Finance. Interim Report on the Cumulative Impact on the Global Economy of Proposed Changes in the Banking Regulatory Framework [R]. Washington, D. C, 2010.

[265] Isik L., and Hassan M. K. Technical, Scale and Allocative Efficiencies

of Turkish Banking Industry [J]. Journal of Banking and Finance. 2002, 26 (4): 719 – 766.

[266] Jaekson P. M., and Fethi M. D. Evaluating the Technical Efficiency of Turkish Commercial Banks: An Application of DEA and Tobit Analysis [R]. The International DEA Symposium, University of Queensland, Brisbane, Australia, 2000.

[267] Joyeeta D. Income Diversificationin Banking: A Branch Level Study in North East India [J]. The Journal of Management Awarenes, 2010, 13 (1): 98 – 104.

[268] Kashyap A., Lamont A., and Stein C. Credit Conditions and the Cyclical Behavior of Inventories [J]. The Quarterly Journal of Economics, 1994, 109 (3): 565 – 592.

[269] Kashyap A., Stein C. J. What Do a Million Observations on Banks Say about the Transmission of Monetary Policy [J]. American Economic Review, 2000 (3): 407 – 428.

[270] Kiyotaki N. Credit and Business Cycles [J]. Japanese Economic Review, 1998, 49 (1): 18 – 35.

[271] Kolari J. W., and Zardkoohi A. Bank Costs, Structure, and Performance [M]. Lexington Books, 1987.

[272] Kumbhakar S C, Parmeter C F. The Effects of Match Uncertainty and Bargaining on Labor Market Outcomes: Evidence from Firm and Worker Specific Estimates [J]. Journal of Productivity Analysis, 2009, 31 (1): 1 – 14.

[273] Kunt D., and Harry H. Determinants of Commercial Bank Interest Margins and Profitability: Some International Evidence [J]. The World Bank Economic Review, 1999, 13 (2): 379 – 408.

[274] Kuznets S. Economic Growth of Nations: Total Output and Production Structure [M]. Harvard University Press, 1971.

[275] Lazarus A. Commercial Bank Net Interest Margins, Default Risk, Interest-Rate Risk, and Off-Balance Sheet Banking [J]. Journal of Banking and Finance. 1997 (21): 55 – 87.

[276] Lensink R., Meesters A., and Naaborg I. Bank Efficiency and Foreign Ownership: Do Good Institutions Matter [J]. Journal of Banking and Finance,

2008, 32 (5): 834 - 844.

[277] Lewis H. F., and Sexton T. R. Network DEA: Efficiency Analysis of Anizations with Complex Internal Structure [J]. Computers and Operations Research, 2004, 31 (9): 1365 - 1410.

[278] McKinnon R. I. Money and Capital in Economic Development [M]. Washington, D. C. Brookings Institution, 1973.

[279] Meeusen W., and Broeck J. Efficiency Estimation from Cobb-Douglas Production Function with Composed Error [J]. International Economic Review, 1977, 18 (2): 435 - 444.

[280] Miller S. M., and Modigliani F. Dividend Policy, Growth, and the Valuation of Shares [J]. Journal of Business. 1961, 34 (4): 411 - 433.

[281] Miller S. M., and Noulas A. G. The Technical Efficiency of Large Bank Production [J]. Journal of Banking and Finance, 1996, 20 (3): 495 - 509.

[282] Molyneux P., Williams, D. M., and Thornton J. Competitive Conditions in European Banking [J]. Journal of Banking and Finance, 1994, 18 (3): 445 - 459.

[283] Mukherjee K., Subhash C. R., and Miller S. M. Productity Growth in Large U. S. Commercial Banks: The Initial Post-Deregulation Experience [J]. Journal of Banking and Finance, 2001 (25): 913 - 939.

[284] Neil E. The determinants of Cost Efficiency in Cooperative Financial Institutions: Australian Evidence [J]. Journal of Banking and Finance, 2001, 25 (5): 941 - 964.

[285] Pasiouras F. Estimating the Technical and Scale Efficiency of Greek Commercial Banks? the Impact of Credit Risk Off-balance Sheet Activities and International operation [J]. International Business Finance, 2007 (1): 1 - 18.

[286] Peek J., and Rosengren E. Bank Regulation and The Credit Crunch [J]. Journal of Banking and Finance, 1993, 19 (3 - 4): 679 - 692.

[287] Peek J., and Rosengren E. The Capital Crunch: Neither a Borrower nor a Lender Be [J]. Journal of Money, Credit and Banking, 1995, 27 (3): 625 - 638.

[288] Posner R. A. Theories of Economic Regulation [J]. The Bell Journal of

Economics and Management. 1974 (5): 335 – 358.

[289] Rajan G.. R. Has Finance Made the World Riskier [J]. European Financial Management, 2006, 12 (4): 499 – 533.

[290] Rangan N., Gawbowski R., Aly H. Y., and Pasurka C. The Technical Efficiency of U. S. Banks [J]. Economics Letters, 1988, 28 (2): 169 – 175.

[291] Repullo R. Capital Requirements, Market Power, and Risk-taking in Banking [J]. Journal of Financial Intermediation, 2004, 13 (2): 156 – 182.

[292] Rochet J. C. Capital Requirements and the Behavior of Commercial Banks [J]. European Economic Review, 1992 (36): 1137 – 1178.

[293] Rosie S., Christos S, and Wood G. Non-interest Income and Total Income Stability [J]. Bank of England QuarterlyBulletin, 2003, 43 (9): 332.

[294] Rossi S. P. S., Schwaiger M., and Winkler G. Managerial Behavior and Cost/Profit Efficiency in the Banking Sectors of Central and Eastern European countries [R]. the Working Paper Series of the Oesterreichische National Bank (96), available on website: http://www.oenb. at. 2005.

[295] Sapienza P. The Effects of Government Ownership on Bank Lending [J]. Journal of Financial Economics, 2004, 72 (2): 357 – 384.

[296] Sathye M. Efficiency of Banks in a Developing Country: The Case of India [J]. Journal of Banking and Finance, 2003, 148 (3): 662 – 671.

[297] Lerner E. M. Discussion: The Determinants of Bank Interest Margins: Theory and Empirical Evidence [J]. Journal of Financial and Quantitative Analysis, 1981, 16 (4): 581 – 600.

[298] Schmidt P., and Sickles R. C. Production Frontier and Panel Data [J]. Journal of Business and Economic Stastics, 1984 (2): 367 – 374.

[299] Shaw E. Financial Deepening in Economic Development [M]. Oxford: Oxford Univ. Press, 1973.

[300] Sherman H. D., and Gold F. Bank Branch Operating Efficiency: Evaluation with Data Envelopment Analysis [J]. Journal of Banking and Finance. 1985 (9): 297 – 315.

[301] Shinya K, Kazuyuki M. Bargaining in Technology Markets: An Empirical Study of Biotechnology Alliances [C]. RIETI Discussion Paper Series, 2010.

[302] Shyu J. Deregulation and Bank Operating Efficiency: An Empirical Study of Taiwan's Banks [J]. Journal of Emerging Markets, 1998 (3): 27 – 46.

[303] Sonila T, Groot W, and Pavlova M. Paying informally in the Albanian Health Care Sector: A Two-tiered Stochastic Frontier Model [J]. Eur J Health Econ, 2012, 13 (6): 777 – 788.

[304] Staikouras C. , Mamatzakis E. , and Filippaki A. K. Cost Efficiency of the Banking industry in the South Eastern European Region [J]. Journal of International Financial Markets, Institutions and Money, 2008, 18 (5): 483 – 497.

[305] Stephen M. , Shin H. S. Social Value of Public Information [J]. The American Economic Review, 2002, 92 (5): 1521 – 1534.

[306] Stiglitz J. E. , and Weiss A. Credit Rationing in Markets with Imperfect Information [J]. American Economic Review, 1981, 71 (3): 393 – 410.

[307] Stiroh K. J. Diversification in Banking: is Noninterest Income the Answer? [J]. Journal of Money, Credit, and Banking, 2004, 36 (5): 853 – 882.

[308] Sturm J. E. , and Williams B. Foreign Bank Entry, Deregulation and Bank Efficiency: Lessons from the Australian Experience [J]. Journal of Banking and Finance. 2004 (28): 1775 – 1799.

[309] Thakor, A. V. Capital Requirements, Monetary Policy, and Aggregate Bank lending, Theory and Empirical Evidence [J]. The Journal of Finance, 1996, 51 (1): 279 – 324.

[310] Thrall R. M. Duality, classification and slacks in DEA [J]. The Annals of Operation Research, 1996 (66): 109 – 138.

[311] Tone K. A Slacks-Based Measure of Efficiency in Data Envelopment Analysis [J]. European Journal of Operational Research, 2001, 130 (3): 498 – 509.

[312] Tone K. A Slacks-Based Measure of Super-Efficiency in Data Envelopment Analysis [J]. European Journal of Operational Research, 2002, 143 (1): 32 – 41.

[313] Vincenzo C. , Carlo M. , and Francesca S. Income Diversification and Bank Performance: Evidence from Italian Banks [J]. Journal Financial Service Research, 2008, 33 (3): 181 – 203.

[314] Wheelock D. C. , and Wilson P. W. Technical Progress, Inefficiency and Productivity Change in U. S. Banking, 1984 – 1993 [J]. Journal of Money, Credit and Banking, 1999, 31 (2): 213 – 234.

[315] Weill L. Measuring Cost Efficiency in European Banking: A Comparison of Frontier Techniques [J]. Journal of Productivity Analysis, 2004 (21): 133 – 152.

[316] Williamson S. D. Costly Monitoring, Loan Contracts, and Equilibrium Credit Rationing [J]. The Quarterly Journal of Economics, 1987, 102 (1): 135 – 146.

[317] Yildirim H. S. , and Philippatos G. C. Efficiency of Banks: Recent Evidence from the Transition Economics of Europe, 1993 – 2000 [J]. European Journal of Finance, 2007 (13): 123 – 143.

[318] Yue P. Data Envelopment Analysis and Commercial Bank Performance: A Primer with Applications to Missouri Banks [J]. Federal Reserve Bank of St. Louis Review, 1992, 74 (1): 31 – 45.

[319] Zaim O. The Effect of Financial Liberalization on the Efficiency of Turkish Commercial Banks [J]. Applied Financial Economics, 1995, 5 (4): 257 – 264.

[320] Fungdfiova Z. , Herrala R. , and Weill L. The Influence of Bank Ownership on Credit Supply: Evidence from the Recent Financial Crisis [J]. Emerging Markets Review, 2013, 15 (2): 136 – 147.

后　记

　　本书是论述中国商业银行在面临各种经济政策约束的背景下，如何调整信贷结构，化解经济政策压力，提高银行经营效率，增强自身竞争能力的研究成果。申报教育部课题，最初考虑的是将研究触角延伸至信贷结构这个崭新的领域，开始的想法是将资本监管、经济增长、收入差距和生态环境等因素也考虑进去。由于时间和精力有限，写作过程中重新组织了框架结构，仅仅聚焦于微观层面，研究不同类型商业银行对经济政策的行为调整，以及形成的各类产出效应。研究思路的调整使研究的重点问题更为清晰直观，更有指向性，也更有可行性，对本书的顺利完成起着关键性的作用，同时为下一步对中观层面和宏观层面的拓展奠定了较好的基础。

　　本书历经两载，今日终归完成。期间手工收集数据日积月累的辛苦仍然历历在目，对数据的甄别和整理也耗时颇多，运用软件对模型结果反复进行稳健性验证，宛如打攻坚战一般，至此切肤体会"梦想很丰满，现实很骨感"的深层含义。对热情帮扶的各位老师们和同学们，在此致以真挚的感谢，感谢经济科学出版社王东岗编辑的数月辛劳，滴水之恩，你我尽知。

　　两年的编著时光如白驹过隙，转眼即逝。回头过望，纵然有很多不甘，终归有些许收获，而这些收获，会激励着我在未来的科研之路上继续前行。

袁庆禄

二〇一七年六月